위기의 중동 어디로 나아가는가

위기의 중동 어디로 나아가는가

끝없는 도전과 새로운 기회

류광철 지음

말글빛냄

헬로 메나: 오늘의 중동·북아프리카 들여다보기

인류 문명의 발상지인 중동과 북아프리카는 찬란한 문명으로 세상에 큰 영향을 미쳤으나 복잡한 역사와 지정학적인 요인으로 인해 늘 분쟁과 갈등이 그치지 않는 지역이기도 하다. 티그리스 강과 유프라테스 강을 젖줄로 메소포타미아에서 최초의 도시국가를 형성하고 농업, 관개수로, 문자, 법, 사회제도 등에서 발군의 업적을 남겼던 수메르나 나일 강을 토대로 형성한 고대 이집트의 피라미드 문화 등은 중동의 전설이자 상징이다. 뿐만 아니라 중동은 동양과 서양을 잇는 요충지로서 세계사의 많은 중요한 사건들과 관계가 있다.

수많은 민족과 제국들이 번성했다 사라지기도 했고 가장 강력한 세 종교의 발상지로서 중동의 영향력은 오늘날에도 여전하다. 세계정세를 전반적으로 이해하기 위해서는 중동의 정세와 상황을 이해하는 것이 필수적이다. 그러나 중동 정세를 일목요연하게 파악하는 것은 쉬운 일이 아니다. 언제나 그래왔지만 현재의 사정도 복잡하게 돌아가고 있기 때문이다.

이 책은 중동 정세의 주요 부분을 큰 틀에서 이해하여 세계의 정세를 한 눈으로 바라보기 원하는 독자들을 위한 것이다. 이야기는 중동의 핵심 국가들과 주요 분쟁 및 사건 중심으로 전개된다. 핵심 국가들이란 사우디, 이란, 시리아, 이스라엘, 이집트, 이라크, 터키 등을 말한다. 중동 근·현대사의 일부분도 다루어질 것이고 수에즈 분쟁, 이스라엘-팔레스타인 분쟁, 이란-이라크 전쟁, 미국의 이라크 침공, 종파 분쟁, 시리아 내전, 미국-이란 간의 분쟁 등 굵직한 사건들이 다루어지게 된다. 그리고 석유 개발과 왜곡된 경제구조도 살펴본다. 특히 중동 석유개발 초기에 핵심적인 역할을 했으나 잘 알려지지 않은 아르메니아 출신의 협상가 굴벤키안에 대해서도 상당한 지면을 할애했다. 물론 현실적 위협인 이슬람의 과격화와 테러 단체의 준동 등도 다룬다. 주요 국가와 중동의 관계에 있어서는 미국-중동 간의 일반적 관계를 필두로 미국-이스라엘 관계, 미국-사우디 관계, 러시아-시리아 관계 등을 다루게 될 것이다.

| 목　차 |

위기의 중동 어디로 나아가는가

1장
중동을 말한다

〜〜〜

다양한 민족과 문화

2015년 인구 통계에 의하면 중동 인구는 약 5억 1천만 명이다. 여기에서 중동은 본토 외에 북아프리카의 아랍국가와 터키, 이란 등을 포함하는 지역을 말한다. 구체적으로 모로코, 알제리, 튀니지, 리비아, 이집트, 시리아, 레바논, 이스라엘, 팔레스타인, 요르단, 이라크, 이란, 쿠웨이트, 사우디, 바레인, 카타르, 아랍에미리트, 오만, 예멘, 터키 등이 포함된다.

　다양한 민족이 살고 있는데 아랍, 터키, 이란 3개 민족이 대표적이다. 이중 가장 인구가 많은 민족은 아랍으로 3억 4천 5백만 명에 달한다. 아랍은 언어와 밀접하게 연관된 개념이다. 아랍어를 사용하는 민족은 아랍인으로 간주된다. 따라서 아랍어가 광범위하게 사용되는 중동과 북아프리카MENA(Middle East and North Africa)에 많은 아랍인이 살고 있다. 또한 메나MENA 인구의 93%가 이슬람이며 2020년 그 숫자는 5억 명에 육박할 것으로 예상된다.

이슬람 지역에 많은 국가들이 있지만 '이슬람'이라는 정체성을 국호에 붙인 나라는 이란 이슬람 공화국, 아프가니스탄 이슬람 공화국, 파키스탄 이슬람 공화국 세 나라뿐이다. 소수 민족으로는 쿠르드, 베르베르 등이 있다. 쿠르드는 터키, 이라크, 시리아 및 이란에 흩어져 살고 있다. 인구가 3천 5백만 명에 달하는 이들은 국가가 없는 민족으로는 세계에서 가장 큰 집단이다. 베르베르는 아랍의 침략이 있기 전 북부 아프리카를 지배했던 민족으로 베르베르어를 사용하며 북아프리카, 서아프리카, 유럽 등 여러 곳에 흩어져 살고 있기 때문에 일률적으로 숫자를 추산하기는 어렵다. 전체 인구는 3천만~5천만 명으로 추산된다.

중동에는 언어가 다양하다. 아랍어와 터키어는 잘 알려져 있고 파르시Farsi어는 이란의 중심어이나 이란 인구의 절반 정도만이 이 언어를 사용한다. 이란도 다민족, 다인종으로 이루어진 매우 복잡한 나라이기 때문이다. 쿠르드, 베르베르, 아르메니아 등 소수 민족들도 자신의 언어를 가지고 있다. 이스라엘에서는 유대인 고유 언어인 히브리어를 공용어로 사용한다.

대부분 아랍인과 터키인은 수니이다. 그러나 시아 세력도 만만치는 않다. 이란은 시아파 종주국이고 바레인과 이라크에서도 시아가 다수이다. 시아는 또한 레바논, 예멘, 쿠웨이트, 사우디 등에서 상당한 세

1910년 대의 쿠르드족 기병 부대
러시아 남부에 위치하고 있는 칼카스(코카서스) 산에서 촬영되었다. (사진. 작가 미
상. The New york Times 제공, 1915년 1월 24일)

력을 가지고 있다. 종교의 발상지답게 중동에는 많은 종교들이 있다.
기독교에는 정교, 가톨릭, 마로나이트(레바논), 콥트(이집트) 등이 있으
며 성경의 일부를 믿는 이스라엘에는 여러 종파의 유대교가 있다. 이
밖에도 많은 종교 집단들이 있는데 자이디(예멘의 시아파), 알라위트(시
리아와 터키의 시아파), 야지디(이라크 및 시리아), 이바디(오만과 북아프리카
에 퍼져 있는 카와리지파의 일부), 드루즈(이스라엘, 시리아, 레바논, 요르단의
시아파) 등을 들 수 있다. 주로 시아에 종파가 많은 이유는 시아가 수
난의 역사를 겪었고 시아 내에서도 분열이 많았기 때문이다.

위기의 중동 어디로 나아가는가

중동은 매우 다양하다. 중동에는 모든 것이 다 있다. 전근대적인 것과 초현대적인 것이 공존한다. 낙타를 타고 사막을 가로지르는 베두인이 있고 전신을 검은 옷으로 감싼 여인이 조용히 차를 따르는가 하면 아름다운 해변에서 수영하는 사람들, 현대식 패션으로 단장한 여인들이 있으며, 초현대식 빌딩이 즐비하고 푸른 초원과 골프장은 물론 스키장도 있다.

7세기에 탄생한 이슬람은 급속도로 팽창하여 큰 제국을 이루고 많은 사람들이 이슬람으로 개종했으며 아랍어와 아랍 문화가 급속도로 전파되었다. 우마이야 왕조, 압바스 왕조, 오스만 제국, 사파비 제국, 카자르 제국 등이 줄을 이었다. 18세기가 되면 중동의 이슬람 세력은 오스만 제국과 사파비(또는 카자르) 페르시아 두 세력으로 양분된다. 이들은 모두 다민족, 다언어, 다종교, 다문화적인 제국들이었다. 과학·기술을 앞세운 유럽이 눈부시게 발전하는 가운데 19세기에 접어들자 이슬람권은 큰 도전에 직면하게 되고 정치경제 개혁을 통한 조국 근대화에 착수하였으나 서구 열강의 침범을 막을 수는 없었다.

제1차 세계대전 중 영국과 프랑스 사이에 비밀리에 체결된 사이크스-피코 밀약(Sykes-Picot Agreement: 중동의 세력권을 나누기 위한 협정)을 통해 오스만 터키가 지배하던 중동의 지도는 바뀌었으나 아랍 국가들의 독립은 제2차 세계대전 후로 미루어졌다. 아랍인의 예상보다 30년이 늦어진 셈이다. 이 시기에 아랍은 독립국가로 가는 숙련과정을 거쳐야 했다. 사이크스-피코 밀약으로 이루어진 어지럽고 불안하게 보이던 중동의 국가 체제는 예상과는 달리 매우 안정적이고 독립 때까지 잘 운영되었는데 여기에는 두 가지 이유가 있다.

첫째, 위에서 언급한 대로 대부분 국가들은 제2차 세계대전 후에야 완전한 독립을 향유하게 되었으나 외국의 지배하에 있으면서도 국가의 명확한 정체성을 정립하는 과정을 꾸준히 연마했다는 사실이다. 시민들은 공통적인 관행을 꾸준히 발전시켰고 국내시장을 육성했으며 분업을 장려했는데 이는 모두 국가의 정체성을 유지하는데 필수적인 요소들이었다. 또한 역내 국가들은 국경을 보호하고 역사를 중요시 했으며 이웃과는 다른 독자적인 역사를 부각시키려 노력했다. 그 결과 예멘을 제외하고 협상이나 무력에 의해 국경을 조정하려는 시도는 일어나지 않았다. 이는 아프리카의 경우와 크게 다른 점이다. 아프리카는 열강이 인위적으로 정한 국경 때문에 분쟁이 그치지 않았다.

둘째, 국가 시스템이 안정 궤도에 오르게 된 것은 영국, 프랑스, 미국 등 열강과 현상 유지를 원하는 역내 세력들의 지지가 있었기 때문이다. 강력한 독재자의 출현이나 국민해방운동 등으로 인해 세력 균형이 흔들리거나 열강의 이익을 침범할 때에는 반드시 열강들의 개입이 있었고 이로써 다시 원상을 회복할 수 있었다. 영국은 1959년과 1975년 두 차례에 걸쳐 오만을 분할하려는 반란에 개입했고 그 결과 오만은 현상을 유지했다. 영국은 1961년 신생 독립국 쿠웨이트가 자신의 19번째 주라고 주장하는 이라크의 위협을 물리칠 수 있도록 쿠웨이트를 도왔으며 1990년 사담 후세인이 쿠웨이트를 점령했을 때에

위기의 중동 어디로 나아가는가

는 미국 주도의 다국적군이 구성되어 쿠웨이트를 원상회복시켰다. 이것이 이른바 걸프 전쟁이다.

국가와 정치 그리고 석유

중동은 매우 다양한 곳이다. 중동에는 12개 공화국과 8개 왕국이 있다. 이집트 인구는 1억을 넘어섰고 터키와 이란은 각각 8천만 명이 넘는 인구를 거느리고 있으나 바레인과 카타르의 인구는 3백만 명 미만이다. 가장 큰 알제리의 영토는 238만 평방km에 이르나 가장 작은 바레인의 영토는 778 평방km에 불과하다. 2018년 기준으로 카타르의 1인당 국민소득은 6만 6천 달러이나 가장 가난한 예멘의 경우 925 달러에 불과하다. 중동은 특히 경제 구조가 매우 획일적이다. 2010년 기준으로 아랍에미리트는 국가 수입의 80%, 쿠웨이트는 83%, 사우디는 88%를 석유 판매에 의존하고 있다. 석유 뿐 아니다. 이집트는 수입의 대부분을 외국의 원조와 수에즈 운하 통행세 및 석유·가스 수출에 의존하고 있다.

이스라엘도 미국의 원조에 의존하고 있는 부분이 만만치 않다. 1979년 이집트와 평화협정을 체결한 이래 이스라엘은 군사원조 명목으로 매년 30억 달러 정도의 지원을 받고 있다. 이밖에도 독일의 홀로코스트 배상금, 해외에 거주하는 유대인으로부터 들어오는 차입금 등이 상당한 몫을 차지하고 있다. 아랍 국가들이 경제를 다원화하지 않고 석유·

가스나 원조 등에 의존하는 구조는 국가가 경제를 독차지하는 체제를 이루었으며 이로 인해 여러 가지 부작용이 나타나고 있다. 국가는 충성을 돈으로 살 수 있고 반대파를 돈으로 회유할 수도 있다. 이로 인해 패거리 정치와 장기 집권이 나타나며 민주주의 발전이 저해되고 있다. 아랍의 경우를 보면 역시 경제가 다원화·다변화되어야 민주주의가 발전할 수 있고 독재를 막을 수 있다는 교훈을 얻을 수 있다.

대부분 중동국가는 권위주의 국가들이다. 그나마 레바논, 터키, 팔레스타인, 이라크 등이 민주주의 척도를 나타내는 지표에서 최하위를 모면하고 있는 정도이다. 민주주의에 근접해 있는 국가로는 이스라엘이 유일하다. 최악의 권위주의 국가는 사우디아라비아(이하 사우디로 총칭한다)이다. 사우디는 이코노미스트 지에서 조사한 167개국 중 160위로 최하위 권에서 맴돌고 있다. 이집트는 블랙홀 같은 국가이다. 이나라는 행정부가 모든 권한을 쥐고 있다. 대통령 실이 왕궁이나 마찬가지로 모든 권력을 장악하고 있어서 어떠한 기관, 단체, 개인도 대통령의 손 밖을 벗어날 수 없다.

2011년 아랍의 봄 사태 때 사망한 무아마르 카다피는 일찍이 "리비아에는 정부가 없다."고 주장했다. 대신 그가 만든 개념은 자마히리야 Jamahirriya이다. 이는 '대중에 의한 통치'를 뜻한다. 리비아는 모든 국민이 대표자 없이 직접 통치에 참여하는 직접 민주주의라고 주장했다. 그러나 현실적으로는 두 개의 정부가 있었다. 하나는 문서상으로만 존재하는 '국민의 정부'이고 실제로 통치하는 정부는 카다피와 그의 친인

위기의 중동 어디로 나아가는가

척 및 측근들로 이루어진 마피아 집단과 비슷한 세력이었다.

중동에는 여러 종류의 사이비 민주주의가 있다. 정당과 선거가 있고 3권 분립도 있는 것 같으나 속을 들여다보면 신권 정치(이란), 종파 정치(레바논), 숙청 정치(터키), 부패와 무능(이라크와 팔레스타인) 등 여러 가지 약점이 있어 진정한 민주주의를 찾아보기는 힘들다.

냉전시대 당시 미국은 중동에서 소련의 영향력 감소, 석유 확보, 역내 분쟁의 평화적 해결, 항구적으로 친미적인 정권 확보, 이스라엘의 영토와 안전 보장 및 해양수송로, 통신, 항공로 보호 등과 같은 목표를 갖고 있었고 이를 달성하는데 중동의 독재적인 정권들은 쓸모가 있었다. 강한 정부만이 미국의 이익을 즉각적으로 대변해줄 수 있었기 때문이다. 이 때문에 미국은 쿠데타 정권을 지지했고 전제적인 왕과 에미르Amir(또는 Emir: 군사령관·총독·황태자 등을 뜻하는 아랍어)들도 지원했다. 냉전이 끝난 후에도 미국의 이러한 정책은 지속되었다. 미국은 점령당한 쿠웨이트를 수복하기 위해 다국적군을 주도하고 이라크를 궤멸시켰으나 쿠웨이트 내 민주주의 운동 세력을 지지하는 데에는 눈길을 돌리지 않았다.

9·11 이후 미국은 또 하나의 정책을 추가했는데 그것은 테러와의 전쟁이다. 미국이 이러한 정책을 발표하자 이집트의 무바라크, 예멘의 살레, 리비아의 카다피, 시리아의 바샤르 알 아사드 등 철권 통치자들이 모두 환영하면서 협력하는 태도를 보였다. 독재자들도 정권을 위협하는 강경 이슬람 세력에 골머리를 앓고 있었기 때문이다.

1938년부터 아라비아 반도에는 석유가 넘치기 시작했으나 1970년 대까지 정작 아랍인은 석유의 위력을 모르고 있었다. 석유가 산업에 얼마나 중요한 요소인지, 석유가 어떻게 생산되고 수출되며 얼마나 큰 잠재력을 갖고 있는지 등에 관해 개념이 없었기 때문이다. 석유를 힘으로 사용하기 시작한 것은 산유국들이 가격, 생산 쿼터, 채굴권 등을 서방의 석유회사들로부터 쟁취하려는 투쟁을 벌이기 시작한 때부터이다.

'석유 가격 혁명'은 1973~74년 아랍-이스라엘 전쟁으로 유가가 380% 급등한 때부터 시작되었다. 이로부터 10년간 걸프 국가들은 무려 1조 7천억 달러를 벌어들였으며 이 막대한 돈으로 주변 국가들에 대한 영향력을 확대할 수 있었다. 1989년 타이프Taif 협정으로 15년 동안 지속된 레바논 내전을 종식시킨 것도 결국 오일 머니의 힘이다. 두툼한 돈 주머니를 가진 사우디가 중재에 나섰기 때문이다.

걸프 국가들은 인구가 적기 때문에 주변국으로부터 외국 근로자들을 끌어들였다. 1968년 해외 근로자가 1만 명 미만이었던 이집트는 10년 후 50만 명이 넘는 근로자들을 파견할 수 있었다. 이로부터 10년이 더 지나자 이라크에는 이집트 근로자가 1백만 명에 달했다. 근로자들은 국내의 실업률을 대폭 낮추었을 뿐 아니라 본국으로의 송금을 통해 식구들을 먹여 살리고 국가가 하지 못하는 복지 사업을 스스로 일구었다.

반면 산유국은 근로자 송출 국가에 대해 막강한 영향력을 행사할 수 있었다. 1990년 걸프전이 발발했을 때 이집트가 다국적군에 참가한 것에 대한 보복으로 이라크가 이집트 노동자를 추방한 것이 대표

위기의 중동 어디로 나아가는가

적인 예이다. 당시 많은 노동자들이 추방됨으로써 이집트는 한동안 경제적으로 힘든 세월을 겪어야 했다. 아랍 근로자가 많아지자 걸프 국가들은 이들이 불순한 사상을 전파함으로써 체제 안정을 저해하지 않을까 우려했다. 그 결과 그들은 자국민을 근로자로 대체하는 정책을 펼쳤고 동시에 남아시아로부터 많은 근로자들을 데려왔다.

1975년 외국 근로자의 90%는 아랍 국가로부터 왔으나 1995년에는 38%로 감소했다. 그러나 지나치게 석유에 의존하는 경제는 균형을 파괴시켜 많은 부작용을 낳고 있다. 걸프 국가의 경제는 석유가 모든 것을 지배하는 구조이다. 유가 상승 시에는 모든 것이 호황이고 하강 시에는 모든 것이 쇠퇴한다. 이러한 경제를 정상이라고 볼 수는 없다. 또한 석유 시대가 영원히 지속되리라는 보장도 없다. 석유·가스 매장량은 유한하고 여러 가지 대체 에너지 방안이 개발되고 있다. 또한 미국은 셰일 원유와 가스를 신기술로 채굴하여 사우디와 러시아를 제치고 최근 세계 최대 산유국으로 등장했다. 아랍 산유국들이 지금부터 차근차근 석유 시대의 종말에 대비하여 경제와 재정을 다원화 및 정상화시키고 다른 먹거리를 개발해 놓지 않는다면 걸프 국가들은 암울한 미래를 맞이할 가능성이 높다.

중동 파노라마

굵직한 사건들을 세부적으로 파헤치기 전에 중동이 얼마나 변화무쌍하고 이해관계와 정책이 엇갈리며 계속해서 많은 일들이 벌어지고 있는지 몇 가지 사례를 통해 살펴보기로 한다.

사우디와 미국의 논쟁

오바마 정부 시절 중동 정세가 악화되자 미국은 유럽과 아랍 국가들을 싸잡아 무임승객Free Riders이라고 비난했는데 이에 대해 사우디의 전(前) 주 미국대사 투르키 알 파이잘Turki al-Faisal 왕자는 공개적으로 사우디는 무임승객이 아니라고 반박했다. 이들의 논쟁을 살펴보면 미국과 아랍 진영 간의 현저한 시각 차이를 엿볼 수 있다. 사우디 측의 논지는 다음과 같다. 첫째, 사우디는 시리아의 자유 투사들을 훈련시키고 이들에게 자금을 제공하고 있다. 둘째, 사우디는 악랄한 후티 민병대로부터 예멘을 지키고자하는 세력을 지원하고 있다. 셋째, 사우디는 30개 이상의 무슬림 국가들과 연합하여 이 세상을 테러리즘의 악몽으로부터 구하려고 노력하고 있다. 넷째, 사우디는 이슬람을 하이재킹하려는 모든 종류의 극단적인 이데올로기에 맞서 싸우고 있다.

한편 이에 대한 미국의 반론도 만만치 않다. 첫째, 사우디가 시리아의 투사들을 지원하는 것은 사실이지만 이들이 지원하는 그룹은 알 카에다 계열의 자바트 알 누스라Jabhat al-Nusra와 연계된 자바트 파테 알 샴Jabhat Fateh al-Sham과 같은 극단주의 그룹이며 대부분 살라피스트(원리주의자)들이다.

둘째, 사우디가 예멘의 후티와 싸우고 있는 것도 사실이지만 미국

위기의 중동 어디로 나아가는가

은 이 전쟁을 불필요한 것으로 여기며 사우디가 이길 수 없는 전쟁으로 보고 있다.

셋째, 사우디가 테러리즘을 분쇄하기 위해 연합전선을 펴고 있는 것처럼 보이지만 궁극적인 목적은 이란의 시아파에 대항하여 수니 세력을 결집시키는 데 있다. 이란을 국제적 이단 세력으로 몰아세워 악을 저지르도록 유도하는 것보다는 국제 시스템의 일환으로 편입시켜 견제하는 것이 더 낫다.

넷째, 사우디의 수니 연합 세력은 무슬림형제단과 같이 자신의 마음에 들지 않는 이슬람 근본주의(원리주의) 조직을 와해시키려 한다. 사우디의 정책은 무슬림이 그들의 지도자에게 무조건 순종토록 만드는 것인데 이로 인해 사우디는 정치적 노선이 다른 이슬람주의자들과 대립이 불가피하다. 사우디는 자신의 목적을 위해 이집트 군부를 지원하여 합법적으로 선출된 무슬림 형제단 정권을 와해시켰다.

다섯째, 사우디는 극단적인 이슬람주의 이데올로기와 맞서 싸운다고 하는데 1960년대부터 2017년까지 극단적인 이슬람주의의 하나인 와하비즘(와하브의 종교적 이념이나 가르침을 따르는 이슬람 복고주의 운동이자 이슬람 부흥운동)의 전파를 위해 1천억 달러 이상을 썼다. 1920~1991년 소련이 공산주의를 전파하기 위해 쓴 돈이 약 70억 달러인 것을 감안할 때 사우디가 와하비즘에 얼마나 공을 들이고 있는지 알 수 있다. 이로 인해 강력한 세력으로 발전한 와하비즘은 모든 온건한 형태의 이슬람주의를 말살시켰으며 독버섯처럼 퍼져 지하디스트를 양산하고 있다.

끝없이 터지는 이슈

이스라엘은 사우디와 마찬가지로 이란의 핵무장을 존재적 위협으로 보고 있다. 이란은 "이스라엘을 세계지도에서 없애버려야 한다."라고 까지 극언한 나라이다. 이스라엘은 P5＋1 국가(유엔안보리 5개 상임이사국 및 독일)들이 이란과 핵 협상을 할 때 자신의 요구 사항을 관철시키려고 최대한 노력했으나 목표를 달성하지 못했다. 협상 국가들이 이란의 핵 프로그램을 완전히 제거하지 못하고 단순히 지연하거나 축소시키려고만 했기 때문이다. 이스라엘과 사우디는 미국이 핵 협상 대신 군사적 옵션을 택하도록 갖은 로비를 다했으나 실패했다. 베냐민 네타냐후 총리는 핵 협상 타결을 막기 위해 오바마를 건너 뛰어 미의회에 직접 호소하기까지 했다.

2016년 7월 쿠데타 미수 사건 이후 에르도안 대통령은 터키의 강력한 독재자로 등장했다. 터키는 시리아 내전에서 반군을 지원했는데 이 반군은 미국이 지원하는 단체와는 성격이 다른 조직이다. 터키는 수니파 반군을 지원했고 미국은 쿠르드 그룹을 지원했다. 미국이 쿠르드를 지원한 것은 이들이 IS에 대한 강력한 저항세력이기 때문이다. 반면 터키는 이 그룹이 시리아 내 쿠르디스탄의 자치나 독립을 목표로 하고 있어 자칫 불똥이 튈 경우 터키 내 쿠르드를 자극할 수 있다고 보아 이 문제를 존재적 위협으로 간주하고 있다.

2009년 오바마가 대통령에 취임했을 때 보좌관들은 미국이 그동안 중동에 너무 많은 시간과 노력을 들였으니 이제 아시아에 보다 치중하는 것이 좋겠다는 의견을 내놓았다. 노력에 비해 성과가 적은 중동보다 21세기 세계 경제의 중심지가 될 아시아가 더 중요하다는 것이다. 오바마는 이 의견을 받아들여 정책의 무게중심을 아시아에 두기로 방침을 정했다. 그러나 이 정책은 아랍의 봄과 시리아 사태로 인해 차질을 빚게 된다. 미국은 중동에서 발을 빼지는 않았으나 개입 정도는 과거와 달리 미온적이었다.

미국은 나토NATO의 리비아 공습에 주도적으로 참여하지 않았고 시리아 사태나 예멘 사태에도 개입은 극히 제한적이었다. 미국이 적극적인 자세로 나온 단 하나의 이슈는 IS(이슬람 국가)와의 전쟁이었다. 오바마는 이라크 사태에 대해서도 소극적이었다. 오바마는 원래부터 부시의 이라크 침공에 반대하는 입장이었다. 그는 이라크 전쟁으로 미 국민의 상실감은 커졌고 국가의 위신은 추락했으며 도덕적으로도 치명상을 입었다고 평가했다. 2001~2009년에 아프가니스탄과 이라크 전쟁에서 5천 명 가까운 군인들이 전사했으며 1조 달러를 소모했다. 오바마는 이라크에서 철군을 결정했고 2011년 12월 미군은 철수를 마쳤다. 동시에 미국은 아프가니스탄에서도 철군을 시작했다.

터키의 변신

2002년 터키의 의회 선거는 정국에 분수령이었다. 당시 온건파인 정의개발당Justice and Development Party이 3분의 2 다수를 얻었고 당수 레제프 에르도안Recep Tayyip Erdogan이 총리에 취임했다. 이는 터키 건국 이후 세속주의를 유지해온 케말리즘Kemalizm의 종말을 예고했다. 지난 수십 년 간 터키는 서방과 가까운 관계를 유지했고 EU(유럽연합) 가입을 목표로 했다. 터키의 신정부는 공식적으로 이 목표를 포기하지는 않았으나 다른 한편으로 중동과 코카서스에 있는 이웃국가들과의 관계 강화를 추구했다. 이 정책은 '이웃과 아무런 문제가 없는 정책'으로 불렸다. 터키는 아랍, 러시아, 이란 그리고 심지어는 적국인 아르메니아와도 관계 개선을 추구했다. 혹자는 이를 신 오토만주의New Ottomanism로 일컫기도 했다.

터키는 이스라엘과 시리아 간의 중재를 자청했고 파타와 하마스 간의 화해를 도모했으며 아프가니스탄과 파키스탄 간 관계 증진도 모색했다. 그러다가 2011년 아랍의 봄이 도래했다. 아랍에 재앙이 닥친 것으로 간주한 사우디와 달리 터키는 이를 온건한 이슬람 국가들을 결집시킬 수 있는 좋은 기회로 판단했다. 미국도 이를 지지했다. 이렇게 해서 사우디 및 걸프 국가들과의 관계가 소원해진 터키는 점차 다른 중동국가들과의 관계도 멀어지게 되었다. 이집트 사태 당시 터키는 무슬림형제단을 지지했고 군사 쿠데타가 발생했을 때 군부 정권을 비난하자 이집트 군부는 터키와의 관계를 단절했다. 리비아 사태에서 터키는 리비아통합정부GNA를 지지했으나 이집트, 사우디, 러시아 등은 리비아국민군LNA수장인 칼리파 하프타르를 지지하고 있다.

위기의 중동 어디로 나아가는가

한편 IS전사들이 터키 국경을 넘어 이라크로 진입하는 것에 미온적인 태도를 취했기 때문에 이라크와의 관계도 소원해졌다. 이라크 내 쿠르드 자치정부로부터 원유를 구입한 것도 이라크와의 관계를 악화시켰다. 이스라엘 및 러시아와의 관계도 냉각되었다. 이스라엘 특공대가 터키인이 승선한 선박을 침몰시켜 10여명이 사망하자 이스라엘과의 관계가 급속히 악화되었다. 이 선박은 가자에 고립되어 있는 팔레스타인에게 인도적 원조품과 건설 장비를 전달하기 위해 가는 도중 공해 상에서 침몰되었다. 시리아 사태 때 터키와 러시아는 상반된 입장이었다. 터키는 반군을 지원하고 러시아는 바샤르 알 아사드 정권을 지원했다. 이러한 상황에서 터키가 자국 영공을 비행하는 러시아 전투기를 추락시킴으로써 양국 관계는 급속히 냉각되었다.

결국 터키의 '이웃과의 문제없는 정책'은 온갖 문제가 불거지면서 '가까운 이웃이 없는 정책'으로 변질되고 말았다. 2015년부터 터키는 뒤늦게나마 옛 친구들과의 관계를 회복하기 위한 정책을 펼쳤다. 터키는 이스라엘 및 러시아와 협정을 체결했으며 알제리는 터키와 시리아 간 대화를 중재했다. 2016년이 되자 다시 터키는 대외정책에 신경 쓸 여유가 없어졌다. 2015년부터 시작된 쿠르드 노동자당과의 전쟁으로 남동부 지역이 불안해졌기 때문이다. 그러다가 2016년 7월 에르도안을 겨냥한 쿠데타가 일어나자 이를 빌미로 에르도안은 비상사태를 선포하고 군부, 관료, 언론 및 학계를 겨냥한 대거 숙청에 나섰다.

2017년 국민투표에서 승리한 집권 정의개발당은 의원내각제를 버리

에르도안 터키 대통령 부부와 오바마 전 미 대통령 부부
뉴욕 메트로폴리턴 박물관 리셉션 중 기념 촬영을 하고 있다. (사진. Lawrence Jackson 作-White House, 2009
년 9월 23일)

고 강력한 대통령제를 채택했으며 에르도안이 대통령으로 당선되었다.
전권을 장악했으나 에르도안의 입지가 늘 탄탄한 것은 아니다. 2019년
6월 이스탄불 시장 선거에서 정의개발당 후보가 패배하고 야당인 공화
인민당 후보인 에크렘 이마몰루Ekrem Imamoglu가 승리했기 때문이
다. 이스탄불은 에르도안이 과거 시장에 당선됨으로써 정치인으로서의
입지를 굳혔던 곳이며 유서 깊은 도시이자 정치의 중심지이다. 이 승리
로 이마몰루는 2023년 대선에서 에르도안의 강력한 도전자가 될 가능

위기의 중동 어디로 나아가는가

성이 높아졌다. 더군다나 이번 승리는 2019년 3월 총선에서 이마몰루가 당선되었음에도 에르도안 측의 부정 선거 시비로 재선거를 치른 결과 다시 승리한 것이기 때문에 에르도안에게는 충격이 더 컸다.

난민과 실향민

시리아 난민이 대규모로 발생하기 이전 중동에서 가장 큰 난민 문제는 1948년과 1967년 전쟁으로 인해 발생한 팔레스타인 난민이었다. 유엔 고등난민판무관실에 등록된 팔레스타인 난민만 5백만 명이 넘는데 장부에 올라있지 않은 사람들도 많다. 이들 대부분은 난민 캠프를 탈출하거나 해외로 이주한 사람들이다. 팔레스타인 난민을 가장 많이 수용한 국가는 요르단이다. 요르단 국민은 둘로 나뉘는데 하나는 1948년 이전부터 그곳에 살았던 아랍인과 이들의 후손으로 동부 연안 주민East Bankers으로 불린다. 또 하나는 팔레스타인인으로서 요르단 인구의 절반이 넘는다. 지금은 시리아 난민이 가장 큰 이슈이다.

난민Refugees은 의도적으로 고향을 떠나 해외로 이주한 사람들을 일컫는다. 주로 정치적인 이유로 전쟁 지역에서 피신한 사람들이다. 이주자Migrants는 경제적인 이유로 거주지를 떠난 사람을 일컫는다. 그러나 양자 사이에 명확한 구분을 짓기는 힘들다. 전쟁이 일어나면 경제적으로 궁핍해져 고향을 떠나는 일이 다반사이기 때문이다.

2015년 약 1백만 명이 유럽에서 난민 신청을 했고 2016년 초에도 3개월 동안 10만 명 이상이 난민 신청을 했다. 이들은 대부분 시리아 인근 난민 캠프로부터 온 사람들이다. 시리아 내전이 장기화하면서 고향으로 돌아갈 전망이 없자 캠프를 빠져나온 사람들이 태반이다. 혹은 빈곤을 탈피하거나 일자리를 찾기 위해 온 사람들도 있고 또는 자신이나 자녀의 교육을 위해 또는 캠프 생활을 견디지 못해 탈출한 사람들도 있다. 난민 중 22%는 18~59세 사이의 남자들이다. 이 중 56%는 17세 미만이고 39%는 11세 미만이다. 그리스의 조사 결과 성인 중 86%가 고등학교 또는 대학 졸업자로 집계되었다. 이들 중 대부분이 35세 미만일 정도로 젊기 때문에 앞으로 사회문제를 야기할 가능성이 높다. 시리아를 재건해야 할 젊고 교육수준이 높은 미래의 일꾼들이 모두 빠져나오기 때문이다.

2016년 3월 EU는 터키와 협정을 맺어 터키로부터 유럽으로 건너오는 난민을 통제하기로 했다. 터키의 난민 캠프에 있었다는 사실이 확인되지 않은 그리스로의 이주자들을 다시 터키로 돌려보내기로 한 것이다. 반면 EU 국가들은 같은 수만큼의 터키 내 시리아 난민을 받아들이기로 했다. 유럽은 또한 터키에 수용되어 있는 난민에 대한 재정적 지원을 확대키로 했다. 이 합의에 대해 국제 난민단체들은 비인도적이라고 비난했다. 본인의 의사에 반해 난민을 추방하는 것은 국제관례에 어긋난다는 것이다.

중동에는 또한 국내에서 이주한 사람들(IDPs: Internally Displaced Persons)이 있다. 즉 국내실향민을 일컫는다. 중동에는 세계 어느 지역보다 국내실향민이 많다. 이는 국가가 전복되거나 내전 발발 또는 외

이라크와 시리아 난민들이 그리스의 레스보스 섬에 도착하여 구조를 기다리고 있다. (사진 Ggia 作, 2016년 1월 17일)

국의 침략(미국의 이라크 침공 또는 사우디의 예멘 내전 개입 등)에 의한 것이다. 2014~2016년 통계에 의하면 팔레스타인에 26만 명, 리비아에 41만 명, 터키에 120만 명, 예멘 280만 명, 이라크에 4백만 명의 실향민이 있다. 이들은 국가를 떠난 것이 아니기 때문에 국적에는 문제가 없으나 학교, 의료, 가족관계, 고용 등에서 혜택을 받지 못하는 등 극심한 고통 속에서 정신적 트라우마에 시달리는 경우가 흔하다.

민중 봉기

2011년 아랍의 봄 이전에도 중동에서는 민중 봉기가 많이 일어났다. 이는 오랫동안 지속되어온 압제와 사회·경제적인 불평등, 왜곡된 정의, 부정부패 때문이다. 1980년 알제리에서 일어난 '베르베르의 봄'은 가장 큰 소수민족이 자신의 권리를 옹호하기 위한 투쟁이었다. 이로부터 8년 후 일어난 '검은 10월' 폭동은 아랍 세계에서 최초로 민주적 선거를 이끌어 낸 기념비적인 사건이었다. 그러나 1991년 12월 총선 1차 선거에서 이슬람주의 정당인 이슬람구국전선(FIS)이 승리하자 군부가 전면에 나서 선거를 취소함으로써 알제리는 10년간의 피비린내 나는 내전으로 접어들게 된다.

1994~99년 바레인 인티파다(민중 봉기)는 비상사태 종식, 권리 회복, 정치범 석방, 여성 인권 신장 등을 요구하는 탄원서에 국민 10분의 1이 서명함으로써 일어났다. 2000년 시리아의 독재자 하페즈 알 아사드가 사망했을 때 시리아에서는 바레인 인티파다와 비슷한 시위가 일어났다. 시위자들은 바레인과 비슷한 요구를 했고 더 나아가 다당제 선거, 표현의 자유, 집회의 자유 등에 대한 요구도 있었다.

1991년 이라크 군이 쿠웨이트로부터 철수한 후 쿠웨이트에서는 두 가지 '색깔 혁명'이 일어났다. 2002~2005년에 일어난 '청색 혁명'에서 쿠웨이트 여성은 투표권을 얻었다. 이듬해 시민들은 선거 제도 개편을 촉구하는 '오렌지 혁명'을 일으켰다.

2004년 이집트의 세속주의자와 이슬람주의자는 연합하여 케파야

위기의 중동 어디로 나아가는가

레바논의 삼나무 혁명
(사진. Elie Ghobeira 作, 2005년 3월 14일)

(Kefaya : 'Enough') 그룹을 창설했고 이들은 무바라크의 사임을 촉구했다. 모로코에서는 2004년 시민들이 지난 30년간 일어났던 인권 침해 사건을 조사하기 위한 공평과 화해위원회를 결성했다. 2005년 3월 레바논 시민들은 '삼나무 혁명'(약 160만 명의 베이루트 시민이 일으킨 시위로 주요 정치세력이 사퇴한 사건. 삼나무(백향목)는 레바논 국기에 그려진 국가 상징물로서 '백향목 혁명'이라고도 부른다.)을 일으켜 시리아군 철수와 시리아의 개입 없는 의회선거를 주창했다. 2004년, 2008년, 2010년 시리

아 내 쿠르드 시민들은 소수 민족의 권리 보장을 외치며 시위했다. 아랍사회 뿐만이 아니다. 2009년 이란 대통령 선거에서 현역 대통령이 승리하자 1백만~3백만 명에 이르는 대규모 시민이 부정선거를 외치며 시위에 나섰다. 정권은 보안부대와 민병대를 동원하여 이들을 무참히 짓밟았다. 그러나 2년 후 아랍에서 시위가 일어나자 수천 명의 테헤란 시민은 튀니지와 이집트에 동조하여 또 다시 시위를 벌였다.

2013년 봄 터키에서는 이스탄불에 있는 게즈 공원Gezi Park을 폐쇄하고 쇼핑몰을 지으려는 당국의 조치에 항의하여 수천 명이 공원을 점유하고 시위를 벌였다. 이 시위는 점차 확대되어 수십 개의 도시로 번졌으며 에르도안 총리의 독재와 권위주의 타파, 제도와 법의 이슬람 화 금지 등을 외치는 정치적 시위가 되었다. 이스라엘도 예외가 아니다. 2011년 25세 된 비디오 에디터가 아파트에서 쫓겨나 하비마 광장에서 텐트를 치고 페이스북을 통해 자신의 고난을 호소했다. 이로 인해 많은 사람들이 그녀의 입장에 동조하는 시위를 벌였다. 비싼 주택 문제가 정부 정책을 비난하는 시위로 확대되었다. 정치적 문제, 인권 문제 뿐 아니라 경제·사회적인 문제로 인해서도 튀니지, 이집트 등에서 끊임없이 시위가 일어났다. 이와 같이 아랍 지역에서는 시민들이 보편적 또는 특별한 요구사항을 외치며 시위를 벌이는 것이 다반사였다. 이러한 것들이 뭉쳐져 크게 폭발한 것이 2011년 아랍의 봄이다. 아랍의 봄 때에는 인권과 민주적 권리에 관한 요구가 경제·사회적 정의 실천 요구와 결합됨으로써 보다 많은 시민이 시위에 참여

위기의 중동 어디로 나아가는가

했다. 그리고 한 나라에서 시작된 시위가 아랍 사회 전체로 확대됨으로써 폭발적인 영향력을 발휘하게 되었던 것이다.

구조적 문제

중동의 큰 문제 중 하나는 빈부 격차이다. 카타르는 세계에서 가장 부유한 국가인 반면 예멘은 가장 가난한 국가 중 하나이다. 이집트의 빈부 격차는 엄청나며 아직도 전통적 방식의 농업에 의존하는 이 나라에는 많은 가난한 농부들이 있다. 예멘 인구의 40% 이상이 빈곤층이며 만성적인 식량 부족에 시달리고 있다. 가난한 나라에서는 극단적 이슬람주의가 성행하기 일쑤이며 정세 불안을 초래한다. 2011년 예멘에서 살레 정권의 붕괴 및 후티 반군이 일으킨 내전은 모두 가난과 밀접한 관계를 가지고 있다. 예멘은 유아사망률이 가장 높은 국가 중 하나이기도 하다.

또 하나의 문제는 인구 성장이다. 나라에 따라 다르기는 하지만 중동은 비교적 인구성장률이 높은 곳 중 하나이다. 중동은 또한 외국의 원조에 크게 의존하는 곳이기도 하다. 외국 원조에 의존하면 경제자립도가 낮아지고 빚이 늘어난다. 중동은 외세의 개입을 싫어하면서도 외국의 영향을 받을 수밖에 없는 구조이다. 만성적인 부패, 자원의 불평등한 분배, 국가 자금의 유용 등으로 인해 정부는 국민의 신뢰를 얻지 못한다. 이로 인해 권위주의 정부가 꼬리를 물고 계속됨으로써 2011년 아랍의 봄과 같은 사태를 초래했다. 부유한 걸프 국가에서도 외국 투자자들은 아랍 정부와 거래하기를 꺼린다. 계약을 체결하기 위해 지불해야 하는 광범위한 뇌물 때문이다.

부유한 정부들도 막대한 빚을 지고 있다. 정부가 예산을 삭감해도 왕족들에게는 아무런 영향을 미치지 않는다. 모든 부담은 일반 국민에게로 돌아간다. 뇌물과 부패는 중동 도처에 만연해 있다. 팔레스타인 자치 정부(PNA : Palestinian National Authority)를 지지하는 파타 요원들은 으레 3억 달러 이상 되는 외국 원조의 일부를 자신들끼리 나누어 먹는다. 다른 나라에서도 상황은 비슷하다. 아랍은 내전으로 불타고 있어도 지도자들은 흥청망청하고 있는 모습이다.

중동에 민주주의와 시장경제를 도입하기 위한 많은 모델이 실험되어 왔지만 모두 실패했다. 하나의 예외는 레바논이다. 레바논의 경제는 시장이 주도하는 시장경제이다. 자원 결핍, 15년간의 내전, 7백만 명 정도의 인구 및 주변으로부터 몰려드는 난민과 이민 등으로 말미암아 레바논 경제는 비대한 서비스 부문과 상업적 이해관계로 이루어진 다소 기형적인 경제구조를 갖게 되었지만 중동에서는 보기 드문 자유경제이다. 문제는 정부가 너무 취약하다는 사실이다. 2004년 5월 치솟는 유가에 항의하여 베이루트에서 시위가 일어나 5명이 사망했다. 2010년 IMF는 레바논 정부가 경제의 구조적 약점을 개선하는데 보다 적극적이어야 하며 세계에서 가장 부채율이 높은 국가로서 재정위기를 극복하기 위해 보다 강력한 조치를 취할 것을 경고했다.

정부는 수도 베이루트의 쓰레기를 제대로 수거하지 못할 정도로 취약하다. 시민은 정부가 공공서비스를 강화할 것을 요구하며 자주 시위를 벌이고 있다. 인근 시리아로부터의 난민 문제도 심각하다.

이집트, 시리아, 이라크, 예멘, 리비아, 알제리 등에서는 사회주의적 경제 색채가 강하다. 사회주의 요소로 토지개혁, 산업화, 국유화, 계획경제, 국가 주도의 개발정책, 민간자본 제한, 토지소유권 제한 등을 들 수 있다. 이슬람주의적인 경제 관행도 많은 곳에서 발견된다. 이집트의 이슬람식 금융 시스템, 사우디의 자선 세금(자카트: zakat) 징수 등이 예이다. 이슬람 금융의 규모는 약 1조 달러에 달한다.

걸프 지역에서도 이슬람 금융이 경제를 장악하고 있다. 이슬람 경제 원칙은 생산수단의 개인 소유 허용 등 일부 자본주의적 요소, 이윤 극대화, 생산과 용역 및 근로에서의 자유 경쟁 도입 등을 포함한다. 뱅킹 부문에서는 빌려준 돈에 대한 이자 징수 금지가 가장 두드러진 특징이다. 1979년 이슬람 혁명 후 이란의 호메이니는 개인 기업을 몰수하고 이슬람 뱅킹을 도입하여 이자 금지 등을 시행했다. 그러나 1980년대 들어 이라크와의 전쟁으로 인해 이슬람 경제는 유명무실한 상태에 빠졌다. 그러다가 1990년대 라프산자니의 실용적 정부는 경제개발에 박차를 가하면서 케슘Qeshm에 자유무역지대를 창설하고 일부 산업의 민영화 등을 추구함으로써 시장이 살아나 외국 투자를 촉진시켰다.

한편 1980년대 이후 중동에서는 IMF(국제통화기금)와 세계은행이 주도한 구조조정과 자유화로 사회적 지출이 감소하면서 빈곤문제가 보다 심각해졌다. 거시경제적인 자유화는 소득의 사회적 분배와 복지에 부정적인 영향을 미쳤다. 이집트, 시리아 및 요르단 정부가 경제개혁을 내걸고 가격 인상과 복지 삭감을 발표하자 빈곤층과 노동자층이 심각한 타격을 입었을 뿐 아니라 중산층도 보다 가난해졌다. 반면, 경제 자유화, 복지경제에 대한 국가 통제 철폐, 새로운 분야 개발 장려, 외국투자와 자본의 증가, 산업 다변화 등으로 몇몇 국가에서는 경제가 호전되는 기미가 보이기도 했다. 그러나 경제자유화로 인해 민주주의가 신장되지는 않았다.

석유 경제가 자리 잡기 전까지 중동에서 가장 중요한 부문은 농업이었다. 그러나 오늘날 중동은 세계에서 가장 농산물 자급률이 낮은 지역이 되었다. 1990년대까지 중동에서는 최소한 15개국이 식량의 50% 이상을 수입에 의존했다. 농업이 GDP(국내총생산)에서 차지하는 비율도 계속 감소했고 걸프 국가에서는 거의 미미한 수준이 되었다. 시리아나 이집트와 같이 전통적으로 농업의 비중이 큰 국가에서도 농업에 종사하는 인구는 이제 30~40%에 지나지 않는다. 이는 1950~60년대에 비교하면 대폭 줄어든 숫자이다. 이집트에서 농업의 비중은 1983년 GDP의 19.6%에서 2015년에는 11.2%로 감소했다.

시리아, 이라크, 리비아, 예멘은 내전 또는 준 내전 상태에 있다. 1천 5백만 명에 달하는 난민이 이들 국가로부터 요르단, 레바논, 지부티 및 튀니지 등 약한 경제구조를 가진 나라들로 피신했다. 이는 제2

위기의 중동 어디로 나아가는가

차 세계대전 이후 최대의 난민 위기이다. 봉쇄와 계속되는 무력 충돌로 가자의 실업률은 세계 최고 수준이며 GDP는 잠재력의 40%에 불과하다. 이집트, 튀니지, 모로코, 요르단 등 정치적 변환을 맞고 있는 국가들은 성장 위주의 정책에 따른 안보문제를 해결해야 하는 과제를 안고 있다. 또한 알제리, 이란 및 걸프 국가 등 산유국들은 낮은 유가, 만성적인 청년실업 및 다변화되지 않은 경제 등 산적한 난제를 해결해야 할 처지에 놓여있다.

중동에서 이주노동자는 경제에 중요한 역할을 담당한다. 이들이 해외에서 송금하는 돈은 중요한 수입원이 된다. 2015년 통계로 해외 송금이 많은 국가는 이집트(204억 달러), 레바논(75억 달러), 모로코(67억 달러), 요르단(38억 달러), 예멘(34억 달러), 튀니지, 팔레스타인, 알제리, 시리아, 이란 등 순이다. 이주 노동자의 상태는 국가 간의 관계에 따라 좌우되므로 불안정하다.

1990년 걸프전 당시 70만 명의 예멘 노동자들이 사우디로부터 추방되었으며 사우디는 예멘에 대한 보조금 지급을 중단했다. 이로써 예멘은 심각한 정치적, 경제적 위기에 처하게 되었다. 사담 후세인을 공개적으로 지지한 팔레스타인도 심각한 타격을 입었다. 40만 명의 팔레스타인 근로자들이 쿠웨이트로부터 추방되었기 때문이다. 2004년 팔레스타인 지도자 마흐무드 압바스는 팔레스타인이 사담 후세인을 지지한데 대해 공개적으로 사과했다. 사우디는 아직도 세계에서 가장 많은 근로자를 받아들이는 나라이다. 이주 노동자가 전체 근로자의 80%를 차지한다. 사우디와 걸프 국가들은 실업자가 40%에 이르는 이웃 예멘을 돕기 위해 가급적 많은 근로자를 받아들이는 정책을 펴왔으나 예멘이 알 카에다와 민중 봉기의 온상으로 이용된다는 사실을 알고 이러한 정책을 중단했다. 사우디는 2011년 아랍의 봄 이후 외국 근로자를 철저히 통제하고 있다. 이로 인해 수만 명의 예멘 근로자들이 추방되었다.

노동력 부족은 중동의 경제 발전에 심각한 장애 요소이다. 쿠웨이트 같은 나라는 토착민의 숫자가 적을 뿐 아니라 기술이 있고 교육을 받은 노동력이 매우 부족하다. 이로 인해 토착민과 이주 노동자 사이에 불균형이 심각하다. 2016년 카타르 인구의 89%가 외국인이고 아랍에미리트에서는 88%가 외국인이었다. 1950년대부터 이미 걸프 국가에는 팔레스타인 근로자들이 들어왔다. 1973년 위기로 인해 유가가 치솟자 외국 근로자는 더 늘어났다. 이라크에는 가사 도우미 같은 비(非) 기술적, 단순 노동자들이 많이 들어왔다. 사우디는 지역에 따라 남부는 예멘, 북부는 요르단과 팔레스타인, 서부는 이집트 노동자들이 주로 들어왔다. 그러나 1990년 걸프 위기가 터지면서 상황이 바뀌었다. 팔레스타인, 요르단, 이집트, 예멘 등으로부터 온 노동자들이 다수 추방되었다. 이후 아랍 근로자들의 숫자는 더 이상 늘어나지 않았다.

2015년 아랍 지역에는 3천 2백만 명의 외국 근로자가 있었는데 난민이 급증하면서 2015년 한 해에 요르단과 레바논에 들어온 난민과 계절노동자 숫자가 5백만 명에 달했다. 2013년 아랍 세계로 들어온 이주 노동자는 1천 8백만 명에 달했는데 대부분이 아시아 출신이다. 6개 걸프 국가에 있는 이주 노동자는 전 세계 이주 노동자의 10% 이상을 차지하며 계절노동자를 많이 수용하고 있는 국가 순위에서 사우디가 4위, 아랍에미리트가 5위를 차지한다. 바레인, 오만, 카타르, 아랍에미리트에서 계절노동자는 인구의 50% 이상이며 특히 카타르와 아랍에미리트에서는 80% 이상이다. 걸프 국가에서 건설 및 가사 노동에 종사하는 계절노동자는 전체의 95%를 차지한다. 아랍 지역에서 계절노동자의 송금은 2014년 1천 9십억 달러에 달했고 송금액에 있어서 사우디와 아랍에미리트가 미국 다음으로 2~3위를 차지했다.

아랍의 두뇌 유출도 심각하다. 이집트와 같이 해외 이주를 장려하는 나라에서는 우수한 두뇌가 걸프 국가로 유출됨으로써 심각한 사회·경제적인 문제를 야기하고 있다. 유엔은 아랍의 봄 이후 두뇌 유출이 20~25% 상승한 것으로 간주하고 있다. 뿐만 아니라 요르단, 예멘, 이집트 등에서는 노동력이 유출됨에 따라 오랫동안 집안에 남자가 없게 되어 사회적인 문제를 일으키기도 한다. 해외 송금은 양날의 칼이다. 한편으로는 소비를 촉진시키고 건설 경기를 진작하며 지참금을 지급함으로써 결혼을 장려하기도 하나 다른 한편으로는 건강한 경제 발전을 저해한다. 또 예멘에서와 같이 많은 노동력이 갑자기 사우디로부터 강제 송환될 경우 경제에 충격을 가해 사회와 정치가 불안해질 수 있다.

걸프 국가들은 1990년 걸프 위기와 아랍의 봄 사태를 겪으면서 노동력 공급처를 아랍 국가로부터 아시아 국가로 바꾸었다. 아랍 근로자들의 지위는 불안정하다. 쿠웨이트 내 팔레스타인인들은 자신의 지위가 안정적이고 항구적이라고 믿었으나 걸프전으로 1991년에는 무려 40만 명이 쫓겨나야 했다. 2014년 사우디는 1백만 명에 달하는 불법 근로자를 추방하겠다고 발표했는데 이들 중 많은 사람이 아랍에서 온 사람들이었다. 아랍인은 걸프 국가로 오면서 이곳에 동화하여 정착할 것으로 생각하나 사정은 정반대이다. 언제 떠나야 할지 모르는 근로자들은 자신이 모은 돈을 현지에서 투자하지 않으며 고향으로 송금하기 일쑤이다. 변화하기 쉬운 중동의 정치 정세로 인해 아랍 철새 노동자들의 상태는 늘 불안정하다.

주요국과 SNS의 위력

2015년 포브스지가 집계한 세계의 억만장자 중 10명이 사우디인으로 이들의 재산 합계는 519억 달러에 달한다. 확인된 사우디의 석유매장량은 2,660억 배럴이며 쿠웨이트와의 국경지대에 25억 배럴이 추가로 매장되어 있다. 사우디의 석유 매장량은 전 세계의 16%로서 최고이며 석유 수출 1위 국가이다. 사우디는 일견 부유하고 별 문제가 없는 것처럼 보이지만 2013년 4월 당시 알 왈리드 이븐 탈랄 왕자는 사우디에 5개의 시한폭탄이 있다고 말했다. 수입원(收入源)의 단조로움, 석유에 대한 수요 감소, 높은 인구증가율과 주택 위기, 높은 실업률 그리고 빈곤이다. 사우디에서는 일자리를 얻기가 어렵다. 3천 4백만

위기의 중동 어디로 나아가는가

인구의 30%가 외국인인 이 나라에서 이민자들은 더욱 일자리를 얻기 어렵다. 현재 사우디의 주택 사정은 수십 년 내 최악이다. 60%가 무주택자이며 주택 보유자의 30%는 열악한 주택을 보유하고 있다.

이집트는 중동에서 가장 중요한 국가 중 하나이다. 아랍 전체 인구의 3분의 1에 육박하는 많은 인구뿐 아니라 아랍 세계의 정치적, 사회적, 지적 운동에 있어서 늘 선구자 역할을 해왔기 때문이다. 이집트는 1948, 1956, 1967년, 1973년 등 4번에 걸쳐 이스라엘과 전쟁을 한 나라이면서도 1978년 이스라엘과 최초로 평화협정을 체결한 나라이기도 하다. 가말 압델 나세르는 아랍에서 최초로 아랍민족주의를 주창했고 시리아와 최초로 아랍연합 국가를 창립했다.

1945년 범 아랍주의 기구인 22개 회원국의 아랍 리그를 창립하고 본부를 카이로에 설치한 것도 이집트이며 이스라엘과의 평화 수립으로 아랍에서 보이콧을 당한 짧은 기간을 제외하고는 늘 아랍 리그를 주도하고 있다. 정치적 이슬람의 시발지도 이집트이다. 무슬림형제단은 이집트에서 탄생했으며 모로코에서 말레이시아에 이르기까지 가장 인기가 높고 성공한 많은 정당들이 무슬림형제단으로부터 탄생했다. 이집트 출생의 사이드 쿠틉Sayyid Qutb은 오사마 빈 라덴과 아이만 알 자와히리와 같은 알 카에다 지도 세력의 스승이다. 이집트는 16억 무슬림이 가장 동경하는 이슬람 연구의 본산이며 세계에서 가장 오래된 대학 중 하나인 알 아즈하르 대학Al-Azhar University을 보유하고 있다. 중동의 현대사에서 중요한 거의 모든 사건이 이집트에서 시작했다고 볼 수 있다.

지난 60년간 이집트에서는 세 번의 혁명이 일어났다. 1952년 국왕 파룩Farouk을 축출했고 2011년에는 무바라크 대통령을 축출했으며 2013년에는 군부 쿠데타로 무르시 대통령이 쫓겨났다. 그러나 이집트의 권력 구조에는 별 변화가 없다. 이집트는 행정부가 모든 권력을 장악하고 있으며 따라서 대통령에게 권한이 집중되어 있다. 그리고 군부가 정치와 경제에 깊숙이 개입하고 있다. 이집트 의회는 1798년 나폴레옹 군 침공 이후로 계속 유지되고 있으나 명목상의 기관일 뿐 제대로 권력을 행사해본 적이 없다. 사실 이집트의 권력기관 중 가장 파워가 있는 기관은 군부(정보 및 보안기관 포함)로서 '딥 스테이트Deep State'라고 불린다. 왕 위에 상왕이 있는 셈이다. 현대 이집트의 대통령들인 나깁Naguib, 나세르, 사다트, 무바라크 및 알 시시 모두 군 출신이며 유일하게 무르시만 군 출신이 아니다. 군인들은 지배하되 통치는 하지 않는 것을 불문율로 삼고 있다.

이집트의 인구는 이미 1억이 넘는다. 연간 인구증가율이 1.8%로 6개월마다 100만 명씩 인구가 늘어나고 있으며 40세 이하 인구가 75%에 달할 정도로 젊은이들이 많다. 사우디와 마찬가지로 억만장자들이 있다. 2015년 포브스 집계로 10명의 억만장자가 234억 달러의 재산을 가지고 있다. 대부분이 석유 부자들이다. 이집트는 아프리카에서 비 석유수출국기구non-OPEC 국가 중 최대 산유국이며 두 번째로 큰 육상 천연가스 생산국이기도 하다. 그러나 많은 인구로 인

　　　　　　　　　　　위기의 중동 어디로 나아가는가

해 석유 소비가 생산보다 더 많다.

이집트의 문맹률은 사우디보다 훨씬 높고 특히 여성의 문맹률은 남성의 두 배에 달한다. 고질적으로 높은 실업률을 갖고 있어 2020년 이후 5~6%까지 실업률을 낮추기 위해서는 연간 최소 6%의 경제성장이 필요한 실정이다. 또한 빈곤, 주택 등의 문제가 심각하다. 인구 1천 5백만 명이 빈민촌에 살고 있고 이중 10%는 묘지와 같은 곳에서 살고 있다고 하며 연간 최소 4만호의 주택을 건설해야 문제를 해결할 수 있다고 한다.

여성에 대한 제약과 낮은 사회적 지위도 중동의 발전을 가로막는다. 21세기 들어 여러 나라에서 여성의 지위가 나아지고는 있지만 아직은 갈 길이 멀다. 여성은 교육수준이 낮고 사회적 진출의 기회가 제한되어 있으며 자신의 능력을 발휘할 기회가 제한되어 있다. 2015년 유엔보고서에 의하면 중동에서 여성의 의회 진출은 16%로 태평양 지역에 이어 두 번째로 낮다. 여성은 이혼도 마음대로 못하며 법원에서 여성의 증언은 잘 받아들여지지 않는다. 탈레반과 같이 아예 여성이 밖에서 일하는 것을 금하는 나라도 있다. 한 이집트의 살라피(원리주의자) 성직자는 여성이 수영복을 입고 바다에 들어가는 것을 금하면서 "바다는 남성이기 때문에 여성이 바다에 들어가는 것은 성행위를 하는 것이다"라는 이유를 댔다.

이스라엘은 여러 면에서 아랍 국가들과 비교된다. 정치, 군사, 경제, 소득, 자유, 민주화, 교육, 과학기술 등 모든 면에서 상대가 되지 않는다. 이스라엘은 수학과 컴퓨터 부문에서 선도국가이며 5개 이스

줄리안 어센지
위키리크스의 창립자. (사진 Andreas Gaufer 作, 2009년 12월 27일)

라엘 대학들은 세계 100대 대학에 포함되어 있다.

한편 아랍인의 컴퓨터와 인터넷에 대한 선호는 엄청나다. 위키리크스의 창설자 줄리안 어센지Julian Paul Assange는 아랍인에게 영웅이다. 아랍인은 그를 무즈타히드(Mujtahidd: 성전을 행하는 자)로 부르고 있다. 어센지의 트위터에는 수백만의 아랍 추종자들이 있다. 2015년 발표에 의하면 아랍에서 157백만 명의 인터넷 사용자가 있고 약 8천만 명의 페이스북 사용자가 있으며 1천만 명 이상의 트위터 사용자가 있는 것으로 나타나 있다.

위기의 중동 어디로 나아가는가

아랍 사람들은 말한다. "인터넷은 유령의 제국이다. 국경, 군대, 정부, 국기, 여권, 시민권 등 아무 것도 없다. 그러나 모든 것을 관장한다." 인터넷의 거대한 영향력으로 아랍의 봄이 탄생했고 이집트에서 혁명이 일어났으며 시리아 내전이 발생했다. 무슬림형제단에게 권력을 가져다 준 것도 인터넷이고 무르시 대통령을 실각시킨 것도 인터넷이다. 이집트 군중은 인터넷을 통해 반란의 뜻을 가진 '타마로드 Tamarod'라는 반정부 연합세력을 만들었다. 수많은 군중이 타마로드에 가담하자 무르시 타도 운동은 들불과 같이 확대되었으며 결국 선거로 선출된 최초의 민간인 출신 대통령은 쫓겨나고 말았다. 무려 2천 2백만 명 이상이 타마로드에 서명했다.

2011년 여름 시리아 시민은 정부군의 민간인에 대한 무차별 폭력을 비디오로 만들어 휴대폰을 통해 외부에 전파했다. 시리아 정부는 이를 막으려 했으나 남부의 인터넷 망이 요르단의 모바일 네트워크와 연결되어 있어서 막지 못했다. 결국 동영상을 보고 분노한 국민들이 각처에서 소요를 일으킴으로써 내전이 시작되었다. 인터넷으로 인해 아랍에서도 시민단체다운 시민단체가 형성될 가능성이 높아졌다. 아직 아랍에서 언론의 자유는 제한되어 있다. 말과 글이 검열되고 통제되며 통신도 제한되어 있다. 이러한 상황에서 서구식 민주주의를 받아들이기는 어렵다. 그러나 이미 변화는 시작되었고 이를 막기는 어려울 것이다. 아랍이 민주주의로 가는데 SNS가 큰 역할을 담당할 것으로 보인다.

2장
아랍의 봄

〰️

발생과 전개

아랍의 봄이 오기 전까지 두 가지 중요한 사건이 중동의 장래에 심각한 영향을 미치고 있었다. 첫 번째는 1991년 소련의 붕괴이다. 냉전이 종식되자 미국의 대 중동 정책은 근본적인 변화를 맞이했다. 소련의 붕괴로 미국은 중동에서 공산 세력의 확대를 염려할 필요는 없어졌지만 대신 과격 이슬람주의자와 지하디스트 등 미국을 악(惡)으로 간주하는 새로운 세력과 부딪치게 되었다. 두 번째는 2003년 미국의 이라크 침공이다. 2001년 9·11 사태의 분풀이 격으로 무리하게 밀어붙인 이라크 침공으로 세상에서 가장 오래된 문명국인 메소포타미아의 이라크는 폭력이 난무하는 아수라장이 되었고, 수니와 시아간의 종파 분쟁이 재연하여 불안한 상황이 지속되고 있으며, 알 카에다와

위기의 중동 어디로 나아가는가

IS 등 과격 지하드 세력의 온상이 되었다.

그러다가 2011년 아랍 세계를 강타한 아랍의 봄Arab Spring이 도래했다. 한 번도 가보지 못한 길을 걸어갈 것처럼 시작했던 아랍의 봄 사태는 일반 국민들의 큰 관심 속에 일부 국가에서 성과를 거두기도 했으나 민주주의와 자유를 신장시키고 빈부 격차를 감소시키겠다는 처음의 목표는 거의 사라지고 내전과 분쟁 그리고 갈등만이 확대되어 중동의 신음소리를 더 커지게 만드는 데 그치고 말았다. 아랍의 봄으로 튀니지, 리비아 및 이집트에서는 정권이 바뀌었고 예멘에서는 잠시 정권이 바뀌는 듯 했으나 곧바로 내전으로 연결되었고 시리아에서는 치열한 내전이 10년 동안 지속되고 있다.

아랍의 봄은 중동의 변화를 예고하는 신호탄과 같았으나 혹자는 아랍의 봄을 아랍 겨울Arab Winter이라고 부르는 사람도 있다. 아랍의 봄 이후 상황이 더 나빠졌기 때문이다. 또는 아랍의 각성Arab Awakening이라고 부르는 사람도 있다. 2010년 12월 17일 무함마드 부아지지Muhammad Bouazizi라는 튀니지의 한 청년 노점상이 시디 부지드Sidi Bouzid 시의 시청 앞에서 석유를 뒤집어쓰고 몸에 불을 질렀다. 그는 노상 영업을 금지하기 위해 상점의 과일을 압수하고 그를 모욕하는 관청 직원의 횡포에 항의했으나 아무런 반응이 없자 죽기를 결심하고 공개적인 항의에 나선 것이다. 이 사건은 튀니지 내에서 큰 공감을 얻었다. 시민들은 그동안 참았던 모든 불평과 불만을 쏟아내며 정권 퇴진을 외쳤다. 노동총연합이 시민들 편에 서고 날이 갈

2011년 아랍의 봄
왼쪽부터 시계방향으로 이집트 혁명, 튀니지 혁명, 시리아 민중봉기, 예멘 민중봉기 (사진 Honor the King, Wikimedia Commons 제공)

위기의 중동 어디로 나아가는가

수록 시위가 확대되자 견디다 못한 25년 집권의 독재자 지네 알 아비딘 빈 알리가 사임함으로써 아랍의 봄이 촉발된 것이다. 이는 시민이 독재자를 권좌에서 끌어낸 아랍 역사상 최초의 사건이었다.

튀니지에서 일어난 불꽃은 곧바로 이집트로 전파되었다. 타히르 광장에서 군중이 운집하여 총파업과 정권 퇴진을 외치며 시위를 벌였다. 사태를 주시하던 군이 시민 편에 가담함으로써 정권 교체는 현실화되었다. 2011년 2월 군은 전제 군주와도 같았던 호스니 무바라크 대통령을 퇴진시키고 군사평의회가 권력을 장악했다. 이것이 1단계 혁명이었으나 이는 게임의 시작에 불과했다. 국민이 선출한 대통령이 쿠데타로 강제 퇴임하고 다시 군부가 정권을 잡았기 때문이다. 아랍의 봄의 결과는 다양하다. 튀니지, 이집트, 리비아 및 예멘에서는 정권이 전복되었다. 리비아, 시리아 및 예멘은 내전으로 빠져들었다. 그리고 알제리, 모로코, 요르단 및 걸프 국가들의 정권은 아성을 굳건히 지켰다.

2011년 1월 처음 대중 시위 발발, 2월 호스니 무바라크 퇴진

2012년 6월 모하메드 무르시 대통령 당선

2013년 7월 국방장관 압델 파타 알 시시가 쿠데타로 집권

2013년 8월 보안군이 친 무르시 시위대를 공격하여 1천 명 이상 사망

2014년 6월 선거에서 96% 득표로 당선된 알 시시가 대통령으로

모하메드 무르시 전 이집트 대통령(오른쪽)이 당시 국방장관이었던 압텔 파타 알 시시 현 이집트 대통령(왼쪽)을 배석시킨 채 카이로를 방문한 척 헤이글 전 미 국방부장관을 맞아 담소를 나누고 있다. (사진 출처. 미국무부- Erin A. Kirk-Cuomo 作, 2013년 4월 24일)

취임

2015년 11월 IS 특공대가 시나이 지역에서 러시아 항공기를 격추시켜 224명 사망

2016년 11월 알 시시 정부는 IMF로부터 120억 달러 차관 도입

2018년 3월 경쟁자들이 투옥되거나 배제된 가운데 알 시시가 대통령으로 재선됨

2019년 6월 무르시 전 대통령이 카이로의 법정에서 재판을 받던 중 쓰러져 사망

위기의 중동 어디로 나아가는가

이것이 지난 9년간 이집트에서 벌어진 일이다. '빵, 자유 그리고 정의'를 외치며 타히르 광장을 가득 메웠던 시위자들은 무바라크를 몰아내고 시위를 성공으로 이끌었다. 18일 동안 최소 846명의 사망자를 낸 피의 대가였다. 9년 후인 지금 알 시시 정권은 무바라크보다 훨씬 억압적이다. 표현의 자유를 철저히 제한하고 수천 명의 반대파들을 투옥하는가 하면 언론을 검열하고 야당을 탄압하고 있다. 알 시시는 다른 독재자들인 푸틴, 사우디의 무함마드 빈 살만, 시진핑 등과 가깝게 지낸다. 이들을 국제사회에서는 스트롱맨으로 일컫는다. 그는 아랍에서 더 이상 민중 시위가 발을 붙이지 못하도록 만들려고 한다.

알 시시 체제는 무바라크와 다르다. 무바라크 때는 민간 기업인과 여당 충성파들이 사회의 곳곳에 진을 쳤으나 알 시시 때는 군부가 사회의 모든 영역을 장악하고 있다. 이들은 언론과 대중 세력이 사회 불안을 야기하는 것을 두려워하는 중국, 러시아 및 터키 등과 이해를 일치하고 있다. "2011년 이집트에서 일어났던 일은 다시는 일어나지 않을 것이다. 이집트에서 불안을 야기하려는 자는 나를 먼저 제거해야할 것이다."라고 알 시시는 경고한다. 또한 알 시시 정권은 헌법을 개정하여 대통령의 연임 제한 규정을 없애려고 한다. 현재는 임기 4년에 1회 연임이 허용되어 있다. 알 시시는 사우디와 아랍에미리트의 무상 원조 그리고 IMF로부터 120억 달러 차관을 들여옴으로써 연간 5.4%의 경제성장을 이루었으나 이는 허상이다. IMF의 긴축정책에 따라 국민의 생활수준은 악화되었다. 임금은 동결되고 인플레는

12%, 청년 실업률은 34%에 이르고 있다. 극단적인 양극화와 권력 독점 그리고 억압적인 정책으로 인해 이집트에서 다시 소요가 일어날 가능성은 항상 잠재해 있다.

튀니지에서 시작되고 이집트로 번진 아랍의 봄은 들불처럼 다른 곳으로 번졌다. 예멘, 리비아, 시리아에서도 연달아 소요가 일어난 것이다. 그러나 튀니지를 제외하고 모든 아랍국가에서 결실을 얻은 것은 아니다. 바레인에서 일어난 소요는 사우디와 아랍에미리트의 지원을 얻은 정부의 진압으로 불이 꺼졌고 왕정국가인 사우디와 모로코에서는 시위대들이 정권 교체를 요구하지 않았다. 사우디는 돈으로 시민의 환심을 사 사태를 마무리했고 모로코는 피상적인 개혁을 약속하며 무마시켰다. 이집트, 리비아, 예멘의 상황은 복잡하며 시리아에서는 전후 최대 규모의 내전이 일어났다.

아랍의 봄이 단순히 불만에 찬 사람들의 분노로만 일어난 것은 아니다. 보다 근본적인 원인이 있다. 첫 번째는 인구 문제이다. 2011년 아랍 인구의 대략 60%는 30세 미만이었다. 첫 직장을 갖게 되는 15~29세는 튀니지의 경우 29%, 이집트는 30% 그리고 리비아는 34%에 달했다. 그리고 이들 대부분이 실업자였다. 이집트의 경우 전체 실업자의 90%가 이들 연령층으로부터 발생했다. 물론 청년층에 실업자가 많다고 해서 모두 다 소요로 연결되는 것은 아니다. 그러나 젊은 인구 층에는 분명히 불만을 가진 그룹이 여럿 있었다. 이들은 잠재적 폭탄이었고 기회만 있으면 폭발할 수 있는 위험한 세력이었다.

청년이 되어 큰 꿈을 가지고 잘 살아보려고 할 때 일자리를 구할 수 없다면 절망하지 않겠는가? 이들이 가진 분노가 누구를 향하겠는가? 결국 권력을 쥐고 있는 자들이 아니겠는가?

두 번째는 당시 전 세계적으로 식품 가격이 상승했다는 사실이다. 예를 들어 2010년 중반~2011년 1월 사이에 밀 가격이 2배로 뛰었다. 아랍은 특히 식품 가격에 민감하다. 대부분의 식량을 수입하기 때문이다. 또한 아랍의 가계에서는 식품비가 차지하는 비율이 높다. 미국의 경우 가계의 평균 식품비는 가계비용의 7%인데 반해 모로코에서는 63%나 된다. 이러니 식품 가격 상승에 얼마나 민감하겠는가. 또한 식품비 상승은 아랍 국가들이 신봉하고 있던 신자유주의에 찬물을 끼얹었다. 미국과 IMF는 아랍 정부가 식품 가격을 안정시키기 위해 시장에 개입하는 것을 막았기 때문이다. 이렇게 되니 아랍 정부들은 식품 값 안정을 위해 보조금을 지급할 수 없었고 이는 결국 시위로 연결되었던 것이다.

아랍의 봄 시위는 튀니지에서 처음 일어났고 각국으로 퍼졌지만 그 형태는 서로 다르다. 튀니지와 이집트의 경우 군부의 즉각적인 개입이 있었고 군부는 오랜 독재자를 용도 폐기시켰다. 가장 큰 힘을 가진 군부가 기존 정치와 사회체제를 버림으로써 혁명은 신속히 진행되었다. 그러나 튀니지에서의 엔나다(Ennahda: 온건이슬람주의 정당)나 이집트의 무슬림형제단과 같은 새로운 세력이 권력을 잡으려할 때 군부는 이들을 지지하지 않았고 구정권과 관련된 보수층 및 보다 세속적인 단체들을 지지했다. 군부는 기본적으로 보수 세력이다. 이들은 기존 가치와 체제를 지키려는 세력이다. 이들이 근본적인 개혁과 체제 개편에 나서겠는가? 무슬림 형제단은 자신들의 적과 끝까지 싸우려했다. 이들은 보수 세력과 권력을 나누는 것을 거부했다. 양측의 충돌은 정해진 수순이었다.

이집트에서는 정치적 위기가 계속되고 경제가 추락하면서 수십만 인파가 다시 거리에 나섰다. 그러자 군부가 다시 개입했다. 위기를 느낀 군부는 무슬림형제단을 해산시키고 새로운 헌법을 통과시켰으며 결과적으로 무바라크 정권보다 더 억압적인 정권을 창출했다. 이 과정에서 수천 명이 죽고 수만 명이 부상당하거나 체포되었다. 결과론이지만 무르시 대통령을 위시한 무슬림형제단 세력이 보다 예민한 통찰력을 가지고 전략적으로 행동했더라면 결과가 다르게 나타날 수 있었을 것이다. 이들은 밀어붙이는 데에만 능했을 뿐 전략이 부족했고 올바른 방향을 설정하는데 실패했다. 최소한 군부가 다시 총을 들고 나오는 상황은 막았어야 하는데 계속 군부를 자극함으로써 최악의 결과를 빚어내고 말았다.

그러나 튀니지의 경우는 스토리가 좀 다르다. 엔나다는 무슬림형제단처럼 막무가내로 모든 것을 장악하려들지 않았다. 처음부터 엔나다는 야당 측에도 손길을 내밀었으며 정부에 동참시켰다. 위기가 닥치자 엔나다는 즉시 정부를 해산하고 선거를 다시 실시했다. 이들은 또한 아랍 세계에서 가장 자유로운 헌법을 통과시켰다. 이 헌법에서는

위기의 중동 어디로 나아가는가

이슬람법을 언급하지 않으며 여성에게는 남성과 동일한 참정권을 보장한다. 이러한 타협의 결과 아랍의 봄 발상지 튀니지는 유일하게 해피엔딩을 맞이했다.

이집트에서도 폭동이 있었지만 예멘과 리비아에서 발생한 폭력에 비하면 약과다. 이 두 나라는 왜 그렇게 폭력적이었을까? 두 나라는 정치학자들이 이야기하는 소위 '약한 국가'들이었다. 공무원, 군인, 장관, 정치인, 외교관 등 기득권층이 모두 정권과 한 편이었으며 이들은 반대편에 선 쪽과 극단적으로 대립했다. 양측을 연결하는 채널이 없었으므로 비상사태 시 정면충돌로 갈 수 밖에 없었다. 약한 국가에서는 정부와 관료들이 충분한 힘을 발휘하지 못한다. 이들은 자신의 영역에서 완전한 권력을 갖고 있지 않으며 사회의 구석구석까지 영향력을 뻗칠 수 없다. 권력을 가진 자가 제대로 권력을 행사할 수 없기 때문에 국민은 분산되며 소속감과 충성심도 약하다.

지리적인 영향력도 주목해야 할 요소이다. 이들은 까다로운 지리적 여건 때문에 통치하기 쉬운 나라들이 아니다. 예멘은 전 국토의 3%만이 경작 가능하고 나머지는 사막과 황무지로 이루어진 황량한 땅이다. 리비아는 175만 평방km에 이르는 방대한 국토를 가지고 있으나 인구는 660만 명에 불과하고, 경작 가능한 땅이 국토의 1% 그리고 사람이 거주할 수 있는 곳은 6.8%에 불과한 하나의 거대한 사막이다. 정상적인 통치가 매우 어려운 곳이다. 또한 양 국가는 비교적 최근에 창건된 나라들이다.

예멘은 1990년까지 북부와 남부로 분단되어 있었다. 제국주의 영국의 통치하에 있었던 남부는 국가로서의 메카니즘이 확립되어 있었으나 북부에는 그러한 국가적 전통이 없다. 유엔은 1951년 12월 과거 이탈리아의 식민지였던 3개 지역을 통합하여 리비아를 창건했다. 이후로도 이 나라는 지역적으로 분열된 채로 존속해왔다. 두 나라 독재자들의 통치 스타일도 다른 나라들과는 달랐다. 1990년 예멘 공화국 창건 이래 통치해온 알리 압둘라 살레 대통령과 1969년 쿠데타로 정권을 잡은 무아마르 카다피는 의도적으로 강한 국가기관을 양성하지 않았다. 대신 이들은 개인이 전권을 장악하는 스타일의 통치를 했다. 이러한 스타일이 부족이나 다른 그룹들 간에 경쟁을 붙이고 상호 견제토록 하는데 유용했기 때문이다. 한마디로 분할 통치(Divide and Rule) 스타일의 통치이다. 강한 국가 기관이 없었기 때문에 이들 국가에서는 시위가 일어났을 때 군부의 개입이 불가능했고 이 때문에 서로 죽고 죽이는 폭력이 넘쳤으며 외세의 개입이 쉽게 일어났다.

예멘의 경우 걸프협력이사회, 사우디, 미국 및 유엔 등이 국가적 대화에 나서도록 개입했다. 외부 세력은 민주적인 정권 교체보다 안정을 더 중시했기 때문에 대화에 나선 쪽은 주로 시위 발생 전 정치 엘리트들이었다. 이 엘리트들은 자신의 이익을 중시하는 존재에 지나지 않았고 그 결과 어떠한 민주적 정권 교체나 변화도 일어나지 않았다. 남부 분리주의자들은 대화에 참여하지 않고 자신의 영토만을 지키려 했으며 시아계 자이드 파인 북부 후티는 전 대통령 살레와 손을 잡고 수도를 장악한 뒤 시민의 참여로 이루어진 정부를 해산시켰다. 시아파가 준동하자 불안을 느낀 사우디는 후티·살레 연합에 대응하는 국제적 연합체를 구성하고 해산된 정부를 복귀시키기 위해 무력을 동원했다. 이후 예멘에서는 밀고 밀리는 내전이 지금까지 지속되고 있다.

리비아의 경우에는 이슬람주의 민병대와 세속주의 민병대 간에 영토, 재산 및 권력을 놓고 충돌이 벌어졌다. 이슬람주의자들은 새로운 정부를 원했고 비(非)이슬람주의자들은 전 정권 세력과 연합했다. 이들은 각자 정부를 수립하고 다툼을 계속했다. 유엔이 중재하는 국민화합정부와 IS가 이 싸움에 끼어들면서 상황은 훨씬 복잡해졌다. 외부 세력이 내전을 더 확대시켰다. 나토가 개입했고 카타르는 이슬람주의 세력에게 무기를 공급했으며 이집트와 아랍에미리트는 세속주의 세력을 대신하여 무력 개입을 시도했다. 복잡한 틈을 타 IS가 정착하자 리비아는 미국이 주도하는 테러리즘 타도의 무대가 되었다. 리비아에서는 소말리아에서 일어난 것과 흡사한 군벌 통치 체제가 아직 지속되고 있다.

시리아와 바레인의 상황은 또 다르다. 이들 나라에서는 시위가 일어났을 때 정권이 분열되지 않고 단합을 유지했다. 이들 국가에서는 정권의 구조가 종파, 친인척 관계 등으로 얽혀 있었기 때문에 상호의존적이고 이해관계가 일치했다. 시리아 정권은 바샤르 알 아사드 대통령을 정점으로 친인척을 위시하여 알라위트 종파에 속하는 12~17%의 사람들이 모든 권력을 쥐고 있었다. 시위가 일어났을 때 바샤르의 사촌은 대통령 경호실장, 동생은 공화국 근위대장 및 기계화사단장, 그리고 매제는 합참부의장이었다. 핵심 권력을 틀어쥔 이들은 한 배에 타고 있었고 누구도 배신하지 않았다.

바레인 권력은 수백 년 동안 칼리파 집안을 중심으로 짜져 있으며 가문이 내각의 주요한 자리를 독차지하고 있다. 총리, 부총리, 국방장관, 외교장관, 재무장관, 보안장관, 군사령관, 황실근위대장 등이 모두 칼리파 집안사람들이다. 다수는 시아파이나 인구의 30~40%를 차지하는 수니가 정권을 지탱하는 핵심이다. 바레인 정권은 시위가 발생하자 즉각 이를 이란의 세력 확장을 도우려는 시아의 반란으로 규정짓고 강력히 탄압했다. 외세의 개입도 큰 영향을 미쳤다. 사우디와 아랍에미리트의 군과 경찰이 바레인의 섬들과 육지를 연결하는 통로를 봉쇄하자 바레인군과 보안 병력은 쉽게 반대 세력을 제압할 수 있었다. 바레인은 페르시아 만에서 미국의 전초 기지이다. 수도 마나마는 미 5함대의 모항이며 해군과 해병대 병력 2만 5천 명 및 군속 6천 명 정도가 주둔하고 있다. 현 수니 왕실과 좋은 관계를 유지할 필요가 있는 미국은 사태 발생 때 외세의 개입을 묵인했다. 시위가 진압되자 바레인 정권은 무자비하게 반대 세력을 탄압했다. 집단적인 체포, 고문은 물론이고 집회가 금지되었으며 왕에 대한 모욕은 7~10년 형으로 다스렸다. 보안부대가 심야에 시아 거주지를 습격하여 마을을 봉쇄하고 공포 분위기를 조성했다.

바레인에서는 외세의 개입이 시위 진압에 큰 공을 세운 반면 시리아에서는 반대 상황이 벌어졌다. 이란, 러시아 및 헤즈볼라가 현 정부를 지지한 반면 서방, 사우디, 카타르, 터키는 반란 세력을 지지했다. 양측이 세력 균형을 이루자 내전은 교착상태에 빠져 끝나지 않는 전쟁이 되었다. 시리아에서 만들어진 암흑의 긴 터널은 아직도 끝이 보이지 않는 가운데 수많은 사상자와 난민이 발생하고 일반인은 전대미문의 고통 속에서 신음하고 있다. 불안한 상황이 조성되자 IS까지 가담하여 칼리프 국가를 선언하고 이라크에까지 영토를 확대했으며 유럽 각국에 테러행위를 자행했다. 어느 편을 돕느냐에 따라 국가들 간에 전에 볼 수 없었던 갈등도 발생했다. 시리아 전쟁에서는 카타르, 사우디, 터키 대(對) 이란이라는 대립 구도가 생겼고 리비아에서는 카타르 대(對) 아랍에미리트와 이집트라는 대립 구도가 생겼다.

실패의 원인

아랍의 봄이 실패로 끝난 중요한 이유 중 하나는 경제이다. 비산유국들의 비참하고 암담한 경제 사정은 일반적인 예상보다 훨씬 더 심각한 뇌관이었다. 거리에는 분노한 시민이 넘쳤으며 시위는 확산되고 폭력화되었다. 아무런 역할도 하지 못하고 신자유주의에만 의존하는 정부의 무능에 국민들은 분노했다. 2011년 시위가 일어나자 전 지역에 걸쳐 경제 상황이 훨씬 더 악화되었다. 생산 감소, 스트라이크, 무역과 관광 수지의 악화, 인프라와 생산시설 훼손, 인구의 이동과 이민 등으로 경제는 악화일로를 걸었다. 2013년이 되자 이집트에서는 연료 부족, 정전, 높은 식료품 가격 등으로 인해 수십만 명의 시민이 거리로 나와 무능한 무르시 대통령의 하야를 외치며 시위를 벌였다. 더욱 놀라운 것은 국민의 시위를 핑계로 군부가 선출된 대통령에게 최후통첩을 발한 뒤 그를 체포하고 정권을 인수했다는 사실이다. 이 사건은 민주적인 선거를 통해 정상적으로 선출된 대통령이라도 경제가 나빠지면 국민은 그를 갈아치우는 것에 반대하지 않는다는 사실을 보여주었다. 아랍의 봄 국가 중 유일하게 성공한 튀니지의 경우에도 안심하기는 아직 이르다. 튀니지의 경제가 악화될 경우 민심이 이탈하여 제2의 이집트처럼 되지 말라는 법이 없기 때문이다.

튀니지의 상인 무함마드 부아지지가 분신자살을 했을 때 아랍 일각에서는 그가 CIA 요원이거나 모사드 요원이라는 설도 있었다. 부아지지의 분신 후 거리에 모인 수백만 명의 사람들 중에는 많은 정보요원들이 끼어 있었다고 한다. 아랍에서는 일이 있을 때마다 이와 같은 음모설이 횡행한다. 아랍 학자들은 이에 대해 아랍 세계에서는 국민의 의지에 의해 정권이 창출된 적이 없으므로 이는 당연한 것이라고 말한다. 아랍은 스스로 책임을 지려 하지 않으며 누군가의 책임으로 돌리고 일이 잘못되면 그를 희생양으로 삼는다. 이러한 현상에 대해 아랍의 지성인들은 '아랍이 병들어 있다'라는 표현을 쓰고 있다. 스스로의 문제점을 잘 알고 있는 것이다. 그러나 시정(是正)은 쉽지 않다.

아랍의 문제 중 첫째는 알 무아미라al-Muamira, 즉 음모론이다. 이는 자신이 내·외부 세력의 음모에 의한 희생자라는 시각이다. 이들은 아랍의 참담한 현실에 스스로의 책임을 인정하지 않고 미국, 유럽, 이스라엘 등에 화살을 돌린다. 2011년 국민의 저항에 직면하자 카다피는 정권을 연명하기 위해 음모론을 동원했다. "현재 리비아의 석유와 영토를 차지하여 리비아를 식민화시키려는 세력이 준동하고 있다. 우리는 이를 분쇄하기 위해 최후의 한 사람이 남을 때까지 싸울 것이다." 2012년 봄 시리아 폭동의 초기에 바샤르는 레바논의 기독교 세력이 사태의 배후에 있다고 비난했고 이후에는 모사드를 거론했으며 나중에는 서방의 정보기관을 비난했다.

또 하나의 문제는 아랍 세계가 자극적인 연설, 레토릭, 슬로건 등 모든 종류의 선동에 가득 차 있다는 사실이다. 학자, 예술가, 지성인, 언론인, 정치인, 종교인 등 모두가 선동에 능하다. 이스라엘-팔레스타인 분쟁은 아랍 지도자들이 자신의 정당성을 옹호하고 상대방의 부당함을 공격하기 위해 흔히 사용하는 소재이다. 아랍 세계에서 또 하나의 문제점은 진실을 왜곡하고 감추는 것이다. 아랍 국가에서는 헌법에 온갖 기본적인 가치와 미사여구 등을 망라해 언급해 놓지만 정작 헌법을 지키지는 않는다. 이러한 이유로 아랍에서는 건강하고 역동적인 시민사회의 형성이 어렵다. 아랍 사람들은 거울을 쳐다보지 않는다고 한다. 진실을 알고 싶어 하지 않기 때문이다.

아랍은 툭 하면 이스라엘을 원인으로 꼽는데 그것은 이스라엘이 이들에게 제1의 적국이기 때문이다. 그러나 아랍의 근본적인 문제는 이스라엘이 아니다. 부패, 빈부격차, 질 낮은 교육, 의료 시설 부족, 자유의 결핍, 인권 탄압 등이 현실적인 문제들이다. 아랍-이스라엘 분쟁은 독재자들이 국민 결속과 내정 안정을 위해 구실로 삼는 이슈에 불과하다. 2014년 통계에 의하면 아랍의 문맹률은 19%를 상회하며 문맹자는 9천 7백만 명에 달한다. 2014년 IMF 보고서에 의하면 중동과 북아프리카의 근로자 중 39%가 적절한 교육을 받지 못한 것으로 나타나 있다. 50%가 넘는 실업률을 가진 국가들도 있고 여성의 4분의 3은 근로자가 아니다. 물가가 비싼 중동·북아프리카에서 하루에 4달러로 살아가는 사람이 53%에 이른다.

부패는 아랍의 봄 사태를 가져온 주요 원인 중 하나이다. 통치자와 그의 가족들의 부패는 솝 오페라Soap Opera(연속극)에서나 볼 수 있는 별 세상이다. 튀니지 대통령 벤 알리Ben Ali와 그의 가족들은 초호화 고급자동차는 물론 금융, 해운, 의약품, 교통 등 여러 분야에서 기업들을 거느리고 있었다. 무바라크의 아들들은 최소 3억 4천만 달러의 자산을 가지고 있는 것으로 드러났다. 통치자와 가족의 이러한 부패는 외국의 직접투자를 막는 요인 중 하나였다. 이들에게 뇌물을 바치지 않고 되는 사업이 없기 때문이다.

부패의 요인을 보면 첫째, 경제 자유화를 수반하는 제도적 개혁이 없었다는 사실이다. 둘째, 권위주의적인 통치로 인해 정부와 민간 모두 투명성이 없고 책임감이 결여되어 있었다. 국가 수출의 95%를 차지하는 리비아 석유의 경우 수입금은 모두 카다피와 그의 일당이 운영하는 비밀 기금 형태로 운영되었다. 부패는 사회를 좀 먹는다. 자동차 소유권을 이전하는 간단한 행정 절차도 일부 중동국가에서는 결코 간단하지 않다. 부패는 정실을 부추겨 프로페셔널리즘과 능력주의를 갉아먹고 유능한 인재의 등용을 막는다. 따라서 관료주의가 올바로 정착될 수 없다.

이집트 혁명

이집트의 혁명은 2011년 1월 25일 군중이 시위를 벌임으로써 시작되었다. 시민 혁명은 결코 폭력적인 것이 아니었다. 시민들은 시위와 행진 및 파업 등 비폭력적인 방법으로 저항했다. 수십 만 명의 시민들은 30년 된 무바라크의 퇴진을 외쳤다. 시위는 이집트 전역에서 일어났으나 특히 카이로의 타히르Tair(해방) 광장 시위가 절정이었다. 시위자들은 'Game Over(이제 다 끝났다)'라는 글씨가 새겨진 플래카드를 휘둘렀다. 시민들은 SNS를 이용해 정보를 교환하고 시위 날짜와 시간을 조정했다. 처음에 온건한 개혁을 외치던 시위대는 이내 대규모 혁명세력으로 변해 무바라크와 정권 퇴진을 외쳤다.

수십 년 동안 무바라크는 모든 힘을 한 손에 쥐고 철권을 휘둘렀다. 국무총리와 장관들을 마음대로 임명하고 해임했으며 의회를 해산하고 자신의 마음에 안 드는 법이 있으면 거부권을 행사하거나 자신이 조종하는 국민투표를 통해 퇴출시켰다. 여당인 국가민주당National

무바라크 전 이집트 대통령과 조지 부시 전 미 대통령
(사진 출처. Eric Draper作-White House 제공, 2002년 3월 5일)

Democratic Party은 무바라크에게 절대 복종하면서 권력을 독점했다. 보안기관을 한 손에 쥐고 있는 무바라크는 야당이나 반대 세력을 통제하기 위해 수시로 비상사태를 선포하고 보안 기구를 동원하여 탄압했다. 국가는 집회, 언론, 노동조합 등을 철저히 감시하고 관리했다. 시위가 확대되자 무바라크는 자신의 힘과 조직을 이용하여 진압시키려 했다. 그러나 군부가 문제였다. 무바라크가 믿었던 군부가 시위대 편에 서자 그는 권력에서 물러나야 했다.

　군부는 군 최고위원회(SCAF: Supreme Council of Armed Forces)를 구성하여 권력의 중심에 섰다. 군 최고위원회가 권력을 행사할수록 군

위기의 중동 어디로 나아가는가

과 민간세력 간에 긴장이 고조되었다. 수십 년 동안 독자적인 권력을 행사해온 군부는 권력 이양 기간에도 이를 지키려 했으므로 민간세력과의 충돌은 불가피했다. 무르시 대통령은 군 최고위원회의 정치적 권한을 없애려 했기 때문이다. 이렇게 해서 마침내 국방장관 알 시시가 쿠데타를 일으키고 다시 군부가 권력을 장악하게 된 것이다.

위키리크스가 밝힌 바에 의하면 2011~2012년 이집트 군부의 최우선적인 목표는 지금까지 형성되어온 군부–산업계 간의 특수한 관계를 유지시킬 행정부와 의회를 구성하는 것이었다고 한다. 그들은 각종 기업을 손 안에 쥐고 세탁기, 온풍기, 의류, 약품 등 생활용품을 시장에 공급하며 경제의 10~20%를 통제하고 있다. 군부는 기업을 통해 얻은 수익 외에도 국방비의 약 4분의 1에 해당하는 13억 달러 정도의 미국 군사원조를 독자적으로 사용할 수 있다. 따라서 군인들은 높은 봉급, 좋은 주거시설, 좋은 의료 혜택 등을 누리는 특권층이 되었으며 이를 계속 지키는 것이 지상 과제이다. 군은 국방부의 통제를 받는 47만 명 규모의 정규군과 내무부의 통제를 받는 32만 명 규모의 보안군으로 이원화되어 있다.

이슬람주의자들은 천재일우의 기회를 잡았으나 결국 이를 날려버리고 말았다. 이슬람 세력은 혁명을 주도하지 않았고 무바라크의 퇴진을 주도하지도 않았다. 무슬림형제단은 처음에는 매우 조심스럽게 접근했다. 그러나 선거를 통해서 권력을 잡을 기회가 주어지자 갑자기 잘 조직된 세력으로 변모했다. 항간에서는 늘 이슬람주의자들이 권력을 잡으면 자신만의 독재 체제를 구축하기 위해 모든 노력을 기울일 것이라는 우려가 있어왔다. 예측대로 무르시는 대통령이 되자 전권을 장악하고 군부를 개혁하려 했다. 이에 대해 국민의 여론이 악화되자 무르시는 자신이 내린 칙령을 취소했다. 그러자 비판자들은 이제 이집트가 여론에 끌려 다니는 국가가 되었다고 비난했다. 이에 대해 무르시는 민주적인 선정으로 이집트를 이끌어가겠다고 약속했으나 군부의 도전은 계속되었고 국가기관들의 광범위한 저항도 있었다.

무슬림형제단은 국가를 통치하는데 경륜이 부족했다. 이들은 국가기관을 제대로 장악하지 못했고 통치 경험이 없어 정책에서도 실패를 거듭했다. 무르시 정부가 민생이 달린 경제 회복에서 지지부진하자 국민들의 무슬림형제단과 무르시에 대한 실망이 커져갔고 이는 결국 군부에 대한 지지로 이어졌다. 무슬림형제단은 비상사태에 대처하는 능력이 현저히 부족했다. 반면 대통령이 된 후 2016~2017년 설탕과 빵 가격 폭등으로 폭동이 일어났지만 노련한 알 시시는 위기를 무난히 벗어날 수 있었다.

무르시와 무슬림형제단은 2013년 여름 권력에서 물러났으며 체포된 후 국가 반역행위로 재판을 받았다. 무르시는 재판을 받던 중 심장마비로 법정에서 사망했다. 무슬림형제단은 2013년 12월 테러그룹으로 낙인이 찍혔으며 방계 정당은 2014년 8월 활동이 금지되었다. 알 시시는 트럼프로부터 협상이 가능한 인물이라는 평가를 받고 있다. 알 시시는 과격 이슬람 세력을 약화시키기 위해 사우디, 아랍에미리트 등과 같은 보수적 걸프 국가들과 보조를 맞추고 있기도 하다.

2017년이 되자 아랍의 봄은 이집트에서 완전히 실패했음이 드러났다. 전 대통령 무바라크까지 감옥에서 석방된 것이다. 그러나 민중 혁명이 일어난 근본적인 원인은 전혀 해소되지 않고 오히려 더 악화되었다. 권위주의 정부는 여전히 이집트를 통치하고 있고 혁명을 가능케 했던 젊은 세대는 힘을 결집시키지 못하고 약한 세력으로 남아 있다. 군부와 보안기관은 더욱 세력이 커져 권위주의적인 정권을 지키는 버팀목이 되고 있다. 천재일우의 기회를 잡았던 무슬림 세력은 다 잡았던 월척을 놓친 뒤 탄압받는 신세가 되어 생존을 걱정해야 하는 처지가 되었다. 이집트 국민은 오히려 무바라크 시절에 대한 향수에 젖어 있다. 그때는 정부보조금으로 낮은 물가를 유지할 수 있었고 권력자는 반대자들에게도 관용을 베풀었다. 반면 알 시시는 반대파를 무자비하게 잡아 처형했으며 지지자들도 행동이 조금만 지나치면 박해했다. "무바라크 정권이 프로였다면 현 정권은 아마추어이다."라고 많은 사람들이 평가하고 있다. 알 시시는 정당의 지원을 받지 않고 있으며 옆에는 측근 그룹도 없다. 그의 아들들이 보좌할 뿐이다. 알 시시는 혼자서 움직이는 고립된 정권처럼 보인다.

카다피의 죽음과 리비아 내전

아랍의 봄에도 불구하고 오래된 독재정권들은 대부분 버텨냈다. 그들이 그동안 쌓아온 조직과 세력은 결코 만만치 않았다. 무아마르 카다피는 그중 하나이다. 정치평론가들은 대부분 카다피가 이 풍파를 견뎌낼 수 있을 것으로 예상했다. 그러나 이 예상은 빗나갔다. 카다피는 반란군에게 이리저리 쫓겨 다니다 하수구 속에서 비참한 최후를 맞이했다. 카다피가 몰락한 후 6백 6십만 국민의 장래는 밝지 않다. 리비아에는 140개 이상의 부족이 있어 전통적으로 사막의 부족국가적인 특징을 지니고 있다. 인종적으로 북아프리카 출신의 베르베르인과 투아레그인Tuareg이 대부분이며 큰 부족으로는 와르팔라Warfalla, 마가르하Magarha, 주와이야Zuwayya 등이 있다. 이들은 대부분 동부에 거주하고 있다. 이 부족들에 의해 카다피가 2011년 10월 살해된 것이다.

카다피 집권 동안 사이가 벌어진 부족들도 많이 있다. 지역 간의 격차와 갈등도 큰 문제이다.

리비아는 거의 군벌 시대로 접어들었다. 카다피 사망 후 1년도 지나지 않아 내전 상태로 돌입하여 친 정부파와 혁명파 간에 동부 석유지대, 미스라타Misrata 주변 및 나푸사Nafusa 산맥 일대에서 치열한 공방전이 벌어졌다. NATO와 아랍리그의 공중 지원을 얻은 반군이 2011년 여름부터 승기를 잡았으며 9월에 트리폴리를 장악했다. 그런가 하면 이드리스Idris왕의 후예는 이미 오래전에 소멸된 왕정으로의 복귀를 주장하고 있다.

리비아가 얼마나 군소 세력으로 갈라진 무법천지가 되었는지는 2012년 9월 벵가지 주재 미 영사관이 습격을 받아 대사를 포함한 미국인 4명이 사망한 사건이 발생함으로써 세상에 널리 알려졌다. 선거를 통해 정부가 구성되었으나 반군들은 이를 무시하고 공격했으며 정부는 수도를 트리폴리로부터 동부의 토브룩Tobruk으로 옮겨야 했다. 처음에는 임시정부를 수립하고 새로운 의회를 구성하며 신헌법을 기초하는 등 안정을 찾아가는 것처럼 보였던 리비아 사태는 2014년이 되자 반군 단체들 간에 합의점을 찾지 못하면서 내전 상태로 접어들었다. 2014년 이래 민병대를 이끄는 지역 맹주들이 리비아의 새로운 실력자들이다. 리비아는 자칫 소말리아와 같은 군벌 대립으로 무정부 상태가 오래 지속되는 낭인 국가Pariah State로 남을 수도 있다.

리비아에서는 의회나 시민단체와 같은 통합적인 기구가 없기 때문에 부족들끼리 다툼이 일어나면 이를 조정할 메카니즘이 없다. 부족들이 무장하여 군벌이 되면 석유를 둘러싸고 이권 다툼을 계속 벌일 가능성이 있다. 리비아가 초동 단계에서 문제를 해결하지 못하고 사분오열된 것은 카다피가 자마히리야Jamahiriyyah라는 독특한 직접민주주의 체제를 도입한 것에 기인한 바가 크다. 실질적인 권력은 중앙의 군사평의회가 장악하고 있음에도 불구하고 자마히리야 체제를 이용하여 지방의 조그만 단체들이 각자 권력의 일부를 나누어 갖는 분산 체제가 됨으로써 비상사태가 발생하자 서로 단결하지 못하고 군벌로 나뉘게 된 것이다.

카다피는 국가 권력을 민중이 분할 소유하는 직접민주주의를 표방하면서도 실제적으로 이러한 일이 일어날 것으로는 생각하지 못했는데 그가 사망한 후 가정이 현실이 되고 말았다. IS를 위시한 과격 이슬람 단체들은 이 기회를 놓치지 않고 리비아 내에서 근거지를 마련하기 위해 설치고 있다. IS는 한때 시르테Sirte를 북부 아프리카의 교두보로 삼았다. 인신매매단, 밀수꾼 등과 같은 범죄단체들이 성행하면서 리비아는 유럽으로 향하는 불법 이주자의 본거지가 되고 있기도 하다.

NATO의 개입이 실패로 돌아간 후에도 국제사회는 리비아 문제에서 손을 떼지 않았다. 2014년 8월 유엔은 안보리 결의 2174호를 채택하여 평화와 안정 및 안보를 위태롭게 하거나 성공적인 정권 교체를 방해하는 개인이나 단체에 대해 금융거래와 해외여행 등을 제한하는 제재를 부과했다. 유엔이 주도하는 정부 구성으로 인해 의회, 정당, 지방정부, 부족, 민병대 등에서 많은 단체들이 생겼다. 또한 리비아, 스위스, 모로코, 알제리, 벨기에, 튀니지 등에서 정치적, 사회적 안정을 찾기 위한 회의들이 수차례 개최되었다.

2015년 12월 몇몇 리비아 지도자들은 독재체제에서 민주주의로 전환하기 위한 국민합의정부(GNA: Government of National Accord)를 구성하기 위한 유엔 주도 합의문에 찬성했다. 국민합의정부 초대 총리로는 파예즈 알 사라지Fayez al-Sarraj가 선출되었다. 2016년 3월 사라지와 그의 정부가 리비아로 돌아왔다. 그러나 유엔의 전폭적인 후원에도 불구하고 사라지는 국내에서 광범위한 지지를 이끌어낼 수 없었다. 아랍의 봄 이후 지금까지 리비아에서는 혼란이 계속되고 있다. 미국은 한때 IS의 본거지로 활용되었던 리비아가 테러리스트의 온상

위기의 중동 어디로 나아가는가

이 될까봐 극히 경계하고 있다. 그러나 2016년 말까지 리비아 내 군벌들은 대부분의 IS 세력을 리비아에서 축출시키는데 성공했다. 미국, 프랑스, 러시아 등이 특히 리비아의 안보 상황에 대해 비상한 관심을 기울이고 있다. 2011년 혁명이 성공한 것은 NATO와 아랍리그가 군사적으로 적극 개입하여 반군을 지원했기에 가능했다. 반면 2012년과 2013년의 평화적 정권 이양이 실패한 것과 2014년에 내전으로 빠져든 것은 유엔을 비롯한 국제사회가 2011년과 같이 적극적으로 개입하여 권력의 공백을 메우려 하지 않았기 때문이다. 따라서 이 사태에 관한한 국제사회는 리비아에게 병 주고 약 준 셈이 된다.

석유는 아랍의 봄 사태 이후 리비아의 안정에 여전히 중요한 요소이다. 그러나 석유를 가진 자들은 이를 평화보다는 전쟁에 이용하려 하고 있다. 유엔은 국민합의정부의 석유수출권을 승인하고 판매 수입으로 악화일로인 경제를 회생토록 승인했다. 2014년 이래 국영석유회사는 생산을 재개했고 석유 판매로(販賣路)도 다시 열렸다. 그러나 불안한 정치적 상황과 무장 군벌 문제 등으로 석유 수출은 위협을 받고 있다. 리비아의 장래는 불확실하다. '리비아의 소말리아화'에 대한 국제사회의 우려도 제기되고 있다. 1991년 소말리아에서 독재자 바레 정권이 무너진 후 아직까지 무정부상태가 지속되고 있는 것과 같은 상황을 걱정하는 것이다. 군부가 어떻게 타협하여 안정된 정부를 구성하고 경제와 안보를 다시 살릴 수 있느냐에 리비아의 장래가 달려 있다.

칼리파 하프타르 리비아 국민군 사령관
하프타르는 리비아 국민군이 주도하는
새로운 독자정부를 구성하겠다고 천명했
다. (사진 출처. website- Magharebia,
2011년 4월 25일)

스스로 리비아 국민군(LNA : Libyan National Army)을 창건한 칼리파
하프타르Khalifa Haftar는 동부와 남부의 대부분 지역은 물론 유전지
대도 장악하고 있다. 76세의 이 사령관은 국민합의정부와의 협상을
거부하면서 트리폴리를 점령하려 하고 있다. 그는 리비아는 아직 민
주주의를 할 준비가 되어 있지 않으며 자신과 같은 강력한 지도자를
필요로 한다고 주장한다. 하프타르는 카다피 실각 후 망명지인 미국
에서 돌아와 2만 명 이상 규모의 군대를 창설했으며 2017년 제2의 도
시 벵가지를 점령했다. 사우디, 이집트, 아랍에미리트 등이 그를 지원
하면서 무기와 자금을 제공하고 있다. 이들은 아랍의 봄 때 카다피를
무너뜨린 세력을 이슬람주의자로 간주하며 이들로부터 석유와 항구

위기의 중동 어디로 나아가는가

및 영토를 지킬 수 있는 대안으로 하프타르를 꼽고 있다. 러시아도 하프타르 지지 세력이다. 반면 터키와 카타르 등은 반대편을 지원하고 있다. 이들은 이슬람세력이 민주주의를 신장시키고 변화를 가져올 것으로 믿고 있다. 과거 식민 종주국인 프랑스와 이탈리아도 이들을 지지한다. 반면 미국은 방관적인 자세로 일관하고 있다. 리비아는 2019년 3월 5년 만에 처음으로 지방 선거를 실시했으나 중앙정부 차원의 선거가 언제 실시될 수 있을지는 미지수이다.

리비아의 수입원인 석유 생산은 일산 110만 배럴로 연간 270억 달러의 수입을 올리고 있어 2011년 당시 수준을 회복한 상태이다. 군부 중 어느 쪽도 국가의 유일한 수입원인 원유 시설을 파괴할 생각은 없다. 그러나 정부가 작동하지 않으면서 국민들의 일상생활은 비참한 수준에 머물러 있다. 국민들은 누가 권력을 잡던지 속히 정상으로 돌아가기를 원하나 아직은 요원한 상태이다. 또한 리비아에서는 이런 혼란을 틈타 아프리카와 아시아인 밀입국자들을 유럽으로 보내는 범죄조직들도 암약중이다.

예멘의 봉기

예멘은 부족 간의 충돌과 극단적인 폭력이 횡행하는 곳이다. 알리 압둘라 살레Ali Abdullah Saleh 대통령은 30년 이상 허약한 국가를 통치해왔다. AQAP(Al-Qaeda in the Arabian Peninsula : 알 카에다 아라비아

알리 압둘라 살레 통일 예멘 초대 대통령
2004년 미국 펜타곤을 방문할 당시의 사
진이다. (사진. Helene C. Stikkel 作, 2004
년 6월 8일)

반도 지부, 사우디의 알 카에다 지부와 예멘 알 카에다 지부가 통합·결성된 조
직)는 이러한 약점과 중앙정부의 통제가 허술한 점을 틈타 예멘에 정
착했다. AQAP는 지역 안보뿐 아니라 미국에게도 위협적인 존재였
다. 미국은 AQAP를 제압하기 위해 독재적인 살레 정부를 지원했다.
AQAP는 지속적으로 미국, 사우디 및 영국 소유의 목표물을 공격했
다. 미국의 드론 공격과 반테러 작전에도 불구하고 AQAP는 예멘에
서 단단히 뿌리를 내렸다. 그러던 중 2011년 초 민중봉기가 일어나
연중 내내 불안한 상황이 지속되었다. 민중은 다른 지역과 마찬가지
로 자유, 민주주의 신장 및 보다 나은 생활조건을 요구했다. 살레는
조금 양보하면 이내 사태를 진정시킬 수 있을 것으로 생각했으나 뜻
대로 되지 않았다. 예멘의 수도 사나Sanaa의 민중봉기 뒤에는 강한

위기의 중동 어디로 나아가는가

세력을 가진 부족 지도자들이 있었고 이들은 정권 교체를 원했다. 압력을 견디지 못한 살레는 마침내 2011년 11월 23일 권력을 부통령에게 이양했으며 2012년 초 이웃 사우디로 망명했다.

2012년 2월 부통령이었던 압드 라부 만수르 알 하디Abd Rabuh Mansur al-Hadi가 대통령으로 취임했다. 그러나 권력 이양에 있어서 세력들 간의 대화나 결속 또는 권력의 배분은 이루어지지 않았다. 국가는 점점 더 내전 상태로 빠져들었다. 알 하디의 과도정부는 정치적 기구들을 정비하는데 실패했고 빈곤을 해소하기 위한 경제개혁에 실패했으며 살레 시절에 만연했던 부패를 척결하는 데에도 실패했다. 권력에서 물러난 살레는 스포일러Spoiler(훼방꾼) 노릇을 계속했다. 순조로운 권력 이양을 방해했으며 무장단체 후티와 동맹을 체결하여 수도 사나를 압박했다. 미국의 관심은 과도정부의 안정보다 AQAP 소탕에 있었다. 과도정부도 미국 편을 들어 AQAP 소탕작전에 가담하려 했으나 국내적으로 산적한 현안 때문에 그럴만한 여력이 없었다.

후티Houthi는 오랫동안 예멘 사회의 변두리에 머물렀고 살레 대통령 시절 그의 눈 밖에 났다. 후티는 북부 예멘의 자이디 파에 속한 단체로 1962년 혁명 전까지는 꽤 세력을 누렸으나 그 후로는 잊혀졌다가 시대적 상황이 변하자 다시 살아난 존재이다. 예멘 인구의 20~25%를 차지하는 자이디는 시아파의 한 부류에 속하나 이념적으로는 다른 시아파들보다 오히려 수니에 더 가깝다. 자이디를 수니의 '다섯 번째 파'로 부르는 사람들도 있다. 이 때문에 예멘에서 자이디와 수니 간의 사이는 그렇게 나쁘지 않았다. 수세기 동안 서로 평화롭게 공존했으며 자이디 이맘들은 북부 예멘을 1천년 이상 통치해왔다. 그러다가 아랍의 봄 사태를 계기로 재편된 정치 정세의 와중에서 수니-시아가 남북으로 갈려 전쟁이 일어난 것이다.

후티 반군이 수도 사나를 점령한 2014년 이후 국가는 내전에 빠져 있다. 지역 맹주들이 양측을 지원하고 있다. 이 내전은 친 하디적인 사우디 동맹과 이란이 지원하는 후티 반군 간의 대리전쟁이다. 사우디는 9개국으로 지역 연합을 형성하고 하디를 다시 권좌에 복귀시키려 했다. 반면 후티는 2015년 초 국가의 통치기구들을 장악하고 무슬림형제단 같은 다른 정치적 그룹들을 제압함으로써 세력을 강화했다. 유엔은 하디 대통령에 대한 지지를 확인하고 양측이 화해와 대화로써 문제를 해결할 것을 촉구했다. 그러나 후티는 이를 거부하고 이란과의 동맹으로 기울었다.

2015년 3월 사우디는 걸프 국가와 요르단 및 모로코와의 연합을 선언하고 후티를 격퇴하기 위한 결정적 폭풍Decisive Storm작전 개시를 선언했다. 사우디는 막대한 자금을 쏟아 부으며 전쟁을 승리로 이끌기 위해 전력을 다하고 있으나 이란의 지원을 얻은 후티의 저항과 반격이 만만치 않아 장기전으로 접어들고 있다. 예멘은 옛날부터 거칠고 고집 센 유목민의 땅으로서 다루기 힘든 지역으로 악명이 높았다. 19세기 오스만 투르크 군에 대한 집요한 저항으로 '오스만의 무덤'이라는 별명을 얻은 예멘은 이제 '사우디의 베트남'이라는 새로운

위기의 중동 어디로 나아가는가

별명을 얻었다.

　내전과 역내 외세의 개입으로 인해 예멘의 아랍의 봄은 기로에 처했다. 사상자 수가 급증하면서 예멘 내전은 인도적 측면에서 최악의 위기 중 하나로 꼽힌다. 만성적인 빈곤, 약한 정부 및 법치주의 부재에 내전까지 겹쳐 국민의 고통이 증가하고 있는 것이다. 예멘 내전으로 인한 최대의 피해자는 군인이 아니라 무고한 민간인이다. 2017년까지 약 350만 명의 난민이 발생한 것으로 추산된다.

　콜레라 발생으로 인해 더 많은 사람이 희생되었다. 더욱이 후티 반군은 소년 군인들을 전쟁으로 끌어들이고 있다. 34년간 집권한 살레 대통령은 자신의 복권을 위해 과거 적이었던 후티와 연대하여 국제적으로 인정받는 하디에게 저항했으나 후티와 사이가 벌어져 결국 2017년 12월 후티 반군에 의해 사살되었다. 그러나 외부 세력에 의해 둘로 갈라져 치열하게 싸우는 예멘 내전은 제로섬 게임이 아니다. 비록 정부군을 증오하여 후티 편에 섰더라도 그것이 후티의 정당성을 인정하는 것은 아니며 그 반대도 마찬가지다. 이러한 점이 예멘 내전을 보다 복잡하게 만들고 있다. 민심이 어디에 있는지 정확하게 알아야 심리적 우월이 명백히 드러날 텐데 이를 알기 어려운 것이다. 시간만 끌뿐 전쟁은 교착상태에 빠져 있고 국민의 고통만 가중되고 있는 것이 현재 예멘의 실정이다.

아랍 왕정국가의 위기

중동에서 왕정을 유지하고 있는 국가들은 바레인, 요르단, 쿠웨이트, 모로코, 오만, 카타르, 사우디 및 아랍에미리트 등이다. 요르단, 모로코, 사우디에는 왕이 있고 나머지 국가들은 에미르가 왕 노릇을 하며 오만에서는 술탄이 왕이다. 대부분 왕정은 중세유럽을 연상시키는 절대적 왕정이다. 왕가는 직접적으로 통치하지 않으며 권력이 집중되지 않도록 여러 이익 그룹 간에 서로 경쟁토록 분할통치하는 방식을 취한다. 예를 들어 쿠웨이트에서는 시민과 비(非)시민, 요르단에서는 원주민과 팔레스타인인, 모로코에서는 아마지그(베르베르인)와 아랍인 등이 경쟁토록 함으로써 한 그룹이 지나치게 강해지는 것을 막는 것이다.

아랍의 봄 당시 바레인, 요르단, 쿠웨이트, 모로코는 사태의 심각함을 인정할 정도로 소요와 시위 등 내부의 동요가 있었다. 그러나 나머지 국가들에서는 영향이 미미했다. 그러나 지금은 모든 국가가 언젠가는 자신에게도 위기가 닥칠 수 있다는 사실을 인식하고 있다. 이들 국가들이 점진적으로 개혁을 추진하고 있는 이유다. 요르단에서는 2010년 여름 라니아 왕비의 40세 생일을 경축하기 위해 호화스러운 축하연을 벌였다가 분노한 대중의 격렬한 시위를 경험한 바 있다. 당시 압둘라 국왕은 폭동을 진압하기 위해 군을 동원해야 했다.

아랍 세계가 지각변동을 겪고 생존을 위해 분투하고 있는 지금 왕정국가들이 비교적 평온한 세월을 보내고 있는 이유는 무엇인가? 첫째 이유는 대부분의 걸프 왕국들과 요르단 및 모로코 등이 전통적인 부족으로 이루어진 국가라는 점이다. 부족들은 대표권을 가지고 모든 권력을 분점하고 있으므로 정치·사회·경제 시스템이 안정되어 있다. 이러한 시스템 하에서 급진적인 변화를 기대하기는 어렵다. 2015년 1월 사우디에서 압둘라 왕이 사망하고 살만이 승계자로 등장했을 때 장례식이 끝나자마자 모든 지도자들은 일제히 새로운 왕에 대한 충성을 맹세했다. 이러한 신속한 정권 교체로 인해 국민들은 왕정이 안정적으로 지속될 것이라는 확신을 얻게 되는 것이다.

둘째, 아랍 걸프 왕국들의 막대한 부(富)이다. 석유로 벌어들인 부로 걸프 국가들은 교육, 의료, 연금, 물품구매 등 사회의 모든 분야에서 국민에게 질 높은 서비스를 제공하고 있다. 2018년 걸프협력기구 (GCC) 회원국의 GDP 합계는 1조 6천억 달러로서 이는 아랍세계 전체 GDP 2조 8천억 달러의 57%에 달한다. 걸프 국가들은 엄청난 돈의 위력으로 정권을 안정시킬 수 있다.

셋째, 아랍 왕정은 국민들과 정서적으로 밀착되어 있다. 사우디 왕의 공식 호칭은 '두 숭고한 성지의 종'이다. 메카와 메디나를 지키는 종이라는 이야기다. 세 번째 성지는 아랍어로 알 쿠드스al-Quds라고 불리는 예루살렘인데 요르단 왕은 '알 쿠드스의 종이자 수호자'로 불린다. 이러한 종교적 맥락으로 인해 왕정의 정통성이 대단히 확고하다. 또한 아랍 왕정들은 예언자 무함마드와 가계로 연결되어 있다. 요르단의 하세미트 왕가는 무함마드의 할아버지를 시조로 하며 모로코의 왕가는 무함마드의 딸을 시조로 한다. 마지막으로 국민의 왕정에 대한 존중과 사랑이다. 대대로 내려오는 왕에 대한 존경심은 결코 무시할 수 없는 요소이다. 그만큼 왕가에 대해 정서적으로 깊은 유대감을 갖고 있다는 증거이기 때문이다.

중동에 변화의 바람이 불어도 아랍 왕정국가들은 최소한 중단기적으로는 견고한 정권을 유지할 것으로 보인다. 왕조들은 국내 정세의 안정이 생존의 문제라는 것을 이해하고 있으며 국민의 지지가 필수적이라는 사실을 잘 알고 있다. 이들은 국민의 환심을 사기 위해 노력하며 왕조들 상호간에도 협력한다. 지역 전체의 안정이 국내적 안정에 도움이 되기 때문이다. GCC(걸프협력기구)와 같은 기구가 이러한 목적에서 결성된 대표적인 기구이다. 그러나 석유 시대가 점차 저물면서 여러 가지 도전에 직면해 있는 것도 사실이다. 산업 및 수입원의 다변화, 왕족이 부를 독점하고 있는 구조적 문제, 국가의 보조금에 의존하는 경제 구조, 교육 개선, 실업 해소 등 여러 가지 문제가 앞에 놓여 있다. 아랍 왕정이 장기적으로 살아남기 위해서는 이러한 도전을 극복해야 한다. 그렇지 못할 경우 정권의 생존이 위기에 처할 수 있다.

왕정국가 중 가장 불안한 국가는 바레인이다. 바레인은 수니 칼리파 왕조가 다수인 시아파를 통치하는 유일한 국가이다. 바레인에서는 소요가 자주 일어나고 때때로 폭력이 발생하기도 한다. 바레인의 주요 야당 정치단체는 시아파인 알 웨파크 국가이슬람협회(Al-Wefaq

위기의 중동 어디로 나아가는가

National Islamic Society)이다. 2001년 창설된 이 단체는 그동안 헌법 개정과 권력 분할 등을 놓고 집권세력과 협상해왔으나 아직까지 구체적인 결과는 없다. 그러나 정치적 대화 채널이 있다는 것은 이 나라를 위해 좋은 일이다. 왕권과 알 웨파크 모두 수니와 시아 간의 갈등과 대립을 완화하기 위해 협력하고 있다.

이란은 바레인이 자신의 영토라고 주장한다. 역사적으로 보아 샤 압바스 1세(1588~1629) 치하에서 사파비 왕조의 영토였는데 알 칼리파 가문이 영국의 비호 하에 1783년 갈라져 나갔다. 이란은 시아파를 부추겨 불안을 야기함으로써 자신의 영향력을 확대하려 한다. 2011년 3월 시아파 폭동이 일어나자 사우디는 신속히 군대를 파견하여 폭동 진압을 도왔다. 이는 이란이 바레인을 전복시키는 것을 결코 허용하지 않겠다는 사우디의 단호한 의지를 보여준 사건이다.

요르단의 가장 큰 문제는 난민이다. 이미 이스라엘-팔레스타인 분규로 팔레스타인인이 대거 넘어와 인구의 절반을 넘어선 요르단에서 이라크 난민에 이어 지금은 시리아 난민이 대거 몰려들었다. 정치적, 경제적, 사회적으로 큰 문제를 일으키고 있으며 이대로 나가다가는 더 이상 감당하기 어려운 상황이 될 것이다. 유엔난민기구UNHCR는 2015년 12월 63만 명 이상의 시리아 난민이 요르단에 거주하고 있다고 발표했으나 실제 숫자는 이보다 두 배 이상일 것이다. 요르단 기획 및 국제협력 장관은 2015년 10월 시리아 난민을 수용하기 위해 2011년 위기 발생 이래 66억 달러를 지출했다고 밝혔다. 요르단으로 봐서는 큰돈이 아닐 수 없다.

급진 이슬람 단체들도 요르단을 위협하고 있다. IS, 자바트 알 누스라, 알 카에다 등이 모두 요르단과 관계가 있고 이들은 왕권을 위협하고 있다. 이들은 요르단의 세습 왕조를 초기 이슬람의 법과 가치를 존중하지 않는 이단적인 존재로 매도하고 있다. 또한 이스라엘과 가장 긴 국경선을 공유하고 있는 요르단은 이스라엘을 노리는 급진 단체들이 활동의 본거지로 삼기에 가장 매력적인 곳이기도 하다.

모로코의 상황도 만만치 않다. 모로코 국왕은 전통적으로 국민의 지지와 인기를 누려왔으나 잠재적 위험이 도사리고 있다. 알제리, 튀니지, 리비아, 이집트, 가자, 시리아, 이라크 등 북부 아프리카와 중동에 걸쳐있는 테러집단들이 모로코의 안보를 위협하고 있다. 이들은 물론 왕조를 전복시키려는 세력이다. 또 한 가지 문제는 용병인데 수니 반군으로 시리아 내전에 참전한 용병 중 많은 숫자가 북부 아프리카 출신이며 특히 알제리, 리비아, 튀니지 출신들이 많다. 북아프리카의 조그만 나라 튀니지에서는 이라크 사태와 시리아 내전 시 6천 명 이상이 참전했다. 이 용병들이 귀국할 경우 테러 조직을 만들어 이웃 모로코의 왕조를 위협할 것으로 예상된다. 이들은 지브롤터 해협을 사이에 두고 유럽과 불과 15km 거리에 있는 모로코를 급진 이슬람의 유럽 전파를 위한 전략적 요충지로 여기고 있다. 모로코에서 왕정을 전복시킨다면 유럽의 안보는 큰 위협을 받게 될 것이다. 요르단의 압둘라 2세와 모로코의 무함마드 6세가 표현의 자유를 포함해 광범위

사우디의 왕위 계승 서열 1위인 무함마드 빈 살만 왕세자
폼페이오 미 국무장관 사우디 방문 시 기념 촬영을 하고 있다. (사진. 미 국무부 소장-Wikimedia Commons 제공, 2019년 1월 14일)

한 정치 개혁을 추진하고 있는 것은 국민의 지지를 확고히 하여 이러한 급진 이슬람 단체들이 국민의 마음속으로 파고드는 것을 막기 위한 고육지책인 것이다.

왕조 내에서의 권력 승계 문제로 내분이 일어날 가능성도 있다. 사우디에서는 형제 승계로 권력이 내려오다가 2017년 무함마드 빈 살만(MBS: Mohammed Bin Salman) 왕세자가 후계자로 지명됨으로써 부자 승계로 전환했다. 워낙 왕자들이 많고 보이지 않는 암투가 심한 사우디에서 앞으로 권력 승계가 원만하게 이루어질 것인지 여부는 지켜

보아야 한다.

카타르에서는 2013년 '벨벳 혁명'이 일어나 셰이크 타밈 이븐 하마드 알 타니Sheikh Tamim ibn Hamad al-Thani가 아버지를 폐위시키고 왕위에 올랐다. 카타르는 내부 권력 변동은 큰 문제없이 치렀으나 지역적 야심과 이념적 차이로 인해 사우디를 비롯한 이웃국가들과 사이가 벌어져 보이콧을 당하고 고립된 상태에 있다. 아직까지는 왕조 내에서 권력 승계에 큰 문제는 없으나 문제가 발생할 소지는 언제라도 있다. 장기적으로 보아 왕조는 절대적 권력을 내려놓고 의회, 정당, 비정부기구, 시민단체 등과 권력을 분할해야 할 것이다. 언제까지 절대적 권력을 유지할 수는 없다.

석유수입의 감소에 따라 걸프 왕국들은 복지정책을 축소해야 할 것으로 보인다. 자비스러울 정도로 관대한 복지정책의 핵심은 경제적으로 풍요로운 삶을 보장받는 대가로 권력자에게 절대적으로 복종하고 정치에는 최소한으로 개입한다는 묵계이다. 따라서 이 정책의 열쇠는 돈인데 이 돈이 점차 말라가는 것이다. 대표적인 예가 쿠웨이트이다. 수년 전까지만 해도 쿠웨이트는 자비로운 복지를 상징하는 나라였다. 시민들에게는 세금이 면제되었고 무상교육, 높은 봉급, 무상 의료보험, 용이한 주택자금 융자 등이 제공되었다. 가솔린은 갤런 당 80센트에 불과했으니 거의 공짜인 셈이다. 농민들에게는 풍부한 보조금을 지급하여 식료품 가격을 최소로 했으며 이에 따라 식료품이 과잉소비되고 쓰레기가 과도하게 생산되었다. 그러나 이제 이러한 호시절은 과거의 꿈이 되었다. 석유 수입 감소와 함께 대체에너지 개발, 인구 증가, 원자재와 식품 가격 상승 등이 겹쳐 쿠웨이트의 재정은 난관에 부딪쳤다.

2013년 10월 쿠웨이트 총리는 더 이상 과도한 복지정책을 계속 할수 없다고 발표했다. 이제 허리띠를 졸라 맬 때가 온 것이다. 쿠웨이트의 재정 지출은 이미 수입을 넘어섰다. 쿠웨이트가 더 이상 자비로운 국가가 되지 못하면 국민들의 정권 변화에 대한 요구가 증가할 것이다. 아직까지 쿠웨이트는 변화 요구에도 불구하고 알 사바 왕조의 권력을 굳건히 지키고 있으나 야당의 권력 분점 요구는 점점 높아지고 있으며 일부에서는 입헌군주제가 되어야 한다는 요구도 있다. 쿠웨이트에서는 2013년 총리의 사퇴 및 선거법 개정이 있었다. 다른 걸프 국가들의 사정도 별로 나을 것이 없다. 이들도 곧 닥칠 미래에 대비해야 하며 산업 다변화와 인프라 개선, 주택건설, 일자리 창출 등에 힘을 쏟아야 한다. 위기를 슬기롭게 극복하지 못하면 걸프 왕조에도 반드시 위기가 찾아올 것이다.

3장
시리아 내전

〜〜〜

시작과 전개

아랍의 봄이 일어난 후 최대 피해자는 시리아 국민이다. 흑마왕과도 같은 시리아 사태가 어떻게 발생했는가? 처음 시작은 매우 단순하고 조그만 사건이었다. 2011년 3월 첫째 주 시리아 보안당국은 다라 Daraa라고 하는 낙후된 지방도시에서 나이 15세 미만인 10명의 어린 학생들을 체포했다. 체포한 이유는 이들이 이집트 시위에서 흘러나온 '정권 타도'라는 문구의 벽보를 벽에 붙였기 때문이다. 학생들은 감옥에 수감되어 고문을 받았다. 그 후 2주 동안 학생들의 가족은 이들을 석방하기 위해 온갖 노력을 벌였다. 성과가 없자 부모들은 거리로 나왔고 보안부대가 이들을 향해 발포하여 수명이 사망했다.

다음날 이들의 장례 행진 때 2만여 명이 시위에 참가했다. 인구 7만

7천 명의 도시에서 4분의 1 이상이 시위에 나선 것이다. 시위대는 반정부 구호를 외치며 정부 건물을 습격했다. 중앙정부는 즉각 사태의 심각성을 깨닫고 시민 세력과의 타협을 위해 대표단을 보냈다. 대표단은 이들의 불평과 요구 조건을 청취했다. 시민의 요구는 체포된 학생들의 석방과 사망한 부모들에 대한 배상을 넘어 정치적, 경제적 요구로 확대되었다. 정부 대표단은 이들에게 요구사항을 들어주겠다고 약속했다. 하지만 곧바로 보안부대는 모스크에 모여 있는 예배자 중 15명을 살해했다. 결국 이 사건이 불에 기름을 붓고 말았다.

5월 하순 경 다라 시위에 참가했다 행방불명된 학생 중 한 명의 시신이 가족의 품으로 돌아왔다. 고문의 흔적이 있었고 언론에서도 크게 보도되었다. 이 후 시위는 걷잡을 수 없이 확대되었다. 다라에서 학부모들이 시위를 벌이던 날 북부 항구 도시 바니아스Banias에서도 시위가 일어났다. 이들은 처음에는 다라와 마찬가지로 지엽적인 문제를 가지고 시위를 벌였으나 나중에는 정권의 탄압, 민주적 기관의 부재, 부패 등과 같은 정치적인 문제로 비화했다. 두 도시에서의 시위는 곧 라타키아, 두마 등 큰 도시로 확대되었고 도시와 시골을 가릴 것 없이 전국으로 확산되었다. 마침내 시위는 시리아의 가장 큰 도시들인 수도 다마스쿠스와 알레포까지 번졌다.

이제 본격적으로 시리아 내전의 서곡이 열린 것이다. 처음에 페이스북 등을 통해 경제 상황의 개선과 정치 개혁 등을 외치며 시작했던 평화적 시위가 폭력사태로 돌변하면서 열화와 같이 끓어올랐다. 대통령 바샤르 알 아사드는 호미로 막을 수 있었던 사태를 지나치게 강경 대응함으로써 민중을 자극하고 지금까지 참아왔던 모든 요구가 폭포처럼 쏟아져 나오는 사태로 비화시키고 말았다. 다만 이 사태는 시골 마을과 홈스 및 하마 등과 같은 중소도시들로 전파되었을 뿐 수도로는 본격적으로 확대되지 않았으므로 당장 정권의 전복으로까지는 연결되지 않았다.

시리아에서의 시위는 튀니지와 달리 어떤 기관이 중심이 된 것이 아니라 시민들이 자발적으로 일으킨 것이다. 또한 이집트의 타히르 광장과 같은 상징적인 장소도 없었고 대도시에만 집중되지도 않았다. 도시와 시골을 막론하고 전국에 불길과 같이 번졌다. 가장 중요한 것은 군부의 향배인데 튀니지나 이집트와는 다르게 군부가 시위대 편에 서지 않았다. 군부는 몇몇 이탈자들을 제외하고는 일치단결하여 바샤르 정권을 수호하는 편에 섰다. 군부는 리비아나 예멘과는 달리 분열되지 않았으며 굳게 단결했다. 결국 군부의 이러한 태도가 바샤르 정권을 살린 가장 중요한 원인이 되었다. 시리아는 지정학적으로 아랍의 중심에 위치하며 인종, 종교 및 종파가 다양한 가운데 미묘한 균형을 이루고 있는 나라이므로 이웃 국가가 개입하기 쉬워 안보적으로는 취약한 곳이다. 바샤르는 타국이 개입할 경우 역내 재앙이 일어날 것이라는 경고를 발하면서 사태의 확대를 막기 위해 안간힘을 쏟았다.

시리아는 대통령과 그의 측근들이 모든 것을 관장하는 나라이다. 바스당 당원들이 정부의 모든 높은 자리를 독식하고 있고 의회도 장

　　　　　　　위기의 중동 어디로 나아가는가

악하고 있다. 정부가 모든 방송 매체를 소유하고 있고 모든 신문을 검열한다. 인터넷은 정부의 서버를 통해서만 접근이 가능하며 페이스북, 유튜브 등의 접근이 막혀 있고 이메일은 정부가 감시하고 있다. 국가 최고 보안법원은 초헌법적으로 운영되며 법원의 결정에 재심은 없다. 경찰과 보안기구는 상시적으로 죄수들을 고문한다. 인구의 10%인 쿠르드인에 대한 차별은 공식적으로 인정되며 쿠르드어의 사용이 금지되어 있다. 정부는 항상 학교를 감시하며 바스당 노선과 다른 견해를 표명하는 교수들은 즉각 해임된다.

시리아 정부는 2005년 사회적 시장경제Social Market Economy 정책을 도입했는데 이는 기존 계획경제에 자유 시장경제를 접목한 것이다. 그러나 그 결과는 양쪽의 좋지 않은 점만을 추려서 합친 것과 같은 최악의 결과를 낳았다. 사유화 정책으로 인해 정부의 특혜를 입은 정실 자본가들이 양산되었다. 라미 마클루프Rami Makhlouf가 좋은 예인데 그는 대통령의 사촌으로 최대 통신회사 시리아텔의 회장일 뿐 아니라 부동산, 운송, 금융, 보험, 건설, 관광업 등을 장악하고 있는 최대의 재벌이다.

2010년 경제성장이 불과 3%에 머물렀고 시위가 일어나기 직전 젊은 세대의 남성 67% 그리고 여성 53%가 실업상태였다. 대학 졸업생의 81%가 일자리를 얻기 위해 4년을 기다려야 했다. 게다가 2006~2010년 500여년 만에 처음 보는 극심한 가뭄으로 인구의 60%가 살고 있는 시골 지역이 큰 피해를 입었다. 농장의 75%가 몰락했고 가축의 85%가 죽었다. 시골에서 난을 피해 도시로 피신한 인구가 150만 명에 달했다. 이 때문에 처음 시위가 발생한 지역은 다라와 같이 주변이 농업지역으로 둘러싸인 도시나 읍이었다. 오랜 고통으로 사람들의 가슴 속에 응어리가 쌓였기 때문이다.

시위가 격화되자 정권은 종파주의를 부추겨 진영을 나누는 전략으로 나섰다. 알라위트를 주축으로 한 정권 세력의 숫자가 인구의 15% 정도였기 때문에 이들은 정부가 전복될 경우 수니파에 의해 몰살당할 위험에 있었다. 정권은 고도의 위협적인 상황에 대한 인식을 내부에서 자꾸 부추겼다. "우리는 모두 결집해야 한다. 아니면 그들이 우리를 죽일 것이다." 처음부터 시위는 종파 때문에 일어난 것이 아니다. 탄압적이고 부패한 정권을 타도하는 것이 목표였다. 시리아는 종파 간에 원한이 깊거나 종파로 갈라져 싸우는 나라도 아니었다. 그냥 종교적으로 서로 다른 점이 있다는 사실을 인정하면서 같은 국민으로 어울려 살아가는 그런 상황이었다. 정권은 이러한 상황을 종파끼리 극한 대립하는 쪽으로 변질시켰다. 정부는 반대파를 살라피스트, 이슬람주의자, 테러리스트, 지하드주의자 또는 사우디의 첩자 등으로 몰아붙이며 극도의 증오감을 고취시켰다. 정권은 또한 폭력을 부추겼다. 알라위트 마을을 보호한다는 명목으로 무장 인민위원회를 창설했고 칼과 몽둥이로 무장한 지역 자경단을 조직하여 무장하지 않은 시위대를 공격하게 했다. 닌자와 같이 검은 옷을 입은 알라위트 폭력단인 샤비하(Shabiha: 유령)를 조직하여 수니파와 맞서도록 했다.

자유 시리아군 병사가 알레포 시 북부 지역 진지에서 M2 브라우닝 중기관총을 조작하고 있다. (사진 출처. Mada Media 제공, 2016년 11월 1일)

　2011년 7월 샤비하가 홈스Homs에서 수니 모스크를 공격하여 9명의 사망자가 발생했다. 이를 시작으로 샤비하는 바이다와 바니아스에서 248명의 수니파를 살해했고 반대로 아크랍에서는 수니파가 125명의 알라위트를 살해했다. '눈에는 눈, 이에는 이'식의 종파 간 폭력 사이클이 정권의 사주로 시작된 것이다. 이러한 점에서 시리아의 집권자들은 실로 무자비하고 교활한 세력이다. 자신의 생존을 위해 종파를 이간질시켜 불구대천의 원수로 만들었기 때문이다. 수니파 출신 장교와 병사들이 군을 이탈하여 2011년 7월 자유 시리아군FSA(Free Syrian Army: 자이쉬 앗 수리 알 후르Jaish as-Suri al-Hurr) 라는 반군단체를 결성했다. 이로써 수니와 시아 병력 간에 본격적인 무력 충돌이 벌어졌다.

외세의 개입

시리아 내전은 곧 국제 전쟁으로 비화되었다. 이란, 헤즈볼라, 러시아가 바샤르 정권을 지지하는 핵심 세력이다. 바샤르는 알라위트 파로 시아 종주국인 이란과는 종교적으로 가까운 관계지만 이란-시리아 연합은 원래 종교적 이념이나 종파적 연합과는 별 관계가 없다. 두 나라가 가까워진 것은 1980년 이란-이라크 전쟁 때이다. 전략가인 아버지 하페즈 알 아사드는 당시 아랍국가로서는 유일하게 이란 편을 들었다. 자기편을 들어준 시리아에게 이란은 값싼 원유를 제공했고 빚을 탕감해주었다. 반제국주의 선봉장으로서 시리아의 명성도 높아졌다.

한편 시리아는 이스라엘과 평화를 유지하는 대가로 미국으로부터 원조를 얻어냈다. 시리아에서 시위가 벌어지자 이란은 즉각 지원에 나섰다. 정보를 제공했고 전문 요원들을 파견하여 사이버스페이스를 장악하는 기술을 전수해주었다. 또한 친(親) 정부 무장단체에게 무기를 공급했고 자국민, 아프간인, 이라크인 등으로 구성된 무장 병력을 파견했다. 공중 보급을 통해 시리아군에게 무기와 탄약 및 헬기 등을 제공했다. 그리고 3천 명의 정규 병력까지 파견하여 바샤르 정부를 도왔다.

더구나 이란의 프락치인 레바논의 헤즈볼라는 바샤르 정권의 유지에 결정적인 공을 세웠다. 경험과 지식이 풍부한 민병대인 헤즈볼라는 바샤르를 도와 알라위트를 보호하기 위한 시리아 내 민병대를 양

바샤르 알 아사드 시리아 대통령
2015년 10월 군사 작전 협의 차 푸틴 러시아 대통령을 예방했다. (사진. kremlin 소장~ .Wikimedia Commons 제공, 2015년 10월 25일)

성했다. 아랍어를 구사하는 헤즈볼라는 페르시아어를 구사하는 이란 정규군보다 더 효율적으로 바샤르를 도울 수 있었다.

러시아와 시리아의 동맹 관계는 1950년대로 거슬러 올라간다. 당시 소련은 시리아와의 동맹관계를 통해 중동 지역에서 존재감을 과시할 수 있었다. 타르투스Tartous에 건설된 해군기지는 동부 지중해의 핵심 기지였다. 푸틴의 러시아는 바샤르를 지원함으로써 국내적으로 곤경에 처한 자신의 입지를 회생시키고 지중해에서 미국의 대항 세력으로 부상할 수 있었다. 이를 지켜본 비평가들이 "(아랍의 봄 당시) 오바마는 자신의 친구인 무바라크를 버렸다."고 비난하자 푸틴은 "나는 친구를 버리지 않는다."고 자랑스럽게 말했다. 러시아는 50억 달러 이상의 무기를 공급했고 시리아군에 자문관을 파견했으며 직접 전투에도 참가했다. 러시아 전투기들은 시리아군 지원을 위해 나섰으며 특수 부대와 탱크 부대를 파견했다. 러시아는 유엔 안보리에서 바샤르에게 불리한 결의가 채택되는 것을 막았으며 화학무기 폐기를 위한 역제안을 내어놓음으로써 미국이 군사적 행동에 나서는 것도 막았다. 그리고 러시아는 시리아 정부와 반군 간 협상이 열릴 때마다 측면에서 바샤르 정권을 적극 지지했다.

미국을 비롯한 서방국가, 사우디, 카타르, 터키 등이 반(反) 바샤르 진영이다. 다만 쿠르드 문제라면 경기(驚氣)를 일으키는 터키는 무엇보다도 쿠르드 진압을 더 중요하게 여기므로 반 바샤르 세력인 쿠르드 민병대가 개입하기 시작한 2016년부터는 바샤르 진영에 다소 우호적인 태도로 선회했다. 3천~4천만 명에 이르는 쿠르드의 40% 이상이 터키에 거주하고 있다. 북부 시리아에는 쿠르드 민주연합당(PYD: Kurdish Democratic Union Party)과 인민수비대YPG가 연합하여 시리아 민주군을 구성하고 있으며 이들은 분리 독립을 외치는 터키의 반정부단체 쿠르드 노동자당PKK과 연계되어 있다.

위기의 중동 어디로 나아가는가

터키로서는 분리주의의 확대에 긴장하지 않을 수 없다. 터키는 비밀리에 IS를 지원하여 IS로 하여금 시리아 내 쿠르드를 진압시키는 전략도 구사한 것으로 알려져 있다. 이란은 쿠르드 노동자당이 북부 이란의 시리아 국경 근처에 근거지를 확보하여 쿠르드 민주연합당과 긴밀한 관계를 유지토록 함으로써 터키를 압박하는 전술을 구사했다. 터키는 이에 대해 IS를 동원하여 대응하는 전법을 구사했다. 쿠르드와 IS 사이에 전투가 격화될수록 쿠르드는 터키에 의존할 수밖에 없고 이로써 터키의 영향력이 더 커진다는 셈법이다.

2014년 7월 IS는 인질로 잡은 터키 트럭운전사 32명을 석방했다. IS가 인질을 석방하는 일은 극히 드문 일이다. 인질들은 또한 배상금도 없이 석방되었다. IS가 터키 정부와 연계되어 있다는 사실을 느낄 수 있는 대목이다. 반면 미국은 인민수비대와 손을 잡고 IS 세력을 격파하는데 성공했으나 쿠르드 세력이 커질 것을 우려한 터키는 2019년 10월 시리아 민주군과 인민수비대를 몰아내기 위해 시리아 북동부 국경을 침범했다. 이후 미국의 중재로 만비즈Manbij에서 인민수비대가 자진 철수함으로써 터키와 쿠르드 간의 갈등은 일단락되었다. 북부 시리아에서는 시리아 파운드화를 터키의 리라화로 교체하려는 시도도 있었다. 알레포 등 북부 4개주에서 리라화를 사용할 경우 터키의 영향력이 확대될 것은 자명한 일이다. 전쟁 전까지 시리아와 터키는 전략적 동맹 관계에 있었으나 전후 양국 관계는 상호 적대적인 관계로 변모했다. 시리아 내 수니 세력이 살해당하는 상황에서 수니파인 터키의 에르도안이 바샤르의 친구 노릇을 계속하기는 어렵기 때문이다.

이집트는 매우 소극적이며 실용주의적이다. 이집트는 '외교를 통한 분쟁의 평화적 해결'이라는 교과서적인 입장을 고수하고 있다. 이집트는 이란의 개입에 대해서도 다른 수니 국가들과는 달리 강하게 비판한 적이 없다. 이집트는 국내 문제 해결에 보다 치중하고 있으며 무역과 관광 등 경제 분야에서 이란을 중요한 파트너로 생각하고 있다.

카타르는 막대한 자금력과 알자지라 TV 등을 통해 영향력을 행사하려 한다. 카타르는 조그만 국가지만 중동에서 영향력을 확대하려는 욕심이 크며 대외적으로 매우 적극적인 정책을 펼치고 있다. 카타르는 이란의 세력이 커지는 것에 반대하지만 이 기회를 활용하여 아랍과 이란 간 중재 역할을 맡게 되기를 원한다. 장차 이란의 핵 개발이 확실한 것으로 내다보고 있는 카타르는 이란과 원활한 관계 구축을 원한다. 그러나 아랍-수니 국가이므로 대놓고 바샤르-이란 진영에 합류할 수는 없다. 따라서 카타르는 줄타기 전법을 구사하고 있다. 시리아 내 반군을 지원하는 한편 이란의 환심을 살만할 일도 병행하고 있다.

2012년 5월 시리아 반군 그룹이 11명의 헤즈볼라 간부들을 납치한 사건이 벌어졌는데, 카타르의 중재로 2013년 11월 시리아 감옥에 투옥되어 있던 10여 명의 반군 인사들이 풀려나면서 함께 석방되었다. 석방된 헤즈볼라 인사들은 카타르 국무장관의 동행 하에 카타르가 제공한 항공기로 레바논으로 돌아왔다.

또한 2015년 12월 카타르는 레바논 정부와 자바트 알 누스라 사이에서 중재를 펼쳐 자바트 알 누스라가 체포한 16명의 레바논 군인과 레바논 감옥에 수감된 13명의 과격 이슬람주의자들을 동시에 석방시키기도 했다. 레바논에 수감된 포로 중에는 사망한 IS 수장 아부 바크르 알 바그다디의 전 부인도 포함되었다.

반(反) 바샤르 세력은 2012년에 결성된 시리아 친우회Friends of Syria Group를 통해 주로 활동하고 있다. '시리아 친우회' 창립 당시 참여국은 114개국이었으나 이후 상황 변화로 지금은 크게 축소되어 있다. 이들의 임무는 반군에게 군사적, 인도적 지원을 행하고 국제무대에서 반군 진영이 한 목소리로 입장을 개진토록 돕는 것이다. 반군 진영은 여럿으로 갈라져 있으므로 이들을 지원하는 것은 쉽지 않다. 지원 국가들은 휴대용 미사일 같은 무기를 공급하는 것을 주저한다. 자칫 이 무기가 테러리스트들의 손에 넘어갈 수도 있기 때문이다. 실제로 반군 단체들은 지원받은 무기를 테러단체에 팔아넘기기도 한다. 2015년 미국이 지원하는 남부전선Southern Front은 미국으로부터 받은 무기를 야르묵 순교자여단Yarmouk Martyrs Brigade이라는 IS 방계 단체에 팔아넘겼다.

반군 지원 세력은 바샤르 지원 세력에 비해 응집력이 약하고 효율성도 떨어진다. 바샤르 지원 세력은 바샤르 정권 유지라는 하나의 목표를 가지고 있으나 반군 지원 세력의 목적은 다양하다. 수니파 종주국인 사우디의 목표는 시아파 세력을 철저히 타도하는 것이나 그 방법에 있어서는 복선이 깔려 있다. 사우디는 자이쉬 알 이슬람Jaysh al-Islam이라는 단체를 지원하고 있는데 이들의 목표는 시리아를 철저한 이슬람 국가로 만드는 것이다. 알 카에다와 다를 바가 없다. 터키의 우선적인 목표는 북부 시리아에 쿠르드 독립국가 또는 자치국가 창건을 막는 것이다. 자국 내에 있는 쿠르드에 영향을 미칠까 두려워하기 때문이다.

미국은 2003년 이라크 침공, 2011년 리비아 사태 개입으로 따끔한 교훈을 얻었다. 무력으로 정권 교체를 추진하다가 재앙과도 같은 결과를 얻었기 때문이다. 따라서 미국은 사우디와는 달리 협상을 통해 정권이 교체되기를 원한다. 바샤르 정권의 세력 중 일부를 남겨놓아 시리아 내 상황이 안정되는 것을 선호한다. 반면 사우디의 목표는 시아파 세력을 철저히 궤멸시키는 것이다. 미국은 시아파가 전멸할 경우 이 공백을 뚫고 IS가 침투할 것을 우려했다. 미국의 목표는 시리아 내 IS를 완전히 소탕하는 것인데 이를 위해 시리아의 쿠르드가 중요한 역할을 하고 있기 때문에 쿠르드가 약화되는 것을 원치 않았다. 그러나 시리아 쿠르드 단체는 터키 정부가 가장 혐오하는 쿠르드 노동자당과 연계되어 있기 때문에 터키는 이들을 분쇄하는 것을 우선적인 목표로 삼았다. 이렇게 해서 미국과 터키가 대립하게 되었을 뿐 아니라 다양한 관련 세력 간에 이해관계가 물고 물려 복잡한 양상을 보이게 된 것이다.

위기의 중동 어디로 나아가는가

시리아 반군

시리아 내전은 발발 때부터 엎치락뒤치락하다가 2015년 여름이 되면서부터 반군이 절대적으로 우세한 상황으로 발전했다. 2015년 가을까지 시리아군은 매우 흔들렸다. 반군이 계속 밀고 들어왔고 전세는 암울했다. 2012년 2월 에후드 바락 전 이스라엘 대통령은 바샤르군이 수주 내에 붕괴할 것이라고 예측하기도 했다. 그러나 외부세력의 개입으로 상황은 반전되었다. 우선 이란이 바샤르의 몰락을 막기위해 전력을 다해 지원했다. 이란은 2012~2013년 지원금을 60억 달러에서 140~150억 달러로 대폭 증가시켰다. 혁명근위대 병력 파견도 대폭 증원했다. 또한 헤즈볼라의 엘리트 병력을 파견하여 바샤르를 직접 지원케 했다. 5천~7천 명의 잘 훈련된 헤즈볼라 정예 병력이 파견되었으며 이밖에 2만~5만 명의 예비 병력도 참전하고 있는 것으로 추정된다. 이란은 이라크의 시아 민병대도 예비 병력으로 끌어들였다.

궁지에 몰린 바샤르는 2015년 7월 푸틴 대통령에게 러시아의 공식적인 개입을 요청했다. 한 달 후 러시아는 전투기, 탱크, 포 등을 보내주었다. 이후부터 러시아의 적극 개입은 계속되었다. 러시아는 폭격기, 대포 및 크루즈 미사일로 반군 거점을 공격했다. 이 결과 시리아군은 안정을 되찾고 다마스쿠스-알레포를 잇는 간선도로 연변의 영토를 회복했다. 러시아의 폭격 지원으로 시리아군은 반군의 가장 중요한 거점인 동부 알레포도 되찾았다.

반면 러시아로서는 이를 계기로 우크라이나 사태로 고립된 상황을 타개하고 중동에서 중요한 당사국 중 하나로 등장하며 국제사회에서 위상을 회복했다. 푸틴의 전략이 적중함으로써 러시아는 중동에서 철수한 지 40년 만에 다시 화려하게 복귀했으며 우크라이나 사태로 고립된 상황에서 서방에 대응할만한 새로운 카드를 가지게 된 것이다. 러시아는 이란이나 시리아와는 입장이 다르다. 러시아는 헤즈볼라가 시리아에 오래 머무는 것에 반대하며 시리아 내 '알라위트 보호령'을 설치하는 것도 원치 않는다. 러시아의 궁극적인 목표는 자신의 이익에 가장 부합하는 기반(플랫폼)을 시리아 내에 항구적으로 설치하는 것이다.

러시아의 개입에 반대하는 세력도 물론 있다. 2015년 10월 시리아 내 무슬림형제단은 러시아군에 대한 지하드를 선포하고 모든 시리아인에게 러시아의 침입에 맞서 싸울 것을 촉구했다. 52명의 사우디 성직자들은 시리아에서 러시아의 참전을 '십자군 침략'으로 규정하고 무슬림에게 모든 수단을 다해 이를 격퇴시킬 것을 촉구했다. 러시아의 개입으로 시리아 사태가 아프가니스탄과 비슷하게 되어 간다는 견해도 있다. 탈레반 통치 하의 아프가니스탄은 9·11 테러의 온상이 되었다. 만일 시리아가 급진 이슬람그룹의 본거지가 된다면 9·11과 비슷한 사태가 또 다시 발생할 가능성도 있다. 급진 세력은 화학무기, 생물무기 등 대량살상무기의 사용도 서슴지 않을 것이다. 2015년 IS

위기의 중동 어디로 나아가는가

는 쿠르드에 대해 겨자가스를 사용한 바 있다.

시리아 반군은 매우 다양하다. 이들은 태생적, 이념적으로 다양한 데다 때로는 터키, 카타르, 사우디 등 자신을 지원하는 세력의 이념을 따르기도 한다. 2016년 여름까지 10만 명 이상의 반군이 꽤 많은 숫자의 그룹으로 나뉘어졌다. 단체를 정확히 파악하는 것은 어렵다. 이합집산이 빈번하기 때문이다. 생겼다가 없어지기도 하고 다른 단체와 연합하는 경우도 흔하다. 인원이 수십 명에 불과한 단체도 있고 수만 명에 이르는 단체도 있다. 최소한 150여개 단체가 있는 것으로 추산된다.

IS가 궤멸된 현재 극단주의 이슬람 살라피·지하디Salafi-Jihadi 계열의 가장 중요한 단체로는 2만여 명의 전사를 거느린 아흐라르 알 샴Ahrar al-Sham이 있다. 이들은 이슬람 국가 창설을 목표로 하며 카타르와 사우디의 지원을 받고 있다. 2013년 11월 사우디, 터키, 카타르 등으로부터 온 수니파로 결성된 시리아 이슬람전선(SIF: Syrian Islamic Front)도 큰 단체이다. 또 다른 그룹으로는 자바트 알 누스라 Jabhat al-Nusra를 중심으로 여러 단체들이 연합한 자이쉬 알 파타 (Jaysh al-Fatah: 정복의 군대)가 있다. 2015년 이 단체의 공격에 혼쭐이 난 바샤르가 러시아의 공식 개입을 요청한 것으로 알려져 있다. 2012년 창설된 자바트 알 누스라는 알 카에다와 연합된 단체이며 철저하게 바샤르 정권의 전복을 목표로 한다. 이 단체의 공격은 무자비하여 많은 사상자를 발생시키는 것으로 악명이 높다.

많은 사상자, 납치, 고문, 민간인 살해 등 이 전쟁에서 볼 수 있는 모든 잔학 행위에 대한 책임은 정부군과 반군 양측에 다 있다. 전쟁은 끝을 알 수 없는 소모전 양상으로 전개되고 있다. 시리아 반군은 이념, 종파, 출신 성분 등이 너무 다양하기 때문에 통제가 불가능하므로 무질서하다. 그렇기 때문에 통합된 힘을 발휘하지 못하고 분산되어 바샤르군의 반격으로 약화된 상태에 놓여 있다.

전쟁 피해와 시리아의 장래

시리아 내전은 이제 시아와 수니 간의 종파 전쟁이 되었다. 양측의 설교자들은 역사를 들추며 자신의 승리와 상대의 패배를 설교한다. 양측은 서로의 성지나 모스크를 보이는 대로 파괴하고 있다. 2014년 조사에 의하면 시리아 내 6개 유네스코 세계유산 중 5개가 심하게 손상된 것으로 알려졌다. 2013년 조사에 의하면 손상을 입은 모스크가 1,450개에 달했다. 알레포, 다마스쿠스, 다라, 하마, 홈스, 이들립 등 도시들의 모습은 제2차 세계대전 때 공습 당한 유럽도시의 모습을 연상케 한다. 이 전쟁에서는 대량살상무기도 등장했다. 바샤르군이 몇 차례 화학무기를 사용했기 때문이다. 2013년 8월 다마스쿠스 외곽의 농촌 지역에 화학무기를 동원함으로써 1,429명이 사망했다.

시리아 내전은 진흙탕 싸움이며 민간인에게 처절한 고통을 안겨주고 있다. 2018년까지 50만 명 이상이 죽고 200만 명 이상의 부상자가 발생했으며 인구의 절반 이상이 난민이 되었다. 630만 명의 국내 난민, 310만 명의 해외 난민 그리고 110만 명의 경제 난민이 발생한 것으로 추산된다. 2016년 여름까지 유엔난민위원회에 480만 명의 난민이 등록되었다. 터키에 270만, 레바논에 100만, 요르단에 66만 명의 난민이 있으며, 난민 관리를 위해 터키가 연간 75억 달러, 레바논 45억 달러 그리고 요르단은 25억 달러 정도를 쓰고 있는 것으로 추산된다. 2013년 12월 북부 요르단에 몰려든 피난민 숫자가 급증하여 그 지역민보다도 더 많아지자 사우디 정부가 난민 수용에 필요한 경비를 지급할 의사를 밝힌 적도 있다.

2015년 말 기준으로 레바논 국민 4명 중 1명은 난민이다. 시리아로부터 수니 피난민이 대거 몰려오면서 레바논의 인구 분포에서 수니가 1위로 올라섰다. 레바논 수니들은 헤즈볼라가 시리아 내전에 개입함으로써 많은 난민이 생겼다는 사실에 분노하고 있다. 트리폴리, 시돈 등을 포함 레바논 내에서도 수니와 시아 간에 충돌이 계속 일어나고 있다. 56만 명이나 되는 시리아 내 팔레스타인 난민의 처리도 문제다. 내전이 발생하자 수십 만 명이 시리아 내에서 다른 곳으로 옮겼으며 많은 난민이 이집트, 요르단, 레바논, 터키, 유럽 등에 분산 수용되고 있다.

난민 중 많은 사람들이 캠프에 머무르지 않고 친지들 집에 거주하고 있다. 그 결과 부동산 가격 급등, 인플레 및 일자리와 생활공간을 둘러싼 주민과의 갈등이 벌어지고 있다. 난민이 된 시리아 가족은 집안의 딸들을 모든 아랍 국가(특히 걸프 국가)의 남자들에게 돈을 받고 결혼시키는 일이 벌어지고 있다. 어려운 집안 형편으로 인해 가족 전체가 극도로 피폐해졌기 때문이다. 이슬람 문화에서는 여성에게 흠이 생기는 일을 용납하지 않는다. 간통이나 혼전 관계 등이 가문의 명예를 손상시켰다고 해서 '명예살인'을 자행하는 경우도 드물지 않다. 이러한 상황에서 시리아인은 가문의 명예를 지키고 생존에 필요한 돈을 마련하기 위해 어린 딸의 결혼을 주선하는 것이다. 그중 기간을 정해 놓고 동거하는 계약결혼이 많다. 시아 이슬람에서는 이러한 결혼을 자와즈 알 무타Zawaj al-Mutah(a Marriage of Pleasure: 즐거움을 위한 결혼)로서 허용한다. 수니에서는 이를 허용하지 않으나 대신 자와즈 알 미스야르Zawaj al-Misyar(a Travel Marriage: 여행용 결혼)는 허용한다. 결국에는 비슷한 계약결혼이다. 이 때문에 어린 여자를 원하는 걸프 국가의 남성들에게 시리아의 딸들이 팔려나가는 현상을 빚고 있다.

2013년 요르단의 한 살라피 사제는 시리아 내전으로 많은 남성이 죽었고 이 때문에 여성이 위태롭게 되었다는 사실을 언급하면서 남성 1명당 50명까지 아내를 거느릴 수 있다는 이슬람법 해석Fatwa을 내린 적도 있다. 이라크의 경우는 '이중 피신'이라는 특수한 상황에 처해있다. 2003년 미국의 이라크 침공 당시 시리아로 피신한 난민들이 이번에는 내전을 피해 다시 이라크로 돌아오기 때문이다. 이 때문에 이라크 정부의 부담이 커지고 있다. 시리아 인구의 85%가 빈곤에 처해 있고 이중 70%는 절대적 빈곤 상태이다. 2015년 말까지 경제 손실은 2,540억 달러에 달한다. 2017년 초까지 실업률 58%, 학생 미취학률이 50%에 달하고 평균 수명이 20년 감소했다. 나라가 얼마나 거덜 난 상태에 있는지 짐작할 수 있다.

바샤르 군은 시아 민병대와 러시아 공군의 지원을 얻어 라카Raqqa를 포함한 동부지역을 회복했고 동 알레포, 팔미라 등 북부 지역을 탈환했으며 2018년 고우타Ghouta, 다라 등 남부지역을 회복했다. 2018년 중반까지 정부군은 국토의 중심지역과 대도시들을 대부분 회복했으나 자원이 풍부한 동북부 지역과 쿠르드 족이 거주하는 지역은 회복하지 못했다.

시리아 내전이 한 쪽의 일방적인 승리로 끝날 가능성은 희박하다. 따라서 양측이 협상을 통해 권력을 분할하거나 국가를 연방 형태로 만드는 방안 등이 거론되고 있는데 아직은 도상연습일 뿐이다. 시리아는 민족, 종파, 외국 세력 등이 얽히고설켜 너무 복잡하게 구성되어 있고 이 세력들을 분리하는 것은 거의 불가능하다. 오래전부터 배경이 다른 사람들이 한데 몰려 살고 있기 때문이다. 최근에는 '시리아의 소말리아화Somalization' 방안도 거론된다. 중앙정부를 두되 유엔 등 국제기구와 올림픽 등에 대표 파견, 여권이나 우표 발행 등 몇 가지 권한만 행사하고 나머지는 독자적인 민병대를 거느린 각종 세력이 국토를 나누어 분할 통치하는 방식이다. 그러나 이렇게 되면 자칫 실패한 국가가 되기 십상이다. 아직까지 컨센서스를 이룰만한 어떤 방안도 나오지 않고 있다.

수니가 다수인 국가에서 민주적인 선거를 통해 정부를 구성하는 것은 이란과 알라위트가 받아들이지 않을 것이다. 수니가 득세할 것이 빤하기 때문이다. 시리아를 몇 개의 보호지역으로 만드는 방안도 제시된다. 특히 대부분의 알라위트가 살고 있는 해안지역을 하나의 보호자치지역으로 해서 러시아와 이란이 보호토록 하는 것이다. 이 방안은 알라위트의 자치를 허용하는 한편 이란의 지중해에 대한 접근권을 보호하기 위한 것이다. 이로써 이란은 헤즈볼라에 대한 무기 공급을 계속함으로써 레바논에 대한 영향력을 지속할 수 있다. 이 방안이 채택될 경우 다마스쿠스나 알레포에 거주하는 알라위트를 자치지역으로 이주시킬 수도 있다. 이란은 이 방안에 관심이 있는 것으로 알려져 있다.

그러나 현 상황에서 알라위트의 안전에 관한 주도권을 쥐고 있는 것은 러시아이다. 이란이 알라위트를 보호하기 위해 많은 병력을 시리아에 파견할 가능성은 낮다. 헤즈볼라의 제한된 병력으로 알라위트를 효과적으로 보호하기도 어렵다. 알라위트 밀집지역은 북, 동, 남동 지역인데 모두 호전적인 수니 세력에 둘러싸여 있다. 시리아를 보호자치지역으로 나눌 경우 동북부는 터키의 보호령이 되어 주로 쿠르드를 관할하게 된다는 문제가 있다. 남부에 요르단 보호령이 설치될 경우에는 주로 베두인과 드루즈를 상대하게 된다. 지금과 같은 대립을 보면 시리아의 해법이 불가한 것으로 보이나 오랜 역사에서 서로 물고 물리며 어제의 적이 오늘의 동지가 되는 것에 익숙한 중동에서는

위기의 중동 어디로 나아가는가

계기가 있고 때가 맞으면 어떠한 해법도 가능하다.

이란과 이라크는 1980~1988년 8년간이나 살육전을 벌여 1백여만 명이 목숨을 잃었다. 도시들이 파괴되고 국민의 생활이 나락으로 떨어졌으며 화학무기까지 사용했다. 그러나 오늘날에는 이라크 정부의 초청으로 온 이란 군이 이라크군과 함께 IS를 상대로 싸웠다. 예멘의 전 대통령 압드 알라 살레는 수년 간 후티 족과 싸웠다. 그러나 2014년 정부군과 이란의 지원을 받은 후티 간에 내전이 발발하자 살레는 후티의 동맹이 되었다. 이것이 변화무쌍한 중동의 현실이다.

"바샤르 알 아사드를 섬기지 않으면 우리는 마을을 태워버릴 것이다." 이것은 지난 수년간 그의 군대가 다시 회복한 마을의 벽에 붙이고 다니는 경고이다. 이러한 경고는 사실로 드러났다. 이란과 러시아의 지원을 얻은 정부군은 저항하는 도시 전체를 파괴하거나 화학무기를 사용하거나 주민들을 굶겨 죽였다. 9년간의 전쟁이 가져온 결과는 비참하다. 50만 명 이상이 죽었고 경제는 바닥으로 떨어졌다. 이제 마지막으로 남은 대도시는 이들립 하나 정도에 불과하다. 인구 3백만 명의 이 도시를 방어하는 세력은 현재 알 카에다와 연계된 지하디스트들이다. 터키 군이 본격적으로 개입하는 등 기적이 일어나지 않는 한 바샤르의 승리는 확정적인 듯하다. 그러나 그가 승리하더라도 상처뿐인 승리가 될 것이다. 바샤르는 선을 넘지 않고 종파 간에 균형을 이루어 통치한 노련한 아버지와는 달리 모든 수니파를 원리주의자로 몰아세웠다. 이는 기독교도, 드루즈 및 세속적 이슬람교도들을 자신의 편으로 끌어들이기 위한 것이었으나 이로 인해 수백만 명의 수니가 나라를 빠져나갔다. 그러나 아직도 많은 수니가 남아 있다. 이들은 그동안 갖은 고통을 다 겪은 사람들이다. 두고두고 정권에 저항할 것이 분명하다.

시리아의 GDP는 전쟁 전 3분의 1에 불과하며 유엔은 인구의 80%가 빈곤층으로 전락했다고 분석하고 있다. 국가 재건에 2천 5백억~4천억 달러가 소요될 것으로 예상되나 바샤르는 이 돈을 염출할 능력도 프로젝트를 수행할 수 있는 인력도 갖고 있지 않다. 바샤르는 자신에게 충성을 바치는 지역에만 제한된 재원을 투입할 것으로 예상된다. 벌써 수니 슬럼지역은 재개발을 위해 해체되고 있다. 바샤르는 아버지에 비해 훨씬 잔혹한 짓을 많이 저질렀다. 아버지 하페즈 알 아사드는 비밀경찰을 이용한 감시체제를 구축한 후에도 드물게 폭력적인 탄압을 구사했으나 아들은 최소한 1만 4천 명을 비밀감옥에서 고문하거나 처형한 것으로 추산되고 있으며 아직도 13만여 명이 지하 감옥에 수감되어 있는 것으로 인권단체들은 추산한다.

바샤르가 이란과 러시아에 진 빚은 막대하다. 이들의 도움이 없었더라면 바샤르 정권은 벌써 무너졌을 것이다. 따라서 전후 바샤르는 이들의 요구에 순응하지 않을 수 없는 입장이다. 바샤르는 승리하더라도 폐허가 된 나라에서 산더미 같은 문제 속에서 허덕이는 신세가 될 것이 분명하다. 이에 더하여 이란과 러시아의 요구는 더 가중될 것이므로 나라가 정상적으로 운영되기는 어려울 것이다. 그러나 바샤르

위기의 중동 어디로 나아가는가

에 대한 대안이 없는 이상 그의 정권은 지속될 가능성이 높다.

이란은 이스라엘과의 투쟁에 있어 헤즈볼라와 함께 시리아를 쌍두마차로 활용하려고 한다. 이를 눈치 챈 이스라엘은 이미 시리아 내 이란의 근거지를 여러 번 폭격한 바 있다. 시리아 북부의 쿠르드를 테러리스트로 간주하는 터키는 호시탐탐 공격을 노리고 있다. 터키가 쿠르드를 공격할 경우 이들을 지원하는 미국과 충돌할 가능성은 언제든지 있다. 바샤르가 계속 집권할 경우 이웃나라로 피신한 피난민들은 돌아오지 않으려 할 것이다. 난민들은 요르단, 레바논, 터키 등에게 큰 짐이 되고 있는데 이들이 귀국하지 않을 경우 골치 아픈 문제를 야기하게 된다. 고향에서도 밖에서도 버림받은 난민들의 분노가 커질 경우 극단적인 세력으로 변모할 가능성이 크다. 바샤르의 무자비한 탄압으로 인해 이미 시리아에서는 분노한 많은 젊은이들이 극단주의자로 변해가고 있다. 알 카에다와 IS 등 테러단체들은 이들을 포섭하여 권토중래를 노릴 수 있다. 이래저래 시리아의 앞날은 어두운 것이 현실이다.

시아파 알라위트

시리아는 1920년 창건 때부터 모자이크와 같은 국가이다. 프랑스의 위임통치 하에 있었던 이 나라는 수많은 소수 민족과 종족으로 이루어진 다민족, 다종족 국가이다. 소수민족과 종족으로는 알라위트, 쿠르드, 드루즈, 기독교도, 투르크, 시르카시안, 아르메니아인, 아시리아인, 유대인, 마로나이트 등이 있다. 전쟁으로 인해 인구를 정확히 알기는 어려우나 많은 피난민 때문에 인구가 감소하여 현재 1천 7백만 명 정도 되는 것으로 추산된다. 인구의 90%가 아랍인인 이 나라에서 종교와 종파는 중요한 요소이다. 종교적으로 다수는 다마스쿠스, 알레포, 홈스 및 하마 등 대도시 지역에 거주하는 수니로 75%를 차지한다.

시아파인 알라위트는 라타키아 등 지중해 연안 지역에서 주로 거주하며 인구의 15%를 차지한다. 그러나 알레포, 다마스쿠스, 홈스 등에도 많은 알라위트가 거주하고 있다. 알라위트와 기타 소수 민족은 종교적, 언어적, 인종적 특징을 잘 보존하고 있다. 알라위트는 또한 여당인 바스당을 장악하여 국가를 지배한다. 대다수 수니는 알라위트를 비밀 종교 내지 이교도적인 상징을 사용하는 이단으로 치부하고 있다. 아랍 기독교도는 인구의 10%를 차지하며 그리스 정교, 시리아 정교, 그리스 가톨릭, 마로나이트 등을 포함한다. 20세기 내내 유대인이 시리아로부터 빠져나감으로써 범 기독교 세력이 줄어들었다. 이밖에 드루즈가 3%, 쿠르드는 10~15% 정도를 차지한다.

소수민족은 시리아 정치에서 매우 중요한 요소이다. 쿠르드와 같은 일부 소수민족은 국가에 동화하는 것을 거부함으로써 정치에서 소외되었으나 알라위트는 동화에 성공함으로써 정치의 주류 세력으로 자리를 잡았다. 프랑스의 위임통치 기간 중 자치에 맛을 들인 알라위트

　　　　　　　　　위기의 중동 어디로 나아가는가

는 군에 대거 진출하여 인구 비례를 훨씬 상회하는 비율로 두각을 나타냈다. 알라위트는 국가 정책에 도전하는 행위를 하지 않았고 여러 가지 측면에서 국가와 자신을 일치시켰다.

현대 바스주의 국가 창건에 있어서 시리아군과 바스당 내에서 알라위트의 약진이 중요한 역할을 담당했다. 1947년 바스당 창당의 주역은 프랑스 유학파이며 동방정교 신자인 미셸 아플라크Michel Aflaq와 수니 이슬람교도인 살라 알 딘 알 비타르Salah al-Din al-Bitar 두 사람이다. 이들은 아랍의 통합과 사회적 정의 실현을 목표로 했다. 실제로 시리아는 아랍 역사상 최초로 이집트와 공동으로 1958~1961년 통일아랍공화국을 창건하기도 했다. 프랑스는 소수 민족들 간에 분할 통치를 추구한 반면 바스당 창립자들은 모든 아랍인이 자신의 노력에 동참해줄 것을 요청했다. 바스당의 공약은 알라위트가 지배하는 라타키아 등 가난한 시골에 큰 영향을 미쳤고 많은 알라위트 출신이 바스당에 가입하여 점차 당내에서 두각을 나타냈다. 그러나 1963년 바스주의자, 나세르주의자 및 독립적인 장교들이 연합하여 쿠데타를 일으키기 전까지 군부는 수니 무슬림이 장악했다. 바스주의자는 처음부터 무슬림형제단과 사이가 나빴다. 무슬림형제단은 수니파 중에서도 보수적인 사람들로 구성되어 있었다. 무슬림형제단은 이슬람 교리에 얽매이지 않는 바스주의자들을 경멸했다. 군 내부에서 이들 간에 암투가 치열했다.

1963년 이후 수니파와 소수 종교 배경을 가진 장교들 사이에 군권

하페즈 알 아사드
시리아 초대 대통령. 현 대통령인 바샤르 대통령의 아버지이다. (사진 출처. 시
리아 정부 소장~ Wikimedia Commons 제공, 1987년 추정)

을 놓고 쟁탈전이 벌어졌다. 이 내부 투쟁으로 군이 분열되고 사기
가 떨어져 국가에도 큰 영향을 미쳤는데 1960년대 말에 와서야 가닥
이 잡혔다. 우선 수니 장교들이 숙청되었고 다음에 드루즈 장교들이
숙청되었다. 그리고 마지막으로 알라위트 내에서 다툼이 있었는데

위기의 중동 어디로 나아가는가

1970년 카르다하Qardaha 종족 출신의 하페즈 알 아사드가 같은 종족이자 동료인 살라 자디드Salah Jadid를 제거하고 최후의 승자가 되었다.

하페즈는 2000년 사망할 때까지 시리아를 통치했다. 하페즈와 그의 아들 바샤르 알 아사드는 군부, 바스당 및 국가 기관에서 알라위트파를 중용하면서 알라위트 세상을 만들었다. 이들은 절대적 충성을 바치는 알라위트 세포들로 둘러싸여 있다. 겉으로 보기에 시리아 정부에는 종파 대립이 별로 없는 것처럼 보인다. 기독교, 수니파 및 여타 종파 출신들이 다양하게 기용되어 테크노크라트로서 정부를 운영하고 있기 때문이다. 바샤르와 동생 마헤르 장군의 부인들은 모두 수니파이다. 바샤르는 다마스쿠스에서 태어나고 외국에서 교육을 받은 엘리트로서 종파에 구애받지 않는 것처럼 보인다. 그러나 권력의 핵심은 여전히 알라위트 파가 장악하고 있다. 핵심 기득권 세력의 영향에서 벗어나지 못하는 것이다.

당연한 결과지만 알라위트를 중용하면서 다수인 수니와 사이가 벌어졌다. 종파 간의 긴장은 어디서나 느낄 수 있을 만큼 커졌다. 두 독재자는 수십 년간 철권통치로 수니파를 탄압했다. 수니가 제압당하자 단선적이고 독재적인 정치 시스템에서 알라위트가 두각을 나타낼 수 있었다. 2011년 이후 벌어진 시리아 내전에서 가장 큰 요소는 종파 간 분쟁이다. 이 전쟁은 근본적으로 알라위트와 수니 간의 싸움인 것이다. 시아를 대표하는 바샤르는 이란과 헤즈볼라의 지원을 받고 있다. 이란은 시아 민병대를 교육하고 이들을 무장시켰다.

반대로 수니 반군들은 터키와 걸프 국가 등 수니 세계의 지원을 받고 있다. 이로써 이 전쟁은 수니와 시아 간의 국제전쟁으로 비화했다. 수니 반군의 성분이 다양하여 이들 간의 결속은 어렵다. 아흐라르 알 샴Ahrar al-Sham, 이슬람 전선, 알 카에다 계열인 자바트 파테 알 샴 Jabhat Fateh al-Sham 등이 반군에 참가하고 있다. 시아 측에서는 레바논, 이란, 아프가니스탄 등지에서 시아 민병대가 모여들고 있다. 시리아의 알라위트는 기독교, 드루즈, 이스마일파, 쿠르드, 투르코만, 12 이맘파, 야지드 등과도 연합하고 있다.

만약 바샤르 대통령이 제거된다면 알라위트는 존재적 위기에 직면할 가능성이 높다. 종교적, 종파적으로 약세인데다 숫자가 적은 이들이 똘똘 뭉쳐 자신보다 훨씬 숫자가 많은 수니를 수십 년 간 지배하면서 쌓인 원한이 크기 때문이다. 바샤르와 동족인 알라위트 간의 유대는 매우 높으며 운명공동체적인 성격을 지니고 있다. 따라서 반군과 협상을 통해 평화를 회복시킬 가능성은 희박하다. 협상으로 평화에 합의할 경우 권력을 나누어야 하는데 알라위트는 그럴 생각이 전혀 없기 때문이다.

바샤르는 원래 영국에서 의사 수업을 받고 있던 조용한 성품의 학생이었으나 1994년 스피드 광인 형 바실이 다마스쿠스 공항 고속도로에서 교통사고로 사망함으로써 졸지에 아버지의 후계자가 되었다. 아버지는 최우선적으로 바샤르를 군에 보내 경력을 쌓게 했다. 군을

위기의 중동 어디로 나아가는가

장악해야만 정권을 장악할 수 있다는 소신에 입각한 것이다. 그는 사관학교를 단기에 마치고 군에서 급속도로 경력을 쌓기 시작하여 공화국 수비대장과 대통령 경호대장 등 주요 직책을 역임했다. 군부의 신임을 얻은 바샤르는 부친 사후 순조롭게 아버지의 권력을 이어받을 수 있었다. 그는 취임 후 개혁을 추진했으며 한 때 서방으로부터 좋은 평가를 얻기도 했지만 기득권 세력의 견제로 꿈을 이루지 못한 채 2011년 아랍의 봄으로 국내 정국이 불안해지자 정권을 지키기 위한 강성 독재자로 변모하여 불행한 사태의 주역이 되었다.

서구 문명을 경험한 바샤르는 처음에 시리아를 현대화하겠다는 야심찬 계획을 갖고 있었으며 정권에 대한 건설적인 비판도 허락했다. 그러나 그의 프로젝트는 궁극적으로 "아버지가 만든 권위주의 정권을 현대화시키는데 있었고 민주화에는 관심이 없었다." 이것이 시리아의 비극으로 이어졌다. 2011년 사태 당시 처음에는 점진적, 평화적 민주화를 추진한다는 타협안도 있었으나 강경 반대파들이 하페즈 시대의 정통성에 시비를 걸고 정권의 부패 문제를 추궁하자 모든 것이 물거품이 되고 말았다.

4장
급진 이슬람 단체

~~~~~~~~

알 카에다

이집트의 이슬람 사상가 사이드 쿠틉의 급진적인 이념과 가르침이 살라피의 초보수적인 이념과 결합하여 알 카에다, 글로벌 지하드Global Jihad, IS, 이슬람 지하드Islamic Jihad, 자바트 알 누스라 등과 같은 급진적 이슬람 단체들을 탄생시켰다. 오사마 빈 라덴, 아이만 알 자와히리, 아부 바크르 알 바그다디 등의 메시지에는 쿠틉의 가르침이 그대로 드러나 있다. 핵심적인 믿음은 무함마드 선지자와 초기 칼리프 시절의 법과 가치를 따르면 이슬람이 번영한다는 것이다.

정치적 이슬람과 급진 이슬람Militant Islam의 차이는 행동의 시점에 있다. 정치적 이슬람의 핵심 개념은 '탐킨(Tamkin: 역량증진)'으로, 열심히 노력하여 미래의 범세계적인 칼리프 국가 창건의 기초가 될

재판을 받고 있는 사이드 쿠틉(오른쪽)
이슬람 혁명의 주창자. 이슬람 원리주의 운동에 있어 가장 영향력 있는 인물로 평가 받고 있다. (사진. 작가 미상-Wikimedia Commons 제공, 1966년 추정)

환경을 지금부터 구축하자는 것이다. 이에 대해 급진적 이슬람의 핵심은 '탁윈(Takwin: 창건)'으로, 조건을 달지 말고 범세계적인 칼리프 국가를 당장 창건하자는 것이다. 한편은 단계적, 다른 한편은 즉시적인 조치를 요구하는 것이 차이점이다. 급진 이슬람의 목표는 이념을 전파하고 지지자를 규합하며 테러 조직을 구성하는 것이다. 급진 이슬람 단체는 2001년 9·11을 비롯 마드리드, 런던, 파리, 캘리포니아 등 세계 곳곳에서 테러 공격을 감행했다. 모든 지하디스트가 공유하는 신념은 같다. "이슬람과 알라의 영광을 위해 죽이고 죽는다."

알 카에다의 세계관과 이념은 다른 이슬람 그룹과 다르다. 이집트의 무슬림형제단은 폭력을 선호하지 않는다. 또한 하마스는 기존 정치 시스템을 인정하며 이 시스템 내에서 목표를 추구한다. 이 때문에 알 카에다 지도층은 무슬림형제단과 하마스를 격렬히 거부했다.

알 카에다가 지하드를 부르짖는 것은 중동 각국에 퍼져있는 현 시대 무슬림 질서에 대한 거부의 표현이다. 오사마 빈 라덴과 아이만 알 자와히리와 같은 알 카에다 사상가들은 현 시대를 비 무슬림 시대 또는 이교도가 나타나기 전의 상태로 생각하며 이를 자힐리Jahili라고 부른다. 자힐리야Jahiliyyah 또는 자힐리는 '무함마드가 오기 전 무지몽매의 시대'를 뜻한다. 한 마디로 지금은 이슬람이 생기기 전 혼란이 극심했던 시대와 같다는 것이다. 따라서 이들은 현재의 모든 이슬람 교도를 배교자로 규정한다. 이들이 배척하는 집단의 범위에는 제한이 없다. 사우디와 이집트를 포함 중동의 모든 정권이 배교적 서양 지지자들로서 타도의 대상이 된다.

알 카에다의 테러에 희생된 사람들의 대부분은 아랍인을 비롯한 무슬림 권 사람들이다. 2013년 10월 아랍 저널리스트 후다 알 후세이니는 1998~2011년에 알 카에다에 의해 살해된 8천명 이상 중 대부분이 아랍 권 출신이라고 밝혔다. 2011년 5월 빈 라덴이 미 특수부대에 의해 사살되기 전에도 알 카에다 요원들은 빈 라덴을 '상징적인 지

오사마 빈 라덴(왼쪽)과 아이만 알 자와히리
(사진. Hamid Mir 作, 2001년 11월 8일)

도자'로서만 존중했을 뿐 전적으로 그의 통제를 받지는 않았다. 알 카
에다 조직은 지금은 발톱을 드러내지 않고 있으나 중동과 북아프리카
전역에 퍼져 있다. 알 카에다 요원들이 지도부의 직접 명령에 의해 움
직이는 경우는 극히 드물다. 비밀리에 움직이는 그들은 죽은 듯 살아
있으며 언젠가는 다시 세상에 모습을 드러낼 가능성이 크다.

IS(이슬람 국가)

한때 세상을 공포에 떨게 했던 IS는 이라크군의 모술 점령으로 이라크에서 철수하고 시리아에만 일부가 남아 있는 소수로 전락했지만 아직 완전히 궤멸된 것은 아니다. IS는 이라크·시리아 이슬람 국가(ISIS: Islamic State of Iraq and Syria) 또는 이라크·레반트 이슬람 국가(ISIL: Islamic State of Iraq and the Levant)로도 불리며 아랍어로는 다에쉬Daesh라고 한다. IS에는 정치·이념 조직과 군사 조직 등 두 개의 조직이 있다. 첫 번째 조직은 1979년 소련의 아프가니스탄 침공 후 만들어졌고 두 번째 조직은 2003년 미국의 이라크 침공 후 만들어졌다.

소련의 아프가니스탄 침공 당시 무슬림 세계는 무자헤딘이라는 지하드 그룹을 만들어 저항했다. 이들은 미국과 사우디의 재정 지원을 받았다. 당시 지미 카터는 소련의 영향력 확대를 저지하는 것에만 주력함으로써 결국 미국이 후원하는 지하드를 인정한 셈이다. 이집트, 시리아, 모로코, 튀니지, 알제리, 걸프 국가들로서도 골칫거리인 과격 분자들을 해외로 내보내 비(非) 이슬람 침략자들과 싸우게 하는 것은 환영할만한 일이었다.

전쟁에서 패한 소련은 1989년 아프가니스탄으로부터 철수했고 그 후 부족 간의 내전을 거쳐 1996년 파키스탄 군사정보국이 지원하는 탈레반이 카불에 정권을 수립했다. 아프가니스탄 전쟁에서 단련된 전사들이 중동의 고향으로 돌아와 반체제 세력에 가담하면서 과격 이

위기의 중동 어디로 나아가는가

슬람주의(이슬람 원리주의 또는 정치적 이슬람)의 전성시대가 열렸다. 그 중 하나가 바로 알 카에다 창시자인 오사마 빈 라덴이다. 과격 이슬람 단체들도 제도권 내에 있는 것과 밖에 있는 것으로 구분되는데 전자로는 요르단과 이집트의 무슬림형제단, 알제리의 이슬람구조전선 Islamic Salvation Front, 팔레스타인의 하마스, 레바논의 헤즈볼라 등을 들 수 있고 후자로는 알 카에다와 IS가 대표적이다.

1989년 아부 무삽 알 자르카위라는 지하디스트가 아프가니스탄에 나타났다. 알 자르카위는 요르단의 3대 도시인 자르카 출신이다. 그는 젊은 시절 부랑아로서 감옥에 갇혀 지냈다. 알 자르카위는 요르단으로 귀국한 직후 정부 전복 음모 혐의로 체포되어 1999년까지 감옥에 있었다. 압둘라 국왕 취임 때 특별사면으로 풀려난 알 자르카위는 다시 아프가니스탄으로 가서 빈 라덴을 만났다. 그로부터 지하드 조직 창설에 필요한 자금을 지원받은 알 자르카위는 알 타우히드al-Tawhid 라는 조직을 만들었다. 9·11 이후 미국이 아프가니스탄을 침공하자 알 자르카위는 이란으로 피신했다가 나중에 이라크로 갔다. 그리고 2003년 미국이 이라크를 침공하자 알 타우히드는 알 카에다 이라크 지부가 되어 반미 투쟁을 전개했다. 알 자르카위는 2004년 6월 한국인 김선일을 납치하여 살해하는 장면을 인터넷에 공개하여 우리에게 전율을 안겨주기도 했다. 그러던 중 알 자르카위는 2006년 미국의 참수작전으로 사망했다.

알 자르카위 사후 알 카에다 이라크 지부는 여러 명의 지도자

아부 바크르 알 바그다디, IS 최고 지도자
2004년 미군에 의해 이라크 움 카스르 지역에 위치한 부카 수용소에 10개월 동안 억류되었을 때의 모습이다.
(사진 출처. US Army 소장, Wikimedia Commons 제공, 2004년 추정)

를 거친 후 IS로 개명했으며 아부 바크르 알 바그다디Abu Bakr al-Baghdadi가 지도자가 되었다. 1971년 이라크 사마라에서 태어난 알 바그다디는 고등 종교교육을 받았으며 사담 후세인 정권에서 장교를 지낸 것으로 알려져 있다. 그가 미국의 이라크 공격으로 과격화되었는지 알 자르카위에게 세뇌되었는지는 확실치 않다. 알 바그다디는 단체를 ISIS로 명명하고 조직 강화에 나섰다. 군사조직은 사담 후세인 정부 출신의 장교들이 장악했는데 이들 대부분은 수니파로 미국에

위기의 중동 어디로 나아가는가

대해 극도로 악감정을 갖고 있었다. 이들은 미 점령군이 이라크군을 해산시킬 때 무기를 갖고 막사 밖으로 나온 사람들로서 미국의 후원으로 시아가 장악하는 이라크 정부를 증오했다.

2014년 6월 이들은 마침내 시리아와 이라크 내에 벨기에 크기 정도의 땅을 장악하고 IS 칼리프 국가 창립을 선언했다. 이후 IS는 해외에 지부를 확대했는데 가장 성공한 곳은 리비아이다. 카다피 퇴진 후 혼란한 상황을 이용하여 시르테와 주변 지역을 장악했으며 벵가지에도 근거지를 마련했다. 2016년 초까지 IS는 알제리, 시나이 반도, 사우디, 예멘, 코카서스, 아프가니스탄, 파키스탄, 나이지리아 등에 진출했다. 처음에 알 카에다 계통이었던 나이지리아의 테러단체 보코 하람은 IS에 충성을 맹세했다.

테러 세력이 중동과 북아프리카에서 번창할 수 있는 이유 중 하나는 지리적 여건이다. 이곳 국가들은 사막, 삼림, 산 등으로 둘러싸여 있어 물리적으로 국경을 지키기가 어렵다. 사람은 물론이고 무기와 물자 등이 비밀리에 이송되기 쉬운 여건이다. 또 터널 건설 등 인위적으로 테러에 유리한 조건을 만들기도 한다. 이집트의 라파 국경검문소에서 가자시티까지는 30km에 불과하다. 이집트와의 국경에는 많은 터널이 있다. 터널들은 가자에서는 하마스가 뚫은 것이고 이집트에서는 베두인이 구축한 것이다. 이 터널은 이스라엘에 포위된 가자가 외부 세계로 나오는데 중요한 역할을 했다. 그러나 무르시가 물러난 후 이집트는 이 통로를 막기 위한 조치를 취하고 있다. 2014년 2월 이집트 군부는 1,275개의 터널을 파괴했다고 발표했으며, 2015년 9월에는 터널 통과를 봉쇄하기 위해 팔레스타인 정부와의 협력 하에 터널에 물을 주입했다. 현재 많은 터널이 용도가 폐기된 것으로 보인다.

이집트는 또한 완충지대를 만들어 가자로부터 팔레스타인인의 진입을 막고 있다. 2014년 12월 이집트 정부는 완충지대를 설립하기 위해 역내 680호의 주택을 허물었다고 발표했다. 사우디도 이라크 및 예멘으로부터의 침투를 막기 위해 장벽을 설치하는 등 필요한 조치를 취하고 있다. 이 때문에 중동과 북아프리카는 점차 장벽으로 둘러싸인 지역이 되어가고 있다는 비판도 있다.

빈 라덴과 알 자르카위는 둘 다 아프가니스탄 지하디스트 출신이고 이라크의 알 카에다는 알 카에다 본부의 지부 격이다. 그러나 두 단체의 성격은 매우 다르다. 알 카에다 본부는 미국과의 투쟁이 주목적이므로 지부들이 본래의 목적과 달리 시아파와의 투쟁을 목표로 삼는 것을 매우 꺼린다. '십자군과 시오니스트 음모 분쇄'라는 글로벌한 이념을 가지고 출범한 알 카에다는 미국과 이스라엘 뿐 아니라 체첸 전쟁을 감행한 러시아, 위구르를 탄압하는 중국, 무슬림 다수 지역인 카슈미르의 영유권을 주장하는 인도까지도 적으로 간주한다. 알 카에다의 전술은 적을 지칠 때까지 괴롭혀 약화시킨 다음 무너뜨리는 것이다. 이것은 아프가니스탄에서 소련군을 괴롭힌 끝에 결국 소련이 무너진 경험을 바탕으로 하고 있다.

그러나 IS의 전략은 다르다. IS는 자신이 차지한 땅을 외국의 영향이나 비 이슬람 세력의 영향으로부터 벗어나게 하려고 한다. 이들의 전략은 세 가지 단어로 요약된다. 첫째, 킬라파Khilafa이다. 킬라파는 '칼리페이트Caliphate' 즉 무함마드의 후계자인 칼리프가 다스리는 국가를 의미한다. 전통적으로 칼리프가 되기 위해서는 경건함, 종교적 지식 및 예언자 가문의 후손이라는 조건을 필요로 한다. 이 때문에 2014년 여름 모술을 점령하였을 때 알 바그다디는 자신을 칼리프로 선언하면서 그의 타이틀을 칼리프 이브라힘 알 쿠라이시 알 하시미로 명명했다. 이는 그가 무함마드의 출신 부족인 쿠라이시 출신이며 하심 가문의 사람임을 암시한다. 둘째, 탁피르Takfir이다. 이는 IS의 엄격한 이슬람법 해석을 받아들이지 않는 자는 죽어 마땅한 배교자로 선언함을 의미한다. 이 율법을 가지고 IS는 시아파를 공격하여 많은 신도들을 죽였다. 셋째, 히즈라Hijra이다. 무함마드가 박해를 피해 622년 메카로부터 메디나로 천도했는데 이것이 히즈라이다. 알 바그다디는 이를 본받아 많은 신도들이 자신이 창설한 칼리프 왕국으로 이주해올 것을 종용했다.

IS는 전성기에 시리아의 절반 이상 되는 땅과 8백여만 명의 시민을 거느렸다. 대부분이 시리아와 이라크의 도시에 사는 주민들이다. 시리아의 라카와 팔미라, 이라크의 모술, 팔루자, 라마디, 티크리트 등이 대표적 도시들이다. IS는 영토를 접수하자마자 땅을 정화하기 위해 이단자의 숙청에 나섰다. 대상은 시아파, 쿠르드 및 야지드 등이었다. 특히 고난을 당한 것은 야지드이다. 북부 이라크의 신자르Sinjar

를 점령할 때 IS는 2천~5천 명의 야지드 남성을 살해하고 3천 명 이상의 여성을 노예로 삼았으며 5만 명 이상을 산악지역으로 추방하여 굶주리게 만들었다. 야지드는 전통적으로 부족 내에서만 결혼을 허용하므로 납치되는 여성은 죽음으로 다스리는 것이 전통이다. 따라서 노예가 된 여성들은 모두 죽어야 할 운명에 처하게 되었다. 이를 막기 위해 종교 지도자 바바 셰이크Baba Sheikh는 처음 납치된 여성들이 돌아올 때 이들을 관용으로 다스리도록 호소했다. IS는 고대 유물과 문화재도 닥치는 대로 파괴했다. 사원과 교회들을 파괴했고 고고학적인 유적지를 폭파했다.

　IS 칼리프 국가는 정상적인 국가와 같은 기능을 가지고 있었다. 자동차 번호판이나 건설허가증을 발급하고 법원과 학교를 가지고 있었으며 독자적인 화폐도 발행했다. 국기, 국가 등도 가지고 있었다. IS의 이슬람 율법은 매우 엄격하다. 알코올과 공공장소에서의 흡연을 금하며 여성의 복장, 남성의 수염에 관한 규칙도 엄격하다. 여성은 밖에 나갈 때 남편이나 가족을 동반해야 하며 여성의 화장이나 청바지 차림은 허용되지 않는다. 주민을 감시하기 위해 히스바Hisba라는 경찰을 운영했다. IS는 시리아와 이라크의 영토를 19개 주(윌라야트Wilayat)로 나누어 통치했다. 주민에게 세금도 걷었다. 쓰레기 수거, 상수도, 병원, 전기, 위생시설 등이 모두 세금의 대상이다. IS가 도시를 점령할 때 기술자, 행정가들이 대부분 빠져나갔기 때문에 남은 사람들로 국가를 운영해야 했으므로 전문 인력이 크게 부족했다. 전문가들은 탈출하려다 잡히면 죽기 때문에 목숨을 부지하기 위해 할 수 없이 남아야 했다.

IS의 돈줄은 어디일까? 처음에는 알 카에다처럼 해외에서의 기부금에 의존했다. 특히 걸프 국가의 기부금이 돈줄이었다. 그러다가 2014년 영토 점령 이후 은행에서의 약탈과 터키로 수출하는 석유 밀거래, 납치된 사람들의 몸값, 팔미라와 니느웨 등에서 약탈한 문화재 판매, 기독교도의 인두세, 각종 세금 및 몰수 등으로 영역이 늘어났다. 해외로 나가려는 사람에게서 징수하는 1천 달러의 출국세, 이라크의 밀과 보리, 인광석 광산, 시멘트 공장에서의 수입 등으로 늘어나 전성기 때 연 10억 달러 정도의 수입을 올린 것으로 추산된다.

2014년은 IS의 기세가 하늘을 찌를듯하던 해였다. 그러다 2015년부터 추락하기 시작했다. 2015년 1월 쿠르드 민병대와 페쉬메르가 병력은 코바니Kobani를 회복했다. 코바니는 터키와 국경을 맞대고 있는 전략적 요충지이다. 쿠르드가 이 지역을 장악함으로써 IS의 돈줄인 터키로의 석유 밀수출이 막혔다. 쿠르드로 봐서는 북부 시리아에서 자치 지역 또는 독립 쿠르디스탄을 세울 수 있는 교두보를 마련한 셈이다. 3월에는 이라크 보안군과 시아 민병대가 사담 후세인의 고향인 티크리트를 수복했고 이로부터 9개월 후에는 이라크 특공대가 연합군의 공중 지원을 받아 라마디를 수복했다. 2016년 3월 시리아 정부는 러시아의 공중 지원으로 팔미라를 회복했고 이라크 정부군은 페쉬메르가 등 민병대의 지원과 연합군의 공중 지원을 얻어 본거지 모술의 탈환에 착수했다. IS가 쌓은 성이 무너지기 시작한 것이다.

특히 리비아 지역에서의 상실은 뼈아프다. 리비아는 IS가 시리아와 이라크에서 철수할 때 본거지를 옮기려고 한 지역이기 때문이다. IS는 이곳에서 데르나Derna와 시르테를 잃었고 벵가지에서도 축출되었다. 리비아는 유럽과 튀니지가 지척에 있는 전략적 요충지이며 산유국인데다 석유를 밀수할 수 있는 요충지이기도 하다. 탈레반과 알제리는 각각 IS를 우즈베키스탄과 알제리에서 몰아냈으며 예멘 내전으로 인해 IS는 예멘에서도 근거지를 잃었다. IS의 몰락에는 여러 가지 이유가 있으나 재정적인 기반 상실이 큰 요인이다. 2016년 4월까지 IS의 수입은 8천만 달러에서 5천 6백만 달러로 전 해에 비해 30%가 줄었다. IS는 전사들의 봉급을 50%나 삭감해야 했다. 외국 전사들의 충원은 월 1,500~2,000명이나 줄었다. 군인들의 사기도 땅에 떨어졌고 탈주자가 급증하여 IS는 2015년 10월 탈주자에 대한 사면령을 내려야 했다. 쓸만한 병사들의 숫자도 대폭 줄었다.

한 IS 전사는 자신의 부대 내 병력의 60%가 18세 미만이라고 증언했다. 종족과 출신 성분 등에 의한 차별도 문제이다. 시리아 전사는 자신이 외국 전사에 비해 봉급을 절반에서 4분의 1밖에 받지 못한다고 증언했다. 그러면서도 전선에서는 가장 위험한 곳에 배치된다는 것이다. 체첸과 아랍 출신 간의 갈등도 컸던 것으로 알려져 있다. IS의 장래는 어떻게 될까? IS가 다시 강화될 가능성은 희박한 것으로 보인다. 이미 본거지를 잃은 이들이 재충전하여 예전처럼 칼리프 국

위기의 중동 어디로 나아가는가

가로서 영토를 점령하고 인근 국가들과 싸우기는 어려울 것이다. 그렇다고 IS가 완전히 소멸되지는 않을 것이다. 알 카에다나 여타 과격 그룹처럼 이곳저곳의 지하로 숨어 테러 활동을 벌여 존재감을 알리다가 약해지는 국가가 있으면 다시 본거지를 만드는 것을 시도하는 식으로 두더지처럼 활동할 가능성이 높은 것으로 보인다. 이슬람주의를 신봉하고 지하드에 참여하는 것을 두려워하지 않는 인적 자원이 있는 이상 IS가 완전히 사라질 가능성은 낮다.

2019년 2월이 되면서 IS는 거의 전멸될 상태에 놓이게 된다. 시리아-이라크 국경에 있는 강가의 2.5평방km 정도의 작고 외진 지역 바구즈 알 파우카니Baghuz al-Fawqani에 IS의 잔당이 모여 있었다. 이 지역의 배후에 유전과 고고학적 유적지가 있어 IS가 국가를 운영할 재정 마련을 위해 원유를 밀수출하고 골동품을 밀거래하기에 적합한 곳이다. 칼리프 국가를 선포하고 최대한 영국 정도 크기의 영토를 다스린 지 5년이 채 되지 않아 몰락한 것이다. 시리아와 이라크 군, 쿠르드 민병대, 미국의 폭격이 이들을 막바지로 몰아넣었다. 수백 명의 IS 전사들이 끝까지 싸웠으나 연합군은 이들을 격파하고 최후의 승리를 선포했다.

IS의 거점은 완전히 붕괴되었다. 약 3만 5천 명의 인구가 있었는데 이중 전사들은 3천 명 정도이다. 포로로 잡힌 대부분은 원주민과 갈 곳이 없는 외국인들이다. 그러나 IS가 무너져도 수니 무슬림의 꿈이 쉽게 사라질 것으로는 보이지 않는다. 정치적, 경제적으로 핍박받고 있다고 느끼는 시리아와 이라크의 많은 수니 무슬림이 IS 깃발 아래로 모여들었기 때문이다. 이들은 그동안 큰 대가를 치렀지만 시아와의 싸움을 멈추지는 않을 것이다.

이제 많은 과격단체들이 더 이상 IS를 원하지 않는 것이 현실이다. 시리아 반군 중 하나로 알 카에다 계열인 하야트 타흐리르 알 샴(HTS: Hayat Tahrir al-Sham)은 그들의 관할권인 시리아 북서부 이들립으로 IS 전사들의 피신을 허용해달라는 미국의 요청을 거절했다. 이들은 IS와 엮임으로써 자신의 이미지가 손상되는 것을 우려했으며 IS 전사를 수용할 경우 러시아의 폭격이 강화될 것도 우려했다. IS가 갈 만한 곳은 거의 사라졌다. 이라크 군과 시아파 민병대 하쉬드 알 샤비 Hashd al-Shaabi는 한 때 IS가 창궐했던 도시와 국경을 장악했으며 쿠르드가 이끄는 시리아 민주군은 그들이 장악하고 있는 시리아 지역에서 보안 능력을 강화했다. 한때 IS가 장악했던 대도시들인 라카와 모술은 이미 적의 손으로 들어갔고 이집트 군은 한때 IS가 둥지를 틀었던 시나이의 도시 셰이크 주웨이드Sheikh Zuweid를 평정했다.

잔뜩 기대를 걸었던 리비아에서도 IS는 지중해의 거점인 시르테를 상실했다. 세력 약화에 따라 기승을 부리던 유럽에 대한 테러 공격도 요즘은 잠잠해졌다. 하나의 변수는 시리아로부터 미군의 완전 철수이다. 미국의 지원이 없으면 북동부 시리아 지역에 대한 쿠르드의 통치는 위험에 처하며 터키와 시리아가 합동으로 쿠르드를 공격할 가능성도 있다. 이렇게 되면 IS는 이 기회를 이용하여 어떻게든 다시 발판을

위기의 중동 어디로 나아가는가

마련하려고 할 것이다. 아니나 다를까, 2020년 1월 솔레이마니 이슬람혁명근위대 사령관 암살을 둘러싼 미국-이란 간 분쟁과 이로 인한 이라크와의 관계 악화로 IS 잔당 소탕이 느슨해진 틈을 타, IS는 아랍이 아닌 투르크멘 출신 율법학자 알살비를 새 지도자로 삼고 모술 지역을 중심으로 조직정비와 세력 확장을 꾀하고 있는 것으로 알려졌다. 유엔안보리는 최근 보고서에서 IS 활동대원이 4만~7만 명에 이른다고 밝히기도 했다.

좀처럼 모습을 드러내지 않는 IS 지도자 알 바그다디는 2019년 4월 29일 5년 만에 처음으로 비디오 메시지를 발표했다. 메시지의 전반적 분위기는 우울했으나 그는 말리, 부르키나파소 및 사하라에서 지하드 그룹의 충성 맹세와 활동을 찬양했다. IS의 전단(戰端)이 아프리카로 옮겨갈 것 같은 느낌을 풍겼다. 그로부터 6개월 후인 2019년 10월 27일 미 정보부와 특수부대는 알 바그다디를 살해했다고 발표했다. 델타포스에 쫓긴 알 바그다디가 아내 둘, 자녀 셋과 함께 동굴로 도망가다 입고 있던 자살폭탄 조끼로 자폭했다는 것이다. 지도자의 사망으로 과연 IS는 이렇게 끝날 것인가?

2018년 아프리카에서 지하드와 관련된 사건으로 사망한 사람의 수가 1만 명에 달한다. 이는 이라크와 시리아에서 사망한 IS 대원의 숫자와 맞먹는 수준이다. 지하디스트의 악행은 광범위하게 퍼져나가고 있다. 동부의 소말리아로부터 서부의 대서양지역에 이른다. 특히 말리, 부르키나파소, 니제르 등 사헬 지역에서 지하디스트에 의한 사망자가 늘어나고 있다. 차드 호 부근에서는 240만 명이 보코 하람의 공격을 피해 탈출했다. 반면 정부의 압제와 부패, 가뭄과 기근 등으로 지하드 세력에 가담하는 사람이 늘고 있다. 큰 그림으로 볼 때 부패를 근절하고 선정을 베푸는 것이 근본적으로 지하드의 확산을 막는 길이다. 사람들의 관심이 사라져 요원의 충원이 어렵고 일부 지역을 점령해도 민심을 얻기 어렵기 때문이다.

IS가 번창했던 이유는 시리아와 이라크에서 시아의 득세로 수니가 박해를 받았기 때문이다. 수니는 시리아에서 80%, 이라크에서는 35%를 차지한다. 이 양국에서 수니는 국내 시아파 및 이란의 시아파와 연계된 세력에 의해 박해를 당하고 있다. 중부와 서부 이라크에서는 이란이 지원하는 이라크 시아파 민병대들이 수니를 살해하거나 핍박하며, 시리아에서는 이란의 압도적 지원 하에 시아 민병대, 러시아 공군기 및 바샤르군이 합동으로 수십만 명의 수니를 살해했다. 이러한 상황에서는 IS가 궤멸된 것처럼 보여도 다시 부활할 가능성이 높다. IS가 시아에 저항하는 보루이기 때문이다. 한 아랍 언론인은 이렇게 지적한다. "시리아와 이라크는 한 국가이며 같은 전쟁을 치르고 있다. 두 정부가 수니의 고난과 역경을 제대로 다루지 못하면 언젠가는 IS가 시리아와 이라크 내 수니의 이익을 대변하게 될 것이다."

터키는 쿠르드의 분리 독립을 막기 위해 북동부 시리아에서 IS 활동을 용인했다. 또한 많은 위구르족 전사들이 중국으로부터 터키를 거쳐 IS에 가담하는 것도 용인했다. IS를 쿠르드 견제 세력으로 이용해 재미를 본 터키는 앞으로도 상황이 바뀌면 비슷한 전략을 채택할 가능성이 높다. IS와 같은 강경 이슬람 세력은 이스라엘, 이집트 및 아랍 왕국들 모두에게 위협이 된다. 이 때문에 3개 세력 사이에 안정의 축Axis of Stability이 형성되어 있다. 역설적이지만 IS나 알 카에다가 3개 세력을 가깝게 만든 셈인데 이로 인해 실제로 이스라엘이 아부다비에 외교공관을 개설하고 사우디와의 관계가 개선되는 등 역내 안정이 강화되고 있다. 시나이 반도에서 테러를 방지하기 위한 이스라엘과 이집트의 협력도 강화되고 있다.

서방 출신으로 IS에 가담했던 지하디스트의 처리 문제를 놓고 서방 국가들이 고심하고 있다. IS 대원 중에는 미국, 영국, 프랑스, 캐나다, 독일 등 서방으로부터 자발적으로 참여한 지하드 대원들이 많다. 이들 대부분은 무슬림 국가 출신으로 서방에 정착한 이민자들이다. 4만 1천명 이상이 시리아와 이라크 등으로 가서 IS에 참여했으며 2018년 중순까지 7,366명이 모국으로 돌아왔다. 수천 명이 전투 중 사망했으며 남아 있는 사람들은 수백여 명의 전사들과 수천 명의 여인들이다. 많은 사람들이 현지 수용소에 수감되어 있다.

호주는 2015년 테러리스트 그룹에 참가한 시민의 국적을 박탈하는 법을 통과시켰다. 호주의 신법은 이중 국적자에게만 적용된다. 아무 연고도 없는 무국적자를 양산할 경우 국제법적으로 복잡한 문제를 야기하기 때문이다. 사우디는 2004년 지하디스트를 교화하기 위한 재활센터를 창설하고 좋은 시설을 갖추어 이들을 재교육시키고 있다.

그러나 서방국가에서는 이러한 센터를 만들기 어렵다. 주민들의 강력한 반대 때문이다. 이들을 기존 테러리스트들과 섞어 놓을 경우 새로운 테러리스트들을 길러낼 가능성이 있다. 그렇다고 지하디스트를 모두 감옥에 보내는 것도 쉽지 않다. 증거를 확보하기가 어렵기 때문이다. 미국은 이들을 관타나모 수용소로 보내는 방안을 검토하고 있다. 미국에서는 2008년 이후 관타나모에 새로운 테러리스트들을 수용하지 않았다. 이 때문에 수용된 테러리스트들의 숫자가 2009년 242명에서 지금은 40여명으로 줄었다. 어떤 나라의 정치인들도 테러리스트들을 본국으로 데려오는 것을 탐탁히 여기지 않는다. 그렇다고 이들을 시리아에 남겨놓거나 다른 오지에 무작정 버려놓는 것은 세력 확산 등 다른 문제를 야기할 수 있다. 서방국가들이 인명을 경시한다는 비판도 피할 수 없다. 이렇듯 전쟁에서 패배한 테러리스트들의 처리는 관련국들에게 고민을 안겨주고 있다.

야지디 족의 수난

2014년 8월 지금까지 알려지지 않았던 이라크 소수민족인 야지디 족 Yazidis이 세상의 관심사로 등장했다. 넓은 이라크 영토를 차지한 IS가 신자르의 산맥지대에 사는 야지디인을 핍박하기 시작하면서 부터이다. 아녀자들이 가축우리와 같은 수용소에서 서로 끌어안고 있는 모습이 TV에 방영되면서 세인의 주목을 끌었다. 야지디는 이라크에

야지디 난민들이 IS 학대를 피해 도망쳐 나와 시리아 북동쪽 알-하사카 주에 있는 뉴로즈 캠프에 수용되어 있다. 이 캠프에만 12,000명의 야지디 난민이 있는 것으로 알려졌다. (사진. DFID(영국국제개발부) 소장-Wikimedia Commons 제공, 2014년 8월 13일)

서 가장 오래된 민족·종교적 소수 집단의 하나이다. 인구는 약 70만 명으로 추산되며 대부분은 신자르 지역에 거주하고 있다. 이들의 종교는 이슬람, 기독교 및 배화교가 혼합된 것이다. 이들은 타락한 천사인 멜렉 타우스Melek Tawwus를 신봉한다. 이 때문에 야지디는 다른 종교인들로부터 악마 숭배자로 비난받는다.

　수니파와 시아파로 둘러싸인 지역에서 섬과 같은 존재인 야지디는 때때로 좋은 먹잇감이 되었다. 오스만 제국은 수차례 이들을 학살했고 알 카에다는 야지디를 겨냥한 차량 폭탄 공격을 행했다. 2014년

IS는 지금까지와는 달리 야지디를 본격적인 대량학살의 대상으로 삼았다. IS의 목표 중 하나는 이교도가 없는 순수한 수니 무슬림 공간을 확보하는 것인데 야지디가 걸림돌로 등장했기 때문이다. IS는 수니 이슬람 칼리프 국가를 창설하기 위해 종교적 청소 작업에 착수했다. 이들의 목표는 야지디의 종교적 성지와 근거지를 파괴하여 순례자들이 의지할 정신적 토대를 제거함으로써 야지디의 종교 자체를 말살하는 것이다.

IS는 살해, 납치, 징용 및 개종 등 온갖 방법을 동원했다. 마을을 습격하여 여인과 소녀들을 강간하고 납치하여 성노예로 삼았으며 야지디 여성의 성노예 거래를 제도화했다. 수천 명을 납치하여 감금하고 인신매매했다. 노예 매매를 위해 조직을 두고 수요와 공급을 담당하게 했다. 보수적인 이슬람 가정 출신으로 성에 대한 욕구를 채울 수 없는 남성을 유혹하여 야지디 여성과의 성적인 접촉을 강권했다. 이들은 홍보매체를 통해 야지디 여성 노예를 합리화하면서 이를 이슬람 율법 상 허용되는 일이라고 강변했다.

2014년 이후 약 12만 명의 야지디 주민이 유럽으로 피신했으며 신자르를 비롯한 야지디 본거지에서는 원주민을 찾아볼 수 없게 되었다. 향후 야지디의 장래는 불확실하다. 혹자는 북부 이라크에 안전지대Safe Zone를 만들어 야지디와 같은 소수민족을 수용하자고 하나 궁극적인 해결 방안은 아니다. 오랜 세월에 걸쳐 형성된 민족, 종교, 종파적인 갈등이 완화되지 않으면 임시적인 방편에 불과하고 어떤 계

위기의 중동 어디로 나아가는가

야지디 족 여성들이 전통 복장을 하고 축제를 즐기고 있다. (사진 출처. Lilia123456-Wikimedia Commons 제공, 2016년 6월 17일)

기가 생기면 언제든지 재 점화할 수 있는 문제이기 때문이다. 다른 종파나 종교를 인정하고 상호 화해와 타협으로 임하면서 상대방의 이익을 침해하지 않는 해결 방안만이 이 지역에 항구적인 평화를 가져올 수 있다.

5장
시아파 종주국 이란

～～～～～

이슬람 혁명과 신정주의

'샤'(왕을 의미하는 페르시아어)로 불리는 모하마드 레자 팔레비Pahlevī, Muhammad Rizā가 이란을 떠난 지 2주째가 되자 아야톨라 루홀라 호메이니Āyatollāh Ruhollah Khomeini의 지지자들은 그들의 영웅이 파리에서 돌아올 것을 열망했다. 마침내 1979년 2월 1일 호메이니가 탄 비행기가 이란 영공에 접근했을 때 공군은 비행기를 격추시키겠다고 위협했다. 열성적인 과격분자들은 오히려 순교자가 될 기회가 왔다고 환호했지만 비행기 내 한 구석에 모여 있는 서방기자들은 숨을 죽였다. 마침내 비행기는 무사히 활주로에 착륙했고 호메이니는 서서히 비행기 트랩에서 내려왔다. 공항에는 이란 역사상 최대의 인파가 운집했다. 이로부터 10일 후 샤의 정부는 문을 닫았고 군은 혁

호메이니의 귀환
귀국 당시 에어 프랑스 기장의 도움을 받고 트랩을 내려 오고 있는 호메이니. (사진. sajed.ir-GFDL 소장-
Wikimedia Commons 제공, 1978년 2월 1일)

명 세력에게 백기를 들었다.

그로부터 40년이 지난 지금 이란은 명목상으로는 민주국가이다. 그러나 선거를 통해 선출되지 않은 물라Mullah(이슬람 사제)들이 권력을 쥐고 있는 이슬람 원리주의 국가이다. 대학 등록률 상승, 빈민 구제 사업 향상 및 경제의 다변화 정도를 빼고 이란의 상황은 오히려 옛날보다 더 나빠졌다. 이란은 경건하지도 않고 풍요롭지도 않으며 세상의 다른 국가들로부터 고립되어 있다. 호메이니는 오래 전부터 구상해온 신정정치Velayat-e Faqih에 대한 소견을 밝혔다. 이슬람 국가는 공화국이어야 하며 공화국의 최고 지도자는 성직자 집단이 선출한 파키(이슬람 법학자)가 되어야 하고 이 파키가 절대 권력을 가져야 한다는 것이다. 호메이니는 이 주장을 실천에 옮겨 1989년 사망할 때까지 스스로 최고 지도자로서 이란을 통치했다.

시아파 물라 정권의 목표는 시아파와 이란이 경험한 역사적인 불의와 오류를 시정하고 강력한 지역 세력 나아가서는 세계적인 세력으로 성장하며 시아 이슬람을 전 세계에 전파하는 것이다. 혁명을 지지해온 좌익이나 자유주의자 모두 자신의 오판을 후회해야 했다. 이들은 호메이니가 본산(本山)인 콤Qom으로 돌아가 성직에 몰두하고 정치는 다른 사람에게 맡길 것으로 생각했던 것이다. 그러나 호메이니는 콤으로 돌아가기는 했지만 권력을 다른 사람에게 넘기지 않았다. 그는 처음부터 자신이 선택한 온건파 메흐디 바자르간 총리를 신임하지 않았으며 석유장관이 비(非) 이슬람 근로자들을 해고하는 것을 거부

위기의 중동 어디로 나아가는가

콤Qom

이란의 7번째 주요 도시이자 열두이맘 시아파의 성지 중 하나. 성지에는 제8대 이맘 알리 알 리다의 여동생 파띠마의 무덤이 있다. (사진 출처. Mostafameraji 소장~Wikimedia Commons 제공, 2014년 2월 17일)

하자 그를 배신자로 낙인찍었다. 여성에 대한 베일 착용을 의무화하고 음악 방송을 금지했으며 비판자들을 박해했다. 교육제도는 비 이슬람적인 요소를 배제하는 시스템으로 개편되었으며 젊은 무슬림 민병대가 거리를 휩쓸고 다니며 샤리아 법 준수를 감시했다. 사람들은 신정정치가 무엇을 의미하는지 그제야 피부로 느끼게 되었다. 혁명 초기 수년 동안 수 천 명이 처형되었다. 이란 지도층이 사회 정화를 필요로 한다고 외치자 그동안 자유를 만끽했던 이란 국민은 암흑시대로 빠져들었다.

몇몇 성직자들은 정치로 인해 종교가 손상되는 것을 우려했다. 비판가 중 하나는 1963년 호메이니에게 아야톨라(Āyatollāh 시아의 최고 성직자) 직위를 수여한 그랜드 아야톨라 무함마드 카젬 샤리아트마다리Muhammad Kazem Shariatmadari이다. 아야톨라 직위를 준 것은 샤가 호메이니를 처형하려는 것을 막기 위한 것이었으니 생명의 은인인 셈이다. 그랜드 아야톨라는 호메이니의 정책을 비판하고 신정정치를 거부한 후 자택에 연금되었다. 호메이니는 자신의 후임을 정하는 데 믿을 만한 사람을 구했다. 처음에 호세인 알리 몬타제리를 점찍었으나 결국 알리 하메네이Ali Hosseini Khamenei가 지명되었다.

충성파인 전 대통령 하메네이는 장로급 성직자에 끼지 못하는 서열이 낮은 인물이었다. 원래 최고 지도자Supreme Leader는 최상위급 성직자 중에서 선출토록 되어 있었으나 튼튼한 정치적·혁명적 경력을 가진 인물로 하향 조정되었고 전문가회의Assembly of Experts는 알리 하메네이를 최고 지도자로 선출했다. 지금의 하메네이는 88명으로 구성(대부분이 성직자)되어 최고 지도자의 실적을 평가하는 전문가회의, 6명의 성직자와 6명의 변호사로 구성된 혁명수호위원회Guardian Council, 290명으로 구성된 의회 및 종교학교 등을 한 손에 쥐고 전권을 행사하고 있다.

최고 지도자는 성직자 중에서 사법부 최고 수장을 임명하므로 사실상 사법권도 장악하고 있다. 사법부는 인력이 적은데다가 예산도 제한적이고 범죄의 종류가 1,500~1,600가지에 이르는 등 과도한 업무 부

위기의 중동 어디로 나아가는가

알리 하메네이, 이란 최고 지도자
왼쪽 상단에 호메이니 사진이 걸려 있다. (사진 출처. Englsh Khamenei.ir소
장-Wikimedia Commons 제공, 2016년 3월 8일)

담 등으로 인해 약화되어 있다. 이란은 국제사회에서 인권을 탄압하
는 나라로 비난받고 있으며 사형집행률이 중국 다음으로 높다. 하메네
이는 상황을 점점 더 악화시켰다. 그가 옹호하는 강경파 마흐무드 아
흐마디네자드가 2009년 6월 의심스러운 대통령 선거에서 승리했을

때 시위가 일어났다. 정권은 시위대를 강경 탄압했다. 녹색운동Green Movement으로 알려진 야당 지도자들을 선동가로 비난했을 뿐만 아니라 이들을 모하레브(Mohaareb: 신과 싸우는 자)로 몰아세워 탄압했다.

호메이니는 신정정치가 다른 이슬람국가의 모델이 되기 원했다. 그러나 그의 희망과는 반대로 흘러갔다. 어떤 나라도 벨라야테 파키(Velayat-e-Faqih: 성직자에 의한 통치)를 채택한 나라는 없다. 이란에서 태어난 이라크 시아파 지도자 알리 알 시스타니는 물라들이 정치에서 손을 떼라고 외쳤다. 2011년 바레인의 시아파들이 봉기했을 때 이들이 요구한 것은 신정정치가 아니라 민주적인 의회정치였다. 시대착오적인 신정정치를 신봉하고 있는 이란은 이슬람 세계에서 인기가 없다. 최근 여론 조사 결과 아랍인의 66%가 이란을 위험한 국가로 생각하는 것으로 드러났다. 이스라엘과 미국에 이어 이란이 비인기 순위 3위이다. 그러나 이란의 영향력은 아직 막강하다. 이란은 신정정치를 확장시키는 데는 실패했지만 전쟁, 테러, 아랍 정권의 붕괴 등과 같은 주변 요소를 교묘하게 활용하면서 영향력을 행사하고 있다. 현재 이스라엘에게 가장 위험한 요소는 아랍의 무기가 아닌 이란의 프락치 헤즈볼라이다.

이란의 세력 확장과 헤즈볼라

이란은 1980년대 혁명근위대의 엘리트 민병대인 알 쿠드스를 통해

하산 나스랄라, 헤즈볼라 최고 지도자
(사진. Satyar Emami作, 2005년 8월 2일)

헤즈볼라Hezbollah를 창설했다. 이란은 헤즈볼라가 강병이 되도록 훈련을 도왔으며 각종 무기와 자금을 제공하고 있다. 2000년 이스라엘군이 레바논으로부터 철수하자 레바논 정부는 헤즈볼라에게 무장 해제를 요구했으나 지도자 하산 나스랄라는 이를 거부했다. 나스랄라는 자신들을 '저항의 목소리'라고 부르며 끝까지 이스라엘에 저항할 것임을 다짐했다. 강한 무력을 가진 헤즈볼라는 레바논 의회에서 11명의 의원을 지명할 권한을 갖는 등 세력이 더욱 커지고 있다. 헤즈볼라에 수십억 달러를 투자한 이란은 소기의 성과를 거두었다. 이스라엘을 공격할 플랫폼을 구축했고 지중해에 교두보를 마련한 것이다. 헤즈볼라는 이란의 지시를 충실히 이행하며 암살도 주저하지 않는다. 대표적인 것이 2005년 라피크 알 하리리Rafiq al-Hariri 레바논 총리의 암살이다. 수니파인 하리리는 사우디의 맹방이며 이란의 공격적인 정책에 격렬히 반대하는 정치인이었다. 하리리 암살은 시리아와 헤즈볼라의 합작품으로 추정되고 있다.

헤즈볼라가 이란의 프락치라는 것이 명백히 드러난 것은 시리아 내전이다. 이 내전에서 레바논은 중립을 표방한 반면 이란의 지시를 받은 헤즈볼라는 시리아의 바샤르 정권을 적극 지원하고 있다. 가자의 하마스도 이란으로부터 재정과 무기 지원을 받고 있다. 하마스의 군사 단체인 알 카삼 여단al-Qassam Brigades이 헤즈볼라와 같이 이란의 지시에 따라 움직인다. 이란에게 있어서 바샤르의 시아 정권은 매우 중요하다. 그가 무너질 경우 이란-이라크-시리아로 이어지는 연결 고리가 끊기며 레바논의 헤즈볼라에게 공급되는 무기 루트도 차단되기 때문이다. 따라서 바샤르 정권은 이란의 전략적 파트너이다.

이란은 자체 개발한 로켓과 미사일을 레바논과 가자에서 이스라엘의 주요 도시들에 퍼부어 많은 시설을 파괴할 경우 보복능력을 과시

위기의 중동 어디로 나아가는가

함으로써 이스라엘과 미국의 이란 핵시설에 대한 공격을 저지할 수 있을 것으로도 생각하고 있다. 2004년 요르단의 압둘라 국왕은 이란이 '시아 초승달 권'을 형성하여 영향력을 확대하려 하고 있다고 경고했다. 이는 사실이다. 이란은 레바논과 시리아를 통해 지중해로, 이라크를 통해 아랍과 걸프 만, 특히 시아가 다수인 바레인으로, 그리고 남서쪽으로는 예멘을 통해 아프리카로 세를 확장하려는 전략을 구사하고 있다.

이란이 세력을 외연으로 확장하는 교두보는 바레인, 가자 지구, 이라크, 레바논, 시리아, 예멘과 아부 무사, 대턴브와 소턴브(Abu Musa, Greater Tunb, Lesser Tunb) 등 걸프 만의 3개 섬, 그리고 핵무기 개발 등이다. 역사적으로 페르시아의 영토였던 바레인은 1970년 유엔이 실시한 국민투표에 의해 독립이 확정되었으나 1979년 이슬람 혁명 이후 이란의 14번째 주라는 주장이 대두된 적도 있다. 이란은 바레인 내 시아파를 조종하여 불안을 조성함으로써 걸프에서의 영향력을 확대하려 한다. 2011년 사우디가 군대를 파견하여 시아파의 시위를 제압한 것은 이란의 준동을 막기 위한 것이다. 현재 바레인의 알 칼리파 정부는 사우디의 지지와 후원에 전적으로 의존하고 있다.

이란이 가자에서 영향력을 행사하는 것은 하마스와 팔레스타인 이슬람 지하드(IJIP: Islamic Jihad in Palestine) 두 개의 단체를 통해서이다. 그러나 시리아 내전에서 바샤르-이란 축이 한때 흔들리면서 하마스는 터키 쪽으로 선회했다. 터키의 현 정권은 무슬림형제단과 밀접한 관계에 있는데 하마스의 어머니 격인 단체가 바로 무슬림형제단이기 때문이다.

한편 가자와 외부세계의 통로를 관장하고 있는 이집트는 이란이 하마스를 부추겨 이스라엘을 공격하는 것에 우려를 가지고 있다. 자국 내 강경 이슬람을 부추겨 국내 정세가 불안해질 우려가 있기 때문이다. 이 때문에 이집트는 하마스와 이란의 관계를 탐탁히 여기지 않는다. 이집트가 터널을 파괴하는 것은 이란에게 가자로부터 손을 떼라는 경고이기도 하다. 또한 팔레스타인 이슬람 지하드도 예멘의 후티 반군을 지원하라는 이란의 요구를 거부함으로써 이란과 거리를 두려는 성향을 보이고 있다. 팔레스타인 이슬람 지하드는 예멘 내전이 국내 문제이기 때문에 이란의 개입은 옳지 않다는 입장을 갖고 있다.

이라크는 이란에게 가장 중요한 나라 중 하나이다. 서로 전쟁을 치른 적도 많았으나 시아가 다수인 국가이고 1,500km에 이르는 긴 국경선을 가진 이웃이며 안보에 절대적인 영향을 미칠 수 있는 국가이다. 이런 나라의 중요한 석유지대를 한때 IS가 점령했으니 이란에게는 큰 위협이 아닐 수 없었다. IS와 이란은 피차 함께 존재할 수 없는 대적이었다. IS의 지도에는 이란이라는 국명이 아예 없다. 7세기 중반 아랍이 점령했던 중앙아시아의 지방 이름을 따 '호라산Khorasan'이라고 부르는데 호라산은 현재 이란 북동부에 있는 주의 이름이다. 이 정도이니 얼마나 눈에 가시 같은 존재였는지 알 수 있다.

IS가 물러간 후에도 문제는 남아 있다. 북부 걸프 해안에 걸쳐 있는 후제스탄 주Khuzestan Province는 이란의 핵심 주 중 하나이다. 후제스탄은 이란 석유·가스의 85%와 수자원 45%를 가진 자원의 보고이다. 470만 명의 인구를 가진 후제스탄에는 약 1백만 명의 수니가 있다. 아흐와지 아랍Ahwazi Arabs이라고 불리는 이들은 틈만 있으면 아랍과 손을 잡아 이란으로부터 분리되기 원하는 세력이다. 이란은 이들의 분리주의 성향을 늘 우려하고 있으며 분리 운동이 일어날 경우 다른 주에도 파급 효과를 미칠까 우려한다.

이란은 또한 이라크 내 시아의 두 성지인 케르발라Kerbala와 나자프Najaf를 수호하는 것에 큰 관심을 갖고 있다. 케르발라는 시아파 원조인 알리의 둘째 아들 후세인이 살해된 곳이고 나자프에는 알리의 무덤이 있다. IS와 같은 수니 강경파는 틈만 있으며 시아 성지를 파괴하려고 한다. 역사적으로 사우디의 와하비 세력이 성지를 훼손한 적도 있다. 이런 이유들로 인해 이란은 이라크 내 시아 민병대와 함께 IS를 물리치기 위해 합동 작전을 개시했다. 이란은 3만~4만 병력을 파견한 것으로 알려져 있다. 이라크의 수니가 이란의 이러한 행동을 몹시 불쾌하게 여긴 것은 말할 필요도 없다.

레바논은 모자이크와 같은 나라이다. 순수한 레바논 인구는 4백만 명 정도인데 150만 명의 시리아 난민과 47만 명의 팔레스타인 난민 등을 합치면 인구가 610만 명에 이른다. 기독교도가 40%이며 마로나이트, 그리스 정교 등 여러 종파로 나뉘어 있다. 이슬람 세력은 시아가 27%, 수니가 25%이며 드루즈가 5%이다. 이란은 헤즈볼라를 통해 레바논에 큰 영향력을 행사하고 있다. 헤즈볼라는 국가 속의 또 다른 국가와 같은 존재이다. 2006년 이스라엘과의 전쟁에서 무승부를 기록한 후 무소불위의 권위를 갖게 되었다. 헤즈볼라는 국가를 장악하려 하지는 않고 국가가 자신이 하는 일을 방해하지 못할 정도의 권력을 유지하려 한다. 레바논은 1967년 전쟁 후 몰려든 팔레스타인 난민이 이웃 아랍 국가들의 지원으로 무장을 한 후 이스라엘과 전투를 벌이자 어쩔 수 없이 1969년 PLO(팔레스타인 해방기구)에게 영토의 일부를 할양하여 PLO가 국경을 넘나들며 작전을 벌이도록 허락한 바 있다. 이러한 주권 상실의 전통은 오늘날에도 지속되고 있는데 현재의 대상은 헤즈볼라이다.

레바논을 손아귀에 쥐고 있는 것처럼 보이는 헤즈볼라에게도 문제가 있다. 시리아전에서 헤즈볼라 대원의 사망자가 크게 늘어나면서 레바논의 시아파들이 분노하고 있다. 헤즈볼라 측은 사상자 수에 대해 절대 정확한 숫자를 밝히지 않는다. 모호한 입장이 상책이라고 생각하는 것 같다. 또한 헤즈볼라의 정적인 수니, 드루즈 및 기독교도들은 헤즈볼라가 레바논을 시리아 내전으로 끌어넣고 있다고 비판한다. 헤즈볼라의 사상자 수가 급증하면서 작전에서 실패하는 경우도 늘어나고 있다.

2005년 라피크 하리리 총리 암살 사건 때 유력한 혐의자인 헤즈볼라 대원 무가씰Mughassil을 인도하라는 유엔안보리 결의까지 무시했던 레바논 정부는 19명의 미군이 사망한 1996년 사우디 코바르 탑 Khobar Towers 폭탄 투척 사건의 혐의자로 무가씰을 사우디 당국에

넘겼다. 이는 레바논 정부와 헤즈볼라 사이가 예전 같지 않음을 보여주는 것이다. 또 다른 이유는 아랍 걸프 국가들의 레바논에 대한 영향력이다. 걸프 국가들은 재정지원이나 인프라 및 부동산에 대한 대규모 투자를 통해 막강한 영향력을 갖고 있다. 또한 수천 명의 레바논 근로자가 걸프 국가에서 일하고 있기도 하다. 이러한 상황에서 헤즈볼라의 행동은 레바논 정부에 큰 부담을 주고 있다. 아랍에미리트에서는 헤즈볼라로 인해 레바논 근로자들이 추방당한 경우도 있다. 그러나 레바논군은 헤즈볼라의 행동에 대해서는 최대한 자제하는 편이다. 2018년 5월 헤즈볼라가 수도를 장악했을 때 정규군은 수수방관했으며 헤즈볼라 민병대가 정부의 정책에 반해 시리아 내전에 참여했을 때에도 정규군은 아무런 조치도 취하지 않았다. 정규군이 이렇게 무간섭으로 일관하고 있는 것은 군사적 개입 시 군이 종파별로 쪼개져 국가가 다시 내전으로 빠져들 것을 우려하기 때문이다.

이란은 남부 아라비아의 예멘에서도 막강한 영향력을 행사하고 있다. 내전을 통해서이다. 예멘은 2천 8백만 명의 인구를 가진 여러 부족으로 갈라진 국가이다. 남부와 중부에 인구의 65%에 달하는 수니파들이 살고 있고 시아의 자이디파에 속하는 35%가 북부에 거주한다. 1967년 남북으로 갈라졌다가 1990년 통일되었고 1978~2012년 스트롱맨인 시아파 살레 대통령이 철권 통치했다. 수니인 부통령 하디가 2012년 2월 대통령에 당선되었으나 북부 후티는 이를 인정하지 않고 전쟁을 일으켜 현재까지 진행 중이다. 이란과 사우디가 각각 시아와 수니를 적극 지원하고 있어 언제 전쟁이 끝날지 기약할 수 없는 형편이다. 객관적으로 돈 많은 사우디를 비롯 걸프 국가들과 이집트 등이 지원하고 있는 수니가 우세한 것 같으나 시아의 반격도 만만치 않기 때문이다.

이란이 점령하고 있는 걸프 만의 영토는 아부 무사, 대턴브와 소턴브 3개 섬인데 이중 아부 무사에만 약 1천 명의 주민이 거주하고 있다. 아부 무사는 샤르자Sharjah 에미리트로부터 약 56km 그리고 이란 본토로부터는 약 70km 떨어져 있다. 이 섬들은 전략적 가치를 지니고 있다. 호르무즈 해협 부근에 위치하며 수심이 깊은 바다와 많은 석유 매장량을 갖고 있기 때문이다. 이란은 아랍에미리트가 공식적으로 독립국가로 출범하기 하루 전인 1971년 11월 30일 이 섬들을 점령했다. 아랍에미리트는 섬을 돌려받기 위해 유엔 등을 통해 온갖 노력을 다하고 있으나 반환될 가능성은 희박하다.

스스로를 이슬람의 지킴이로 자처하며 '두 개의 신성한 장소의 수호자'로 부르는 사우디에게 1979년 이란 혁명은 큰 도전이었다. 이란이 시아파의 이슬람 원리주의를 전파하려 하자 사우디 왕실은 종교 지도자들에게 수니도 뒤지지 말라고 명령을 내렸다. 사우디는 모스크에 많은 지원금을 줘 이맘을 양성하고 중동, 아시아, 유럽 등에 종교서적을 배포하는 등 수니 선교를 위한 활동을 벌였다. 지난 40년간 종교적 우위 확보를 위해 사우디가 지출한 돈이 1천억 달러에 이르는 것으로 추산된다. 이란과 사우디의 경쟁은 종파 간 갈등을 부추겼다.

헤즈볼라가 원래부터 레바논의 시아파를 돕기 위해 만들어진 것은 아니다. 1982년 이스라엘이 레바논을 공격하여 남부 레바논을 점령했을 때 이에 대한 대응으로 창립된 것이다. 시아파가 아닌 종파들도 헤즈볼라를 이스라엘 그리고 최근에는 IS에 대응하기 위한 조직으로 생각했다. 그러나 지금의 헤즈볼라는 이란을 종주국으로 하는 완전한 시아파 프락치로 간주되고 있다.

이란이 시리아의 바샤르 정권을 지원하는 것은 종파적이라기보다 전략적인 것이다. 그러나 요르단의 압둘라 왕은 '시아 초승달'이라는 표현을 쓰면서까지 시아파의 위협을 경고하고 있다. 혹자는 이란이 바그다드, 베이루트, 다마스쿠스, 사나 등 4개의 아랍 수도를 점령하고 있다고 주장하나 이는 지나친 과장으로 보인다. 하지만 아랍에서 어떤 사태가 벌어져 공백이 생겼을 때 이란이 이를 기민하게 이용하는 재주가 있는 것은 사실이다. 이란과 아랍이 사사건건 대립하는 것은 두 진영을 위해서 그리고 중동 전체를 위해서도 바람직하지 않다. 양 진영의 대립은 서로를 소모전으로 이끌 뿐 승자도 패자도 없이 상처만을 남길 가능성이 높다. 양 진영은 역사상 늘 대립을 계속해왔으나 영원한 승자는 없었다. 중동에 난제가 첩첩이 쌓인 현재 양측의 대립은 문제를 더욱 악화시킬 뿐이다. 양측이 대화와 타협을 통해 문제를 풀어가지 않는 한 중동의 장래는 전망이 밝지 않다.

이슬람혁명근위대

이란의 현재 상황은 암울하다. 매년 15만 명의 식자층이 나라를 빠져 나가는 것으로 추산된다. 젊은이들은 부모 세대보다 훨씬 비열성적 으로 모스크 예배에 참가한다. "젊은이들은 물라가 설교하는 모든 것 을 경멸한다." 그러나 정부는 마치 혁명이 어제 일어난 것처럼 사람 들을 이슬람 율법으로 몰아넣고 있다. 이들은 생활의 모든 부분을 간 섭하고 강요하려 한다. 정권의 주요 무기는 이슬람혁명근위대(IRGC: Islamic Revolutionary Guard Corps)이다. 호메이니는 샤의 군대를 믿지 않았기 때문에 혁명을 지지한 그룹을 하나로 묶어 이슬람혁명근위대 를 만들었다. 1980년 이란·이라크 전쟁이 발발하자 호메이니는 그들 을 전쟁터로 보냈다. 제대로 무기도 갖추지 않은 채 열정만으로 전쟁 터에 뛰어든 많은 젊은이들이 전사했다. 전쟁이 근위대를 강화시켰 다. 피의 대가인 것이다.

근위대는 이제 10만 명의 정규군으로 성장했으며 산하에 1백만 명 의 민병대 바시지Basij를 거느린다. 바시지는 특히 이란·이라크 전 쟁에서 많은 희생자를 내며 중요한 역할을 수행했다. 전쟁 후에는 주 로 내부 보안 강화를 위한 역할을 담당하고 있다. 그들의 비밀 특수부 대 알 쿠드스는 시리아, 예멘, 이라크 및 레바논에서 활동하고 있다. 그들의 국내에서의 영향력도 엄청나다. 많은 혁명근위대 출신들이 정 부의 요직과 국회의원, 공공단체장, 비즈니스 리더, 회사 사장 등으로

이슬람혁명근위대
(사진 출처. Khamenei. ir 소장-Wikimedia Commons 제공, 1999년 9월 1일)

활동하고 있다. TV와 라디오 방송이 정부를 지지토록 강제하고 학교로 하여금 정부에 충성하는 학생들을 양성토록 강요한다. 이란 정부는 전쟁터에서 돌아온 근위대에게 직접적인 보상을 해줄 여력이 없었다. 그래서 그들로 하여금 국가 재건 사업에 나서도록 하면서 특혜를 부여했다. 그 결과 그들은 입찰 없이 정부사업을 수주할 수 있었다. 현재 그들이 관장하는 사업의 규모는 연 수십억 달러에 달한다.

테헤란의 지하철 건설, 석유·가스 사업, 터널, 항구, 댐, 교량 및 파이프라인 건설, 심지어 레이저 안과 수술까지 손대지 않는 분야가 없다. 미국의 제재에도 불구하고 근위대와 연계된 회사들은 물품을 밀

수입하고 세금을 회피할 수 있다. 하메네이 스스로가 매우 불투명한 재벌 회사로 경제 전반에서 이윤을 추구하는 세타드Setad를 직접 관장하고 있다. 이란에서는 다른 나라와 달리 군의 정치 개입은 일어나지 않았다. 군부는 최고 지도자에 대해 극상의 존경심을 표하고 있다.

이란은 서방의 경제 제재에 대처하기 위해 소위 저항경제 Resistance Economy라는 것을 만들었다. 이는 경제를 다변화하고 몇 가지 분야에서는 자급자족하자는 것인데 효과적으로 운영되고 있는 것으로 보이지는 않는다. 이란은 세계은행의 기업환경평가인 '두잉 비즈니스Doing Business' 지수와 부패 지수에서 거의 밑바닥을 헤매고 있다. 1977년 이란의 1인당 GDP는 터키보다 약간 높았으나 지금은 절반도 안 된다. 2015년 통계에 의하면 청년실업률이 30%에 달하며 7백만 명이 극빈층인데 이 숫자는 점점 늘어나고 있다. 무너지는 경제를 복구하는 일이 무엇보다 시급하다. 교통과 통신 인프라, 석유산업 현대화, 젊은이들에 대한 일자리 마련 등은 더 시급한데 경제 제재가 더욱 강화되어 가고 있으니 국민의 불만이 점점 더 커질 수밖에 없다. 어려운 경제 상황에도 불구하고 부족한 자금을 바샤르 알아사드, 하마스, 헤즈볼라, 이슬람 지하드, 이라크 내 시아파 및 예멘 반군 지원 등에 쓰고 있는 것도 문제이다.

2018년 1월 수천 명의 이란 시민들이 부패, 억압 및 치솟는 물가에 항의해 시위를 벌였다. 시위자들은 처음에는 하산 루하니 대통령을 비난했으나 곧 비난은 성직자 그룹과 혁명근위대에게로 향했다.

"국민은 거지가 되었는데 물라들은 신과 같이 지낸다." "혁명근위대에게 죽음을!" 정권은 수백 명을 체포했고 보통 때와 마찬가지로 비난의 화살을 미국으로 돌렸다. 미국은 예나 지금이나 이란에게 '대악마Great Satan'이다. 경제 제재가 지속되면서 생활이 궁핍해진 성직자들도 하메네이에게 등을 돌리는 사례가 점차 늘어나고 있다.

미국과의 갈등

이슬람 혁명 발발 9개월 후 이란과 미국 관계는 완전히 반대 방향으로 흘러갔다. 지미 카터가 암 치료를 위해 샤 팔레비의 미국행을 허락하자 혁명 세력의 분노는 극에 달했다. 1979년 11월 4일 학생 행동대원들이 미 대사관을 습격하여 직원들을 인질로 잡았으며 이 사태는 444일 동안 지속되었다. 1980년 직원 구출을 위한 특공대의 작전이 실패하면서 미군 8명이 사망했다. 양국 관계는 계속 악화되었다. 이란-이라크 전쟁에서 미국은 이라크를 지원했으며 이란은 테러리스트의 미국 공격을 지원했다.

　2002년 조지 부시 대통령은 이란을 '악의 축Axis of Evil' 중 하나로 지목했다. 그러나 1년 후 이라크 침공과 2011년 아랍의 봄으로 이란의 영향력은 오히려 확대되었다. 2015년 버락 오바마가 이란과의 핵 협상을 성사시키자 새로운 시대가 도래한 듯 했다. 경제 제재를 완화하는 대가로 이란은 핵 개발을 중단 내지 지연한다는 내용이다. 그

모하마드 레자 샤 팔레비 국왕(팔레비 왕조 2대 왕), 왕조 마지막 왕세자 장
남 레자 팔레비와 파라 왕비
(사진 출처. Iranian.com. 작가 미상, 1967년 추정)

러나 양국 관계는 개선되지 않았다. 이란은 계속해서 미사일 실험을
했고 외국의 사태에 개입했다. 마침내 2018년 트럼프 대통령은 일방
적으로 핵 협정을 파기했다. 당시 트럼프 곁에는 전 국가안보보좌관
존 볼턴John Robert Bolton을 비롯해 마이크 폼페이오 국무장관 등

위기의 중동 어디로 나아가는가

대 이란 강경파들이 즐비했다. 존 볼턴은 과거에 이란 본토 폭격과 물라의 전복을 주장했던 극단적인 매파이다. 제재가 재개되면서 이란의 경제는 점점 추락하고 있다. 팔레비에 대한 증오는 이란 국민을 단합시키고 호메이니를 지도자로 선택했으나 지금의 반대파는 분열되어 있고 강력한 지도자도 없다. 기회를 노리는 세력은 주변을 둘러보고 있으나 성공한 봉기 대신 실패한 봉기만 즐비하다. 이란에서는 아직 판을 뒤집을만한 봉기는 싹을 틔우지도 못했다.

호메이니의 혁명은 새 정권을 잉태했지만 민심을 잡지는 못했다. 사람들은 더 가난해지고 탄압은 더 심해졌으며 국민은 정부를 믿지 않는다. 그러나 전쟁, 경제 제재, 미국과의 적대관계 등 악조건에도 불구하고 물라들은 계속 세력을 확대하고 있다. 시리아, 헤즈볼라, 예멘, 이라크, 이집트 등 이들의 영향력이 미치지 않는 곳이 없다. 1979년 이후 이란의 물라들이 이슬람의 과격화 및 정치화에 지대한 영향을 미친 것은 사실이다. 그러나 이란만 그런 것은 아니다. 1979년 11월 5백여 명의 반 왕정 세력이 메카의 대사원을 점거하는 사상 초유의 사태가 발생하자 위기를 느낀 사우디는 자신의 브랜드인 극단적 이슬람주의를 국내외에 보다 더 공격적으로 전파시켰다. 사우디는 소련의 아프가니스탄 침공 때 미국과 함께 무자헤딘(Mujahidin : 아프가니스탄의 반군 게릴라 단체) 전사들을 지원했다. 자발적으로 무자헤딘에 입단한 아랍의 젊은이들은 전쟁 경험을 쌓고 나중에 지하드의 원조가 되었다.

이란의 권력 구조는 모호하다. 권력은 소수의 충성파에 의해 선출

존 볼턴 전(前)백악관 국가 안보 보좌관
(사진. Michael Vadon 作, 2015년 5월 22일)

된 상징적인 대통령과 권력기관을 장악하고 있는 혁명세력이 분점하
고 있다. 이란은 때로는 실용적이다. 집권층은 아프가니스탄에서 탈
레반을 축출시킨 미국의 정책에 동의하기도 했다. 그러나 하메네이
최고 지도자가 늘 합리적인 결정을 내리는 사람은 결코 아니다.

위기의 중동 어디로 나아가는가

한편, 트럼프는 이란과의 핵 합의를 파기했는데 제재 강화만이 능사는 아니다. 자칫하면 국내 강경파들의 입지만 강화시켜 이들을 나쁜 결정으로 몰아갈 수 있기 때문이다. 세력 확장을 위한 모험주의와 소수에 의한 경제 독점을 부추기고 반대파는 대악마의 꼭두각시로 매도당하기 십상이다. 미국이 이란을 힘으로 공격할 가능성은 낮다. 트럼프도 내심으로는 전쟁을 원하지 않는다. 그는 군인이 아니라 장사꾼이다. 이란 국민이 현 정권에 대해 좋지 않은 감정을 갖고 있지만 샤 팔레비 때와는 다르다. 자부심이 강한 이들은 남의 나라의 힘을 빌릴 생각이 전혀 없다. 따라서 어떤 경우라도 미국이 힘으로 정권을 교체하는 것은 결코 원치 않는다. 새로운 출발을 위한 시나리오는 지금 암 치료를 받는 등 건강이 좋지 않은 80세의 하메네이가 일찍 사망하고 내부에서 변화가 일어나는 것이나 이후 상황이 어떻게 전개될지는 지켜보아야 할 것이다.

미국의 핵 합의 파기와 이란의 선택

2019년부터 미국과 이란 사이에 전운이 감돌고 있다. 미국이 핵 합의를 파기한 후 이란 측은 더 이상 기존 합의를 지키지 않겠다는 입장을 표명했다. 마침 걸프 만에서 유조선 두 척이 공격을 받은 사건이 발생했는데 미국은 이를 이란의 소행으로 보고 병력을 파견했다. B-52기를 탑재한 항공모함이 페르시아 만으로 들어왔다. 존 볼턴 보좌관은 이란이 도발할 경우 무자비한 보복을 당할 것이라고 경고했다. 오바마 시절 미국과 이란은 오랜 협상 끝에 핵 합의에 도달했는데 트럼프는 불과 4년 만에 이를 파기했다. 이로 이해 양측에서 매파의 목소리가 커졌다. 존 볼턴과 마이크 폼페이오는 경제 제재를 강화하고 핵시설을 폭격하는 것이 핵 개발을 막는 최선의 방법이라고 주장했다.

반면 이란의 물라들과 혁명근위대는 국내에서 반미 감정을 고조시키는데 열을 올리고 있다. 미국은 압박을 더 강화하기 위해 이란의 석유 구매를 허용하는 예외 조치를 철폐했다. 이제 한국도 이란 석유를 더 이상 구매할 수 없다. 이로 인해 리알화 가치가 하락하고 인플레가 상승하며 임금이 하락했다. 이란의 경제는 점점 위기로 빠져들고 있다. 핵 협상을 주도했던 루하니 대통령은 유럽만이라도 핵 합의를 지켜줄 것으로 기대했으나 여의치 않자 이제는 그러한 기대를 접고 자신도 매파로 전환한 듯한 느낌이다. 처음에는 국내 강경파들을 달래면서 유럽 회사들로 하여금 미국과 거리를 두도록 설득하는 전략을 구사했는데 뜻대로 되지 않았다.

로하니는 이란이 저농축 우라늄과 중수의 생산을 늘릴 것이며 60일 내에 경제 제재가 완화되지 않으면 우라늄 농축에 제한을 두지 않을 것이라고 위협했다. 사실 유럽 회사들이 미국의 경제 제재를 무시하고 독자적으로 행동할 가능성은 거의 없다. 오히려 미국의 군사력이 걸프 만에 집중됨으로써 이란과의 물리적 충돌 가능성이 높아졌다. 미국이 폭격으로 이란의 핵시설을 모두 파괴하기는 어렵다. 이란

　　　　　　　　　　　　위기의 중동 어디로 나아가는가

은 주요 핵시설을 지하에 숨기는 전략을 구사할 것이며 그렇게 될 때 핵시설 발견이 어려워진다. 객관적으로 볼 때 이란과 다시 핵 협상을 하는 것이 온당한 방법이다. 트럼프는 협상에 능한 인물이며 온건파인 루하니도 재협상에 응할 가능성을 부인하지 않고 있다. 전쟁은 어디까지나 최후의 방법이 되어야 할 것이다.

물론 트럼프는 이란과 전쟁을 원하지는 않는다. 그는 이란의 미국 드론기 격추와 관련하여 보복을 검토했으나 마지막 순간에 민간인 살상을 우려하여 공격하지 않았다고 말했다. 이는 그가 내심으로는 전쟁을 싫어한다는 증거이다. 존 볼턴과 마이크 폼페이오가 호전적인 발언을 계속 내뱉었던 것과는 다르다. 1990년과 2003년 이라크, 2001년 아프가니스탄 사태에서 실패를 거듭한 미국의 전례를 트럼프는 알고 있고 이를 답습하게 될까봐 두려워한다. 그가 재선을 위한 대통령 선거를 앞두고 있고 국민의 대부분이 전쟁을 원하지 않는 것에도 이유가 있다. 트럼프는 공화당 정부의 연속적인 중동사태 개입과 실패를 되풀이하지 않으려 한다. 반면 민주당 측은 2015년 이란과의 핵 합의가 올바른 정책이었다고 믿으며 이를 지키려 한다. 따라서 민주당 측이 이란과의 전쟁을 지지할 가능성은 거의 없다.

이란도 겉으로는 강경한 발언을 쏟아내고 있지만 미국과 전쟁을 불사하려는 의사는 없다. 페르시안 걸프에서 이란이 몇 척의 유조선을 공격하기는 했으나 미국의 유조선이 아니었고 미국인이 직접 피해를 입은 것도 없다. 이란이 미국에게 직접 피해를 입히지 않는 이상 양국 간에 충돌이 발생하지 않는 가운데 어정쩡한 상태가 오래 지속될 가능성도 있다. 사실 이란이나 여타 세력이 걸프 만에서 유조선을 공격하는 행위는 매우 위험한 도발이다.

1980년대 이란과 이라크는 소위 '탱커Tanker 전쟁'으로 불리는 사태에서 500여 척의 선박을 공격함으로써 걸프 만의 통행을 심각한 위험에 빠뜨린 적이 있다. 당시 미국 국적 선박이 이란의 기뢰에 의해 공격당하는 사태가 벌어지자 미국은 보복공격을 가해 2개의 원유 플랫폼과 한 척의 프리깃Frigate함을 파괴한 적이 있다. 위험한 대립이 지속될 경우 유사한 사태가 발생할 수도 있다. 볼턴과 같은 매파들은 미국이 1964년 통킹 만 사태를 구실로 베트남전에 참여했듯이 이란의 공격을 먼저 유도한 후 본격적으로 군사 개입하려는 속셈이 있는 것으로 보는 견해도 있다.

2015년 이란은 유엔안보리 5개 상임이사국 및 독일과 협정을 맺어 우라늄을 4% 이상 농축하지 않겠다고 약속했다. 이란은 또한 저농축우라늄LEU을 300kg 이상 저장하지 않겠다고도 약속했다. 그러나 2018년 5월 트럼프 대통령은 일방적으로 이 협정에서 탈퇴하고 과거에 부과했던 제재를 되돌리는 한편 보다 강화된 새로운 제재를 부과했다. 트럼프는 오바마가 체결한 이 협정을 '가장 어리석은 합의'라고 비난해왔다. 미국은 이란과 거래하는 당사자에 대해 1천개가 넘는 제재를 부과했다. 이 때문에 이란의 인플레는 2019년 상반기까지 50% 상승했고 GDP는 6% 정도 감소할 것으로 예상되었다. 미국의 조치에 대한 보복

위기의 중동 어디로 나아가는가

으로 이란은 종전 합의에 의한 우라늄 농축도를 3.7% 또는 5%까지 높일 것이라고 위협했다. 그러나 이런 정도의 농축은 핵무기 개발과는 관계가 없다. 20%가 넘어야 진짜 위협이 된다. 20% 농축이 되면 핵무기 제조에 필요한 90%까지 신속히 농축도를 높일 수 있기 때문이다.

이란이 도발하지 않고 이렇게 낮은 정도의 위협을 하고 있는 것에는 속셈이 있어 보인다. 이란은 도발하지 않음으로써 유럽 3개국에 시간을 줘 미국이 핵 합의 탈퇴 후 부과한 경제 제재를 완화해주기를 기대하고 있는 것으로 보인다. 또한 도발의 정도가 낮고 서서히 진행되는 것을 보면 아마도 트럼프 대통령의 임기가 종료되기를 기다리면서 그의 후임과 새로운 협상을 모색하려는 생각도 있는 것 같다. 만일 이란이 나탄즈Natanz의 원심분리기를 계속 돌려 농축우라늄을 생산한다면 핵무기 1개를 만드는데 필요한 농축우라늄을 확보하는데 1년 정도 걸릴 것으로 보인다. 이란은 필요한 경우 포르도우Fordow에 있는 농축시설도 가동할 것이다. 포르도우 시설은 지하 깊숙이 위치하고 있어 파괴가 쉽지 않은 시설이다.

이란은 또한 IAEA(국제원자력기구) 사찰관을 모두 쫓아낼 수도 있다. 이 경우 이란이 핵 개발을 위해 어떠한 조치를 취하고 있는지 모두 알아내기는 어렵다. 이란이 핵무기를 완성할 경우 중동의 핵 게임은 양상이 완전히 달라질 것이다. 이란은 핵무기를 장착할 수 있는 미사일을 가지고 있으며 적국인 이스라엘과 사우디 등에 대해 심한 적대감을 품고 있다. 뿐만 아니라 이란 내 강경 원리주의자들은 언제라도 지하드를 펼쳐 적을 섬멸하고 자폭하겠다는 자세를 가지고 있다. 이러한 상황에서 미국과 이란 사이에 전쟁이라도 일어나면 히로시마와 나가사키 이후 최초로 핵폭탄이 터지는 상황이 발생하지 않는다고 누가 장담할 수 있겠는가? "한번 만든 무기는 언젠가는 쓰도록 되어 있다."라는 격언도 있다.

이란은 유럽 국가들이 완충 역할을 해줄 것을 기대하고 있으나 이들이 미국과 관계 악화를 감수하면서까지 이란을 보호해줄 가능성은 희박하다. 이란으로서는 할 수 있는데 까지 해본 후 옵션이 모두 소멸할 경우 최후의 방법을 동원할 가능성도 배제할 수 없다. 이러한 점에서 현재 벌어지고 있는 미국과의 대치 상태는 매우 위험한 게임이다. 전 미 국방부 고위관리는 "미국이 이란에 대해 지금과 같이 극단적으로 호전적인 자세를 취한 적은 없다. 최대한 압박Maximum Pressure 전술은 이란을 부상당한 동물이 벽에 기대 겨우 버티고 있는 것과 같은 극한상황으로 몰아가고 있다."라고 경고하고 있다.

걸프 만에서는 이란과 이란의 우방국인 예멘이 서방의 유조선을 공격하거나 미국의 드론을 격추시키는 사태까지 벌어져 미국이 걸프 만에 병력을 증강시켰다. 이런 식으로 계속 사태가 악화된다면 전쟁이 발발할 가능성도 배제할 수 없다. 이란은 미국의 요구가 정권 교체 Regime Change를 목표로 한 것으로 받아들이고 있다. 미국은 핵 활동 동결뿐만 아니라 시리아로부터 모든 병력 철수, 헤즈볼라와 하마스 같은 군사단체에 대한 지원 금지 등도 요구하고 있기 때문이다. 이

위기의 중동 어디로 나아가는가

러한 요구는 주로 강경파인 볼턴과 폼페이오로부터 나왔는데 트럼프는 이에 대해 적극적인 입장을 취하지는 않았다. 그러나 트럼프는 전임 오바마에 비해 이스라엘 및 사우디와 훨씬 더 가깝다. 그렇기 때문에 이란에 대한 압박 작전은 이란이 협상 테이블로 끌려나올 때까지 계속될 것이라는 관측이 유력하다.

결국 이란이 협상 테이블로 나올 것이라는 예상은 이란의 약한 군사력에 기인한다. 이란의 연간 국방비는 130억 달러 정도로 사우디의 5분의 1 또는 미국의 50분의 1에 불과하기 때문이다. 이란은 부족한 국방력을 보완하기 위해 사이버 공격을 전 방위적으로 펼치고 있다. 사우디의 국영석유회사, 서방의 국가기관 등 이란의 촉수가 미치지 않는 곳이 없을 정도다. 이란은 만일의 경우 주변 국가에 거느리고 있는 프락치 군사력을 최대한 동원할 것이다. 레바논의 헤즈볼라는 13만 기가 넘는 로켓과 미사일을 보유하고 있고 시리아와 이라크 내 시아 민병대들도 미군을 위협할만한 군사력을 보유하고 있다. 미국이 공군력만으로 이란의 핵 개발 프로그램을 모두 파괴하기는 어렵다. 2012년 연구 결과에 의하면 미국은 공습으로 이란의 핵 개발을 4년 정도 지연시킬 수 있을 것으로 예상되었다. 미국이 이란의 핵 개발을 완전히 저지하려면 육군을 투입하여 이란 영토를 점령하고 정권을 교체시켜야 한다. 그러나 이를 위해서는 미국의 위험 부담이 너무 크다. 1백만 정도의 병력을 투입시켜 상당 기간 이란과 전면전을 벌이는 상황을 감수해야 가능한 일이다. 병력 투입 없이 정권을 교체시키는 일은 쉽지 않다. 자칫하면 역풍에 휘말릴 가능성이 농후하다.

이란의 중동에서의 영향력은 막강하다. 이라크, 레바논, 시리아 및 예멘 등 4개 아랍국가가 이란의 직접적인 영향력 아래에 있다. 이란 정부의 혁명근위대를 비롯 이란의 지원을 받는 아프간 시아민병대, 헤즈볼라, 이라크 시아민병대 등은 모두 이라크나 시리아에서 싸우고 있다. 예멘에서는 이란의 지원을 얻은 후티가 수도 사나를 포함한 중부 및 북부 예멘을 점령하고 정부군과 싸우고 있다. 이란은 프락치를 통해 아랍 국가들을 직간접적으로 지배하고 있다. 이란에는 과거 역사에 비추어 바그다드를 페르시아의 수도로 간주하는 사람들이 있는가 하면 시리아를 이란의 32번째 주로 간주하는 매파들도 있다. 바그다드와 다마스쿠스는 단순한 아랍 국가들의 수도가 아니다. 이 도시들은 661년에서 1250년까지 지속되었던 무아위야·압바스 2개 아랍 수니 칼리프의 중심지였다. 이들 도시는 수니가 시아와 페르시아를 지배하는 체제를 유지하는데 중심적인 역할을 했다. 역사적인 맥락에서 볼 때 최근 수니 세계에 대한 이란의 영향력 확대는 무슬림에게 익숙한 상황은 결코 아니다.

아랍 세계는 2015년 오바마와 이란 간 핵 협상을 마지못해 수용은 했으나 위험한 거래로 간주했다. 이란이 경제 제재에서 벗어나 많은 현금을 만지게 될 경우 이를 이라크, 레바논, 시리아, 예멘, 가자 등에 있는 프락치 세력의 강화에 사용할 것으로 생각했던 것이다. 이들은 또한 비엔나 협정이 오히려 중동에 폭력과 불안정을 가져올 것으

위기의 중동 어디로 나아가는가

로 우려했다. 핵 합의로 이란은 세를 확장할 수 있는 모멘텀을 얻었는데 이 배후에 미국이 있는 것으로 의심했다. 미국은 강한 이란이 중동의 안정에 기여함으로써 IS나 알 카에다와 같은 테러단체를 소탕하는데 큰 도움이 될 것으로 믿고 있다는 것이다. 그러나 트럼프가 대통령이 되고 이란과의 핵 협상을 파기하면서 이러한 의심은 크게 줄어들었다. 반면 이제 미국이 이란의 대적으로 다시 등장하게 된 것이다.

2020년 1월 바그다드 공항에서 미군 드론에 의해 거셈 솔레이마니 Qasem Soleimani 이란 이슬람혁명근위대 사령관이 살해됨으로써 미국과 이란 간의 긴장은 극도로 고조되었다. 솔레이마니는 1979년 이슬람 혁명 때부터 열성분자로 활동했고 혁명근위대 창설에도 기여했으며 하메네이 최고 지도자가 가장 신임하는 사람인 반면 미국에게는 가장 거북한 인물이었다. 솔레이마니는 해외에서 이란의 거점 확대에 큰 공을 세웠으며 이란 내부에서는 은근히 하메네이를 승계할 차세대 지도자로 꼽혀오기도 했다. 미국으로 봐서는 빈 라덴이나 알 바그다디보다 훨씬 비중이 큰 인물을 제거한 셈이다. 이란은 드론 공격, 사이버 테러, 중동 내 프락치들을 이용한 미국 요인 암살 등 모든 보복 수단을 검토했으나 결국 이라크 내 미군 기지에 수십 발의 미사일을 발사하는데 그쳤으며 미군은 이 공격으로 인명 피해를 입지 않았다. 이 사태에서 눈 여겨 봐야 할 부분은 트럼프의 태도 변화이다. 지금까지 트럼프는 말로는 겁을 주면서도 행동을 취해야 할 때에는 뒤로 물러서는 행태를 계속해왔는데 처음으로 행동에 나서 적의 사령

거셈 솔레이마니 이슬람혁명근위대 사령관
2020년 1월 3일 미국 드론기 공습으로 사망했다. (사진. Sayyed Shahab-o-Din Vajedi 作. 날짜 미상)

관을 일격에 제거한 것이다.

뾰족한 방법이 없는 이란은 국민의 정서를 감안해 최소한 미사일과 로켓 발사는 계속할 것으로 보인다. 그런데 로켓과 미사일이라는 무기는 겁주는 데에는 효과적이나 살상용으로는 효율이 낮은 무기이다. 군사력이 약한 이란으로서 전면전을 감행하는 것은 어려우며 또한 해군력이 약한 이란으로서는 원유의 수송 통로인 호르무즈 해협을 봉쇄할 수도 없다. 이란이 할 수 있는 최선의 방법은 속히 핵무기를 개발하는 것이다. 이란은 이미 농축시설을 완비하고 있으므로 무기급 핵물질만

위기의 중동 어디로 나아가는가

생산하면 쉽게 핵무기를 만들 수 있다. 핵무기 제조 기술은 이미 잘 알려져 있으므로 가장 중요한 무기급 핵물질만 있으면 되는 것이다.

이란은 미사일 기술이 잘 발달되어 있으므로 만들기만 하면 바로 사용할 수 있는 위치에 있다. 문제는 원하는 핵물질을 보유하기까지 가는 길이 험하고 어렵다는 점이다. 만일 이란이 본격적으로 우라늄 농축을 시작하는 기미를 보이면 미국과 이스라엘은 총력을 다해 이를 저지할 것이며 이 과정에서 핵 개발까지 가기도 전에 큰 전쟁이 벌어질 가능성이 높다. 이렇게 되면 핵의 꿈을 이루기전에 이슬람 정권이 무너질 가능성도 있다. 만일 이란이 페르시아 민족의 자존심을 걸고 미국과 건곤일척의 승부를 벌이려면 최후의 방법으로 전면전을 일으켜 미국 육군을 이란 본토에 상륙토록 유인하는 방법이 있을 것이다. 강한 적을 자국 영토로 끌어들여 장기 게릴라전을 벌이는 방식인데 이를 위해서는 국토 황폐화와 국민의 고통을 감수해야 하고 정권이 무너지는 것도 각오해야 하는 부담이 있다. 한마디로 핵무기 개발이나 전면전을 감수하려면 모든 것을 잃을 각오가 되어있어야 한다는 이야기다. 2019년 12월 중국 우한으로부터 시작된 코로나 바이러스 감염 사태가 전 세계로 확산되면서 이란과 미국은 공히 큰 피해를 입었고 국가가 비상사태에 처하게 되었다. 이로 인해 고조되었던 양국 간의 갈등은 2020년 5월 현재 소강상태에 있다. 그러나 코로나 사태가 진정 되는대로 이미 고질적인 현상이 되어버린 양국의 대립은 다시 고개를 쳐들 것이 분명한 것으로 보인다.

6장
근·현대 중동의 역사

～～～～～

유럽의 식민 지배

중동에서 세습적인 씨족이나 가문을 구축한 세력은 다음과 같다. 요르단의 하세미트, 사우디아라비아의 알 사우드, 시리아의 알 아사드, 레바논의 하리리, 쿠웨이트의 알 사바, 샤르자의 알 카시미, 두바이의 알 막툼, 아즈만의 알 누아이미, 아부다비의 알 나히안, 카타르의 알 타니, 바레인의 알 칼리파, 예멘의 하쉬드 등이다. 독립 순서로는 북예멘이 1918년으로 첫 번째이고 바레인과 카타르가 1971년으로 마지막이다. 중동에서 유럽의 식민 지배를 당하지 않은 국가는 이란(19세기에 러시아와 영국의 간섭은 받음), 터키(스스로가 제국으로서 식민지를 경영한 국가임), 이스라엘과 사우디 4개국이다.

　20세기 식민주의자의 직접 통치는 짧았으나 중동의 정치에 막대한 영향을 미쳤으며 그 충격은 아직도 지속되고 있다. 영국과 프랑스의 개입은 18세기말과 19세기 초까지 거슬러 올라가지만 직접적인 영향력을 미친 것은 제1차 세계대전과 제2차 세계대전 사이였다. 오늘날 많은 다국적기업들이 중동에서 이익을 놓고 경쟁하고 있다. 그렇지만 진입 초기 시절에는 국가들이 직접 '아직 정복되지 않은 영토'를 놓고 경쟁했다. 오늘날의 글로벌리즘과 어제의 식민주의는 본질적인 면에서 서로 다르지 않다. 모두 이익을 추구하기 위한 것이다. 유럽의 중동 개입은 1880년대 영국의 이집트 점령으로부터 시작된다. 이후 정점에 이른 것은 제1차 세계대전 후 영국과 프랑스가 보호령으로 이 지역의 통치와 국경을 획정할 권한을 얻고 새로운 국가들을 창건했을 때이다. 그러나 식민주의가 중동에 미친 결과는 참담했다.

1918년 이후 식민주의자들이 세력과 영향력을 펼칠수록 중동은 계속 정치적 소용돌이의 수렁 속으로 빠져들었다. 수세기 동안 지속되어온 오스만의 법은 파괴되고 부서졌으며 식민주의자는 전통과 관습을 폐기하고 정치, 경제, 사회를 재구성하는 과정에서 자신의 규범만을 적용시켰다. 전통적인 부족 세력은 새로 구성된 도시의 구성원에게 세력을 물려주어야 했고 시골이 쇠퇴하고 도시가 부상했으며 이라크 및 요르단과 같은 새로운 국가를 창설함에 있어서 전통적으로 내려오던 인종, 종교, 부족의 울타리가 파괴되었다.

영국, 프랑스, 스페인, 이탈리아 등과 같은 기존 식민주의 세력이 중동에서 발을 빼려는 순간 다른 세력이 이 공백을 비집고 들어왔다.

1945년부터 미국은 이 지역에서 점차 중요한 세력으로 부상했다. 이는 신제국주의 또는 '팍스 아메리카나' 시대를 예고하는 것이었다. 처음에는 미국이 소련의 개입이 없는 가운데 순풍을 탔으나 곧 벽에 부딪쳤고 미국은 공산주의의 중동 진출을 막기 위해 안간 힘을 써야했다. 소련이 해체된 후에는 2003년 이라크 침공, 2011년 NATO의 리비아 사태 개입 및 시리아 내전 개입으로 상황이 반전되었다. 오바마 시대 때 미국의 영향력은 크게 약화되었고 이제 지역 세력과 푸틴 러시아의 견제를 함께 받고 있다.

유럽의 중동에 대한 관심은 산업혁명 이후부터 시작되었다. 유럽이 성장함으로써 인구가 늘고 기술이 발달하고 교통과 무역로가 열리게 되면 모든 영향이 동쪽에 있는 중동에 바로 전달된다. 유럽의 경제 팽창은 동방에 대한 정치적, 문화적, 사회적 이해관계와 직접적으로 연관되어 있다. 유럽의 상인과 선주들의 뒤에는 반드시 세력 있는 국가의 대사와 영사들이 있어 이들을 지원했고 군대가 이들을 보호했다.

서방 세력은 중동 시장을 차지하기 위해 치열하게 경쟁했다. 영국, 러시아, 독일, 프랑스, 이탈리아 등은 오스만이 지배하는 여러 곳에서 영향력을 확보하기 위해 동분서주했다. 19세기 내내 중동의 경제는 유럽의 이권 추구와 오스만이나 이집트 통치자들이 내부적으로 행하는 개혁의 소용돌이 속에서 몸살을 앓았다. 유럽의 사업가, 투자자 및 상인들의 목표는 중동과 긴밀한 관계를 맺어 시장을 확대하고 중동이 유럽에 의존토록 하며 지역 내 부르주아를 양성하여 자본주의를 추구토록

위기의 중동 어디로 나아가는가

함으로써 오스만의 정치, 종교 지도자들이 유럽의 자본시장에 의존토록 하는 것이었다. 결국 유럽의 뜻대로 오스만과 이집트는 유럽에 의존하게 되고 많은 빚을 지게 됨으로써 파산 상태에 이르게 된다.

1830년대에 들어 프랑스는 북아프리카의 알제리에서 영향력을 확대하는데 성공했다. 1840년대에 이르면서 알제리 정복을 끝내고 프랑스의 통치와 행정 체제를 도입했다. 1870년~1880년대에는 수천 명의 프랑스인이 알제리에 도착하여 정부가 무상으로 나누어준 땅에 정착했다. 19세기말까지 프랑스인의 숫자가 60여만 명으로 급증했다. 프랑스인은 알제Algiers, 오랑Oran, 콩스탕틴Constantine, 안나바Annaba 등 4개 대도시에 주로 거주하면서 부와 권력을 독점했다. 알제리인은 지방에서 농사를 짓거나 프랑스인이 운영하는 농장에서 일했고, 아니면 도시 빈민으로 전락했다. 이후 프랑스의 식민 통치는 100년 이상 지속되었다. 영국과 프랑스뿐 아니라 러시아, 스페인, 독일, 이탈리아 등도 끼어들어 유럽 세력이 사실상 중동과 북아프리카를 분할 지배하게 되었고 오스만은 '종이호랑이'로 전락했다.

19세기말이 되면서 중동에서 영국과 프랑스의 우월적 지위가 확립되었다. 지역 엘리트들은 영국과 프랑스의 역할과 식민정책을 지지했다. 서구화는 정치와 경제뿐 아니라 문화, 예술, 사상, 의복, 오락 등 모든 분야에서 나타났다. 서구화는 또한 세속화를 의미하기도 했다. 알제, 튀니스, 베이루트, 카이로, 다마스쿠스 등과 같은 대도시에서는 서양의 이념과 생활방식에 순종하는 그룹이 점차 확대되었다.

제1차 세계대전과 중동의 재편

500년 이상 지속되어온 오스만 제국은 유럽의 산업혁명과 계몽사상의 소용돌이에 밀려 몰락의 길을 걸었다. 처음에는 알제리와 이집트를 프랑스와 영국에게 뺏겼고 1908년이 되자 제국의 중심에서 청년투르크당 세력이 혁명에 성공하여 공개적으로 세속적인 투르크 민족주의를 지향했다. 1911년 이탈리아는 트리폴리와 벵가지를 점령했다. 오스만주의는 서서히 몰락하고 있었고 중동에서 오스만의 대안을 찾기 위한 노력이 시작되었다. 아랍, 범아랍, 범이슬람, 와하비즘, 투르크 등 여러 가지 대안이 있었으나 어떠한 지엽적인 대안도 받아들여지지 않았다. 제1차 세계대전에서 영국과 프랑스가 승리하고 독일이 패함으로써 본격적인 중동 분할이 시작되었다.

영국과 프랑스는 전쟁에서 함께 싸운 동맹국이지만 중동에서는 경쟁자였다. 이들은 밀실 합의를 통해 중동 거래를 마무리 지으려 했다. 중동 곳곳의 치열한 전투에서 승리한 영국이 군사적으로는 프랑스보다 유리한 입장에 있었다. 당시 중동에서 영국의 이해관계는 이라크의 석유를 확보하는 것과 인도와의 항로를 지키는 것에 있었다. 영국은 제1차 세계대전이 일어나기 10년 전부터 함대의 연료를 석탄에서 석유로 교체했으며 수에즈 운하를 통한 인도로의 물자 수송은 대영제국을 유지하는데 필수적인 요소였기 때문이다.

영국은 아랍의 수장 샤리프 후세인으로 하여금 오스만에게 반란을

위기의 중동 어디로 나아가는가

샤리프 후세인, 히자즈의 왕
(사진 출처. Hayman, Christy & Lilly, Limited, London, 1917년 추정)

일으키도록 회유했다. 영국은 그 대가로 아랍의 독립을 약속했고 이는 1915년 8월의 맥마흔-후세인 각서에서 확인되었다. 1916~1918년 아라비아 반도에서 일어난 반란에서 아랍 세력이 다마스쿠스를 점령함으로써 유명한 아라비아의 로렌스가 전면에 등장했다. 친 아랍적이나 영국 장교로서 영국의 이익을 우선시해야 하는 로렌스는 샤리프 후세인의 3남 파이잘 왕자와 함께 전후 중동의 처리를 위해 열린 파리와 산레모 평화회의에서 중요한 역할을 수행하게 된다.

1917년 12월 영국의 알렌비 장군은 오스만 투르크의 항복을 접수하기 위해 예루살렘으로 입성했다. 영국은 또한 하이파, 나사렛, 나블루스 등과 같은 팔레스타인 도시들을 확보했다. 막상 전쟁에서 승리하자 메카와 메디나를 통치하는 하세미트 가문의 이익과 영국의 이익이 충돌했다. 영국은 전쟁 중 이미 프랑스와 비밀협약을 통해 전후 중동을 분할 통치키로 합의하고 있었다. 영국은 샤리프 후세인의 두 아들에게 트란스요르단과 이라크를 나누어줌으로써 후세인과 타협했다. 이라크의 왕이 된 파이잘은 1925년 영국에게 75년간 석유개발권을 허용했다. 파이잘은 또한 영국 군대를 이라크 영토에 주둔토록 허용했다. 이는 전적으로 석유를 지키기 위한 것이다. 그러나 자신을 칼리프로 선언하고 아들들로 하여금 아랍 왕국을 세워 아랍 전체를 장악코자 하는 샤리프 후세인의 원대한 꿈은 1924년 사우드 가문이 히자즈(Hijāz: 지금의 사우디 서부지역)를 장악하고 후세인이 망명함으로써 막을 내리게 된다. 사우드 가문은 몇 년 뒤 샤리프의 장남 알리를 권좌에서 끌어내리고 히자즈 전체를 사우디에 편입시킴으로써 아라비아 반도 전체를 장악했다. 영국은 냉정히 이를 방관했고 결국 사우드 가문 지지로 입장을 선회하게 된다.

제1차 세계대전 종료 후 영국과 프랑스는 중동의 처리를 놓고 진흙탕 싸움에 빠졌다. 파리회담과 산레모 평화회담에서 자주독립국을 창

Foreign Office,
November 2nd, 1917.

Dear Lord Rothschild,

I have much pleasure in conveying to you, on behalf of His Majesty's Government, the following declaration of sympathy with Jewish Zionist aspirations which has been submitted to, and approved by, the Cabinet

"His Majesty's Government view with favour the establishment in Palestine of a national home for the Jewish people, and will use their best endeavours to facilitate the achievement of this object, it being clearly understood that nothing shall be done which may prejudice the civil and religious rights of existing non-Jewish communities in Palestine, or the rights and political status enjoyed by Jews in any other country"

I should be grateful if you would bring this declaration to the knowledge of the Zionist Federation.

밸푸어 경과 밸푸어 선언문
(사진 출처. Gws Balfour 01. jpg, 1917년 11월 2일)

건하려는 아랍의 희망은 영국과 프랑스의 야심으로 무산되고 말았다. 이윽고 전쟁 중 양국이 아랍의 지원을 확보하기 위해 비밀리에 약속했던 사항들이 밝혀졌다. 아라비아 로렌스와 함께 아랍 반란을 지휘했던 지도자들은 그때서야 유럽에게 속은 것을 알았다. 맥마흔-후세인 서한 교환도 아무 소용없었다. 샤리프 후세인과 그의 세 아들 압둘라, 파이잘, 알리는 국제회의에서 아랍의 독립을 주창했으나 영국과 프랑스의 방해로 무산되었다. 압둘라와 파이잘은 꼭두각시 국가들인 트란스요르단과 이라크의 왕으로 각각 임명되었고 맏아들 알리는 아버지의 뒤를 이어 히자즈의 왕이 되었다. 트란스요르단, 시리아 및 이라크에 대한 위임통치는 물론 영국과 프랑스의 손에 떨어졌다.

1916년 영국과 프랑스 및 러시아가 비밀리에 맺은 사이크스-피코 협정Sykes-Picot Agreement은 아랍에게 독립국을 세워주려는 것이 아니고 자신들이 중동을 분할하기 위한 것이었다. 아랍 국가들은 1917년 발표된 밸푸어 선언을 영국이 아랍에게 휘두른 마지막 한 방으로 간주한다. 팔레스타인에 유대인 국가를 건설키로 했기 때문이다. 유대인의 로비에 넘어간 영국은 자신의 이익을 위해 시온주의를 지지하기로 결정했다. 유럽의 행동으로 아랍의 자결권에 대한 희망만이 무너진 것이 아니라 유럽은 제멋대로 국경을 조정하여 자신의 꼭두각시를 리더로 앉혔다. 중동에는 새로운 국가들이 생겼으며 오스만 투르크라는 한 나라의 신민으로 살던 인종과 종족들은 서로 다른 나라들로 나뉘게 되었다.

영국과 프랑스가 중동을 보호령으로 지정하고 위임통치권을 확보하던 1918~1922년 아랍, 쿠르드, 아르메니아인 등이 독립을 위해 안간힘을 썼으나 모두 실패했다. 영국과 프랑스가 밀실 합의에서 만든 국경은 오스만 제국 시절과 너무 동떨어진 것이었다. 아랍, 투르크, 쿠르드 등이 격의 없이 왕래하며 살 수 있었던 옛날과는 달리 새로 창건된 국가들은 정치적으로 완전히 다른 개체였다.

1922년까지 중동에는 이전에는 없던 새로운 국가들이 생겼다. 트란스요르단, 시리아, 레바논, 이라크 등이다. 프랑스는 시리아와 레바논을 얻었고 영국은 이집트, 팔레스타인, 트란스요르단과 이라크를 얻었다. 땅 따먹기 게임과 같은 상황이었다. 인종적, 민족적 요소는 전혀 고려되지 않았다. 레바논에는 6개의 이질적인 집단이 생겼다. 마로나이트 기독교도, 드루즈, 수니 무슬림, 시아 무슬림, 아르메니안 그리고 그리스 정교도이다. 시리아가 창건되자 파이잘은 그의 친구 로렌스와 함께 다마스쿠스를 점령했으나 곧 프랑스에 의해 밀려났다. 대신 그에게는 1920년 영국이 세운 이라크가 주어졌다. 그러나 바그다드 시민은 이를 탐탁하게 여기지 않았다. 파이잘은 이라크와는 아무 관계없는 사람이다. 이라크인은 파이잘 뒤에는 영국이 있음을 잘 알고 있었다. 파이잘의 둘째형 압둘라는 신생 트란스요르단을 차지했다.

영원히 갈 것 같았던 유럽 세력은 제2차 세계대전 종전 후부터 급격히 쇠퇴했다. 영국은 전쟁으로 진 막대한 빚과 중동에서 창궐하는 민족주의 때문에 자신들의 힘이 약해질 것을 예측했다. 정부 관리들은 이제 영국의 시대는 끝났고 새로운 힘이 중동을 움직이고 있다고 고백했다. 영국이 보석처럼 아끼던 이집트에서는 1952년 자유장교단 혁명과 1956년 수에즈 운하 위기가 발생했고 영국의 시대는 막을 내렸다. 오직 걸프 국가들에서만 영국은 수십 년 동안 더 영향력을 유지할 수 있었다. 1943년과 1946년 레바논과 시리아에서 각각 프랑스의 위임통치가 종료되었고 1946년 트란스요르단이 요르단으로 독립했다. 1947년 유엔은 팔레스타인 분할을 승인했으며 1948년에는 이스라엘이 건국했다. 1951년 리비아, 1953년 이집트(공화국 수립), 1956

년 모로코와 튀니지가 각각 독립했고 1958년 이라크에서 군사쿠데타가 일어나 왕정이 무너졌으며 1961년 쿠웨이트, 1962년 예멘과 알제리가 각각 독립했다. 1967년 남예멘이 분리 독립했으며 1971년에는 바레인, 카타르, 아랍에미리트가 각각 독립을 선포했다. 마침내 새로운 중동의 판이 완성된 것이다.

이스라엘의 탄생

아랍은 영국의 태도에 배신감을 느꼈다. 이들은 오스만과 싸워 피를 흘리는 대가로 영국이 팔레스타인을 넘겨줄 것으로 믿었다. 1917년 밸푸어 선언Balfour Declaration은 이러한 희망을 송두리째 앗아갔다. 팔레스타인이 영국의 위임통치로 들어간다는 것도 역겨운데 이 땅에 유대인 독립국가 창건을 허용한다는 소식에 귀를 의심치 않을 수 없었다. 밸푸어 선언은 돈줄을 쥐고 있는 유대인을 자기편으로 끌어들여 전쟁에서 이기기 위해 영국이 시오니즘 지지를 선포함으로써 이루어진 것이다.

시오니즘은 동유럽에서 시작된 유대인의 귀향운동이다. 1897년 비엔나에 거주하는 유대인 저널리스트 테오도르 헤르츨Theodor Herzl이 『유대인 국가The Jewish State』라는 책을 발간했고 이 책에서 유대인은 자신의 국가를 갖지 않는 이상 영원히 박해에서 벗어날 길이 없다고 주장했다. 헤르츨은 선동가이자 조직의 명수였다. 그의 노력으로 1897년 바젤에서 국제 시오니스트 회의가 개최되었고 이로부터

위기의 중동 어디로 나아가는가

테오도르 헤르츨
헝가리 출신의 오스트리아 유대인. 시오니즘의 리더이다. (사진. 작가 미상, Wikimedia Commons 제공)

유대인이 적절한 땅을 얻어 국가를 재건해야 한다는 계획이 구체화되기 시작했다. 이들이 염두에 두고 있는 땅은 팔레스타인이었다. 이후 영국의 정치적 이익과 시오니스트들의 열망이 합쳐짐으로써 유대 국가가 탄생하게 된 것이다.

이 당시 팔레스타인 주민의 의견은 완전 무시되었다. 제1차 세계대전 발발 당시 팔레스타인 인구는 85만 명 정도였는데 그중 75만 명이 무슬림과 기독교도였다. 유대인은 8만 5천여 명에 불과했다. 영국은 유대인의 이주를 밀어붙였다. 유대인 이주는 유대민족기금으로 팔레스타인 땅을 사서 정착민에게 나누어주는 방식으로 진행되었다. 팔레스타인 땅 주인들은 대부분 다른 곳에 살고 있었기 때문에 시세보다 높은 값을 지불하는 유대인에게 기꺼이 땅을 팔았다. 유대인이 이주해오자 상업과 수공업을 비롯 생계와 직접 관련된 모든 분야에서 경쟁이 치열해졌고 팔레스타인인의 불만이 점차 커졌다. 이주해온 유대인은 원주민보다 더 부유했고 경쟁력에 있어서 우위였다. 팔레스타인인은 대대로 내려오는 땅을 팔아야 겨우 먹고 살 수 있는 상황으로 점차 빠져들었다. 시오니스트들은 매우 배타적이었다. 이들은 자신만의 단체나 협회 등을 만들어 활동했고 원주민들과의 협력에는 관심이 없었다. 시오니스트 조직들은 영국을 조종하는데 능숙했으나 팔레스타인인은 이러한 조직을 가지고 있지 않았다.

영국은 유대인과 아랍을 갈라놓고 조종하는 분할통치 방식으로 접근했다. 1930년 4천 명의 유대인이 팔레스타인으로 들어왔으나 1933년에는 3만 명으로 8배나 증가했다. 이민자에게는 각종 특혜가 주어졌다. 양측 사이에 분쟁이 일어나는 것은 당연했다. 팔레스타인인은 유대인의 땅 매수 및 불법적인 무기 반입을 저지하기 위해 소요를 일으켰다. 영국은 기금을 만들어 지역사회에 배분했는데 인구수에 따르

위기의 중동 어디로 나아가는가

지 않고 지역사회가 낸 세금의 크기를 기준으로 했다. 이로 인해 소득이 많은 시오니스트들이 원주민보다 훨씬 많은 기금을 향유했다. 영국이 은근히 시오니스트 편을 든 것이다.

1921년, 1922년, 1929년 아랍인이 예루살렘과 헤브론에서 유대인을 공격하여 유혈사태가 발생했다. 점차로 폭동이 일상사가 되면서 1936~1939년 공공질서는 완전히 무너져 내렸다. 소위 말하는 대규모 아랍 반란 시대가 도래한 것이다. 1936년 4월 나블루스Nablus에서 발생한 팔레스타인인과 시오니스트 간의 공격과 역습 사건이 폭동의 시작이었다. 상대방에 대한 공격은 물론 파업, 상점 폐쇄, 유대인 상품 불매운동 등이 뒤를 이었다.

1936년 영국의 정책 입안자들은 정부에 위임통치를 종료하고 영토를 20대 80의 비율로 유대인과 팔레스타인인에게 분배토록 권고했다. 그러나 유대인이 차지하게 될 땅은 가장 비옥한 지역이었으며 땅의 소유권으로 볼 때 아랍인 지주가 유대인보다 4배나 많은 지역이었다. 또한 유대인 이민 속도를 조절하기 위해 이주민 쿼터 시스템 도입을 건의했다. 팔레스타인 측은 두 가지 제안을 모두 거부했다. 수백 년 동안 살아온 땅에서 자치권을 박탈당한 팔레스타인의 반대 시위는 격렬했다. 팔레스타인인들은 시오니스트와 영국인 외에 땅 소유주나 대부업자 등 부유한 동족(同族)까지 공격했다. 팔레스타인 부유층은 앞 다투어 베이루트, 카이로 등을 향해 도망치듯 빠져나갔다.

1938년 여름까지 반란군은 중부 고지대와 많은 마을과 도시 등을 점유했다. 그해 10월 영국은 2만 명의 군대를 팔레스타인 반란 지역으로 파견하여 진압을 시도했다. 팔레스타인인은 이제 투쟁하는 것에는 익숙해졌으나 부유한 지식층이 모두 빠져나감으로써 경제·사회적으로는 공동 현상을 경험해야 했다. 협상을 이끌만한 세력이 모두 사라진 것이다. 1939년 말이 되자 영국은 위임통치가 실패한 것을 인정해야 했다. 영국은 유럽에서 독일과 전쟁을 치르면서 팔레스타인에서는 친독일적인 아랍 반군과 동시에 싸워야 하는 상황에 처했다. 영국은 이제 치안과 질서만을 유지할 수 있기를 희망했다.

한편 영국 위임통치 당국의 백서가 발간되면서 유대인 이민이 제한되었다. 1935년 6만 명으로 정점을 찍은 후 연간 1만 5천 명으로 제한된 것이다. 시오니스트들은 제한 정책에 격렬히 반대했다. 시오니스트들은 2개국 분할 안을 적극 지지한 반면 팔레스타인은 극력 반대했다. 이들의 입장은 단순했다. 팔레스타인인이 인구의 70%나 되는데 소수를 위해 국가를 분할하는 것은 가당치 않다는 것이다.

영국의 정책은 상황을 통제하는 것이었으나 1939~1945년의 분위기는 더욱 악화되었다. 데이비드 벤 구리온David Ben-Gurion이 이끄는 시오니스트들은 영국이 보기에 테러리스트를 방불케 할 만큼 반(反) 영국적인 투쟁을 전개했다. 악명 높은 하가나Haganah와 이르군 즈바이 레우미(Irgun Zvai Leumi: 민족군사조직)와 같은 민병대의 활동이 두드러졌다. 이츠하크 샤미르와 메나헴 베긴 등과 같은 신세대 지도자들이 이러한 조직을 이끌었다. 이들은 나중에 모두 이스라엘

위기의 중동 어디로 나아가는가

벤 구리온 이스라엘 전 총리(왼쪽), 프랭클린 루스벨트 대통령의 넷째 아들 루스벨트 주니어 뉴욕 주 하원 의원(가운데)과 존 F. 케네디 당시 매사추세츠 하원의원
(사진. Fritz Cohen 作, 1951년 10월 8일)

총리를 지낸다. 유대인 민병대는 처음에 팔레스타인인을 공격 목표로
정했으나 나중에는 영국 당국도 공격했다. 이들은 영국을 속히 쫓아
내고 자신들이 완전한 독립을 이룰 수 있도록 폭탄 투척, 암살 등 과
격한 폭력을 행사했다.

　1945년 전쟁 직후 집권한 영국의 노동당은 시대의 변화로 식민통
치가 더 이상 가능하지 않음을 깨달았다. 곧 버마와 인도가 영국의

통치에서 벗어났다. 이로써 시오니스트의 입지가 훨씬 강화되었다. 1946년 7월 이르군 즈바이 레우미가 일으킨 킹 데이비드 호텔 (위임통치 정부의 사령부) 폭파 사건으로 91명이 사망했다. 이로써 영국은 마침내 두 손을 들고 철수하게 된다. 영국은 1948년 5월 팔레스타인에서 철수했고 공식적으로 팔레스타인의 운명은 새로 창설된 유엔의 손에 맡겨졌다.

유엔은 조사위원회를 구성하여 팔레스타인 문제의 처리 방안을 검토했는데 1947년 8월 위원회는 2개의 국가를 건립하고 예루살렘은 국제적 관할 하에 두는 방안을 권고했다. 1947년 유엔총회는 표결로 이 분할 안을 승인했다. 분할 안대로 하면 시오니스트는 독립과 함께 팔레스타인 영토 55%를 차지하며(유대인은 이중 6%만 돈을 주고 매입함) 팔레스타인은 대를 이어 소유해온 땅을 고스란히 내주어야 했다. 시오니스트는 '빵이 전혀 없는 것보다는 조금이라도 있는 것이 낫다.'라는 격언에 따라 마지못해 이 안을 승인했지만 아랍인은 물론 이 안을 전적으로 거부했다.

시오니스트는 이제 잘 조직되고 충분한 무장을 갖춘 준군사조직을 총동원하여 예루살렘을 포함한 인근 지역의 보다 많은 땅을 차지하기 위해 전력을 기울였다. 1948년 4월 예루살렘을 차지하기 위한 전투가 벌어졌다. 시오니스트들은 텔아비브 평원으로부터 산기슭을 타고 야금야금 예루살렘 쪽으로 접근했다. 그러면서 그 사이에 있는 많은 팔레스타인 마을을 점령하고 파괴했다. 팔레스타인은 이라크와 요르단 군의 지원을 얻어 줄기차게 반격했다. 데이르 야씬Deir Yassin 이라는 마을에서 일어난 사건이 특히 국제사회의 주목을 끌었다. 인구 600명에 불과한 이 조그만 마을에 이르군 특공대가 도착하여 주민 200여 명을 무참히 살해한 것이다. 대부분 여인과 아이들이 살해되었으며 많은 여인들이 강간을 당했다는 사실이 충격을 더했다. 이 사건 후 팔레스타인 주민들은 앞을 다투어 피신했다. 이제 죽느냐 사느냐의 문제로 비화한 것이다.

1948년 전쟁이 끝난 후 이스라엘은 팔레스타인 피난민에게 일체 귀향권Right of Return을 허용하지 않았다. 한 번 피난민이 된 사람은 조상 대대로 내려오는 집, 토지, 농장, 가게, 학교, 교회, 모스크, 조상의 무덤 등에 대한 일체의 접근권이 영원히 박탈된 것이다. 반면 이스라엘은 전 세계에 퍼져 있는 유대인에 대해서는 유대인 핏줄이라는 것이 확인만 되면 무제한으로 귀향을 허용했다. 영국은 1948년 5월 15일 공식적으로 팔레스타인 위임통치를 종료했다. 영국은 팔레스타인에서 완전히 실패했지만 그 실패의 대가는 영국이 아닌 다른 나라와 민족이 떠안았다. 점잖고 도덕적일 것 같은 이미지를 지닌 영국은 거대한 식민제국을 거느리면서 세계 곳곳에서 엄청난 악행을 저질렀고 그 대가는 다른 국가와 민족들의 고통으로 연결되었다. 독일은 나치스가 지은 죄과에 대해 지금도 사과와 보상을 행하고 있다. 식민 제국의 원조로 많은 과오를 저지른 영국도 언젠가는 자신이 일으킨 고통과 피해에 대해 사과가 있어야 하지 않을까?

알제리의 독립

프랑스는 1820년대 군사력을 동원하여 알제리에 기반을 구축했는데 목표는 이 땅을 완전히 병합하여 프랑스의 일부로 만드는 것이었다. 프랑스의 이러한 목표는 1백여만 명에 이르는 프랑스로부터 이주한 프랑스인(피에 느와르Pieds-Noirs 또는 콜롱Colons이라고 일컬음)과 그 자손에 의해 거의 이루어지는 것처럼 보였다. 파리의 정책입안자들은 알제리를 식민지가 아닌 '바다 건너편에 있는 주Province Outre Mer'로 불렀다. 알제리를 관할하는 부처도 외교부가 아닌 내무부였다. 프랑스의 일부로 간주했기 때문이다. 알제리는 전략적 요충지이기도 했다. 북부 아프리카의 요충지로 영국과 식민지 쟁탈전을 벌이는데 중요한 기반이었다. 또한 석유와 가스가 발견됨으로써 경제적으로도 결코 놓칠 수 없는 중요한 지역이었다.

그러나 1840년대 프랑스의 알제리 병합은 쉽게 이루어지지 않았다. 아랍인과 아마지그인(Amazigh : 베르베르인이라고도 함)이 강력히 저항했기 때문이다. 저항은 19세기 말까지 지속되었다. 1871년 콜롱이 더 이상 땅을 차지하지 못하도록 저항하는 봉기가 대규모로 일어났다. 그러나 프랑스 당국은 여러 가지 방법으로 프랑스 정착민들을 지원하고 보호했다. 또한 프랑스는 문화적 침투 전략으로 알제리인의 생활에 각종 프랑스 문화를 도입함으로써 토착민을 프랑스 화 시켰다. 프랑스 식민정부는 프랑스인과 토착민 사이에 벽을 세웠다. 특별

　　　　　　　　　　　　　위기의 중동 어디로 나아가는가

P. Z. - ALGER. SCÈNE A L'ARRIVÉ D'UN STEAMER

피에 느와르(프랑스 이주민)를 태운 증기여객선이 알제리의 수도 알제 항에 도착, 정박하고 있다. (사진 출처. Detroit Publishing,,co 라이센스 by Photolob Zürich, 1899년 추정)

히 식민당국에 의해 총애 받는 현지인을 제외하고 알제리인은 2등 신민으로 취급되었다. 무슬림은 기독교로 개종하지 않는 한 프랑스 시민권을 취득할 수 없었다. 무슬림이 다른 종교로 개종하기 어렵다는 사실을 알고도 이런 정책을 편 것은 이교도를 자신의 영역으로 편입하지 않겠다는 의도였다. 프랑스 식 교육을 받고 식민정부나 기업에 취업한 현지인이 프랑스와 현지사회 간에 일부 가교 역할을 할 수 있었으나 그 숫자는 극소수에 불과했다.

알제리 내 민족주의는 20세기 초부터 태동했으나 오랜 투쟁 끝에 1962년에야 결실을 맺었다. 알제리인의 요구는 처음에는 다른 식민지들과 마찬가지로 보다 많은 자유와 권리를 달라는 소박한 것이었다. 프랑스는 이들의 요구를 한 가지씩 들어주다가는 나중에 완전한 평등과 권리를 요구받게 될 상황에 부딪칠까봐 극도로 조심했다. 알제리 민족주의자들은 1939년 최초로 정당을 만들었고 제2차 세계대전 중 몇 개의 정당들이 더 생겨났다. 이들은 알제리의 독립을 목표로 했다. 1945년 종전 후 알제리의 토착 정당들을 합쳐 조종하기 쉬운 하나의 자생적인 조직으로 만들려는 프랑스의 노력은 수포로 돌아갔다. 오히려 독립에 대한 열망은 종교, 정치, 계급적 차이를 극복하는 가운데 잘 정비되고 무장한 조직의 결성이 가능한 방향으로 상황을 이끌었다.

1954년 마침내 추방당한 민족주의자들과 혁명가들이 힘을 합쳐 민족해방전선FLN을 결성했다. 이들이 식민 정부를 공격하고 독립전쟁을 일으킨 주역이 되었다. 민족주의가 발흥하자 프랑스는 모로코와 튀니지를 포기하는 대신 알토란과 같은 알제리는 끝까지 지키기로 방침을 세웠다. 프랑스는 식민지의 독립을 저지하기 위해 많은 병력을 파견했으며 치열한 전투를 치러야 했다. 인구 9백만 명의 알제리에서 1백만 명 이상이 목숨을 잃은 치열한 전쟁이었다. 거의 모든 국민이 프랑스에게 저항했다. 프랑스는 모든 악랄한 수단을 다 동원해 이를 분쇄하려 했다. 체포, 수용소 감금, 고문, 처형 등 모든 수단이 강구되었다. 이 당시 처절했던 상황이 1964년 흑백영화 〈알제 전투〉에 잘 묘사되어 있다. 이 영화는 프랑스에서 상영 금지되었다.

진흙탕 전쟁이 지속되던 중 1958년 알제리 주둔 프랑스 군부가 쿠데타를 일으켰고 사태를 수습하기 위해 드골이 다시 전면에 나섰다. 드골은 알제리의 운명을 알제리인이 결정토록 국민투표를 제안했다. 그러나 콜롱은 이 투표가 실시될 경우 자신들에게 불리하며 알제리는 결국 독립의 길을 걷게 될 것임을 잘 알고 있었다. 군부 및 우파와 연합한 콜롱은 조직을 결성하여 민족해방전선을 분쇄함은 물론 프랑스 정부까지 공격하려고 했다. 콜롱의 마지막 목표는 드골을 끌어내리는 것이었다. 그러나 1962년 3월 민족해방전선과 프랑스 정부는 휴전에 합의했다. 드골이 제안한 국민투표는 7월에 실시되었고 결과는 예측한 대로였다. 알제리는 드디어 독립하게 된 것이다. 콜롱의 대규모 엑소더스가 시작되었다. 이들은 자신이 가지고 있는 모든 것을 내놓고 알제리를 떠나야 했다. 알제리를 영토의 일부로 만들려는 프랑스의 꿈은 피가 낭자한 대살육을 초래한 재앙으로 끝나고 말았다. 무력 충돌이 한창이었던 6년 동안에만 50만 명 이상이 사망하는 격렬한 전쟁이었다.

아랍의 각성과 민족주의

수세기 동안 오스만 투르크의 지배하에 있으면서 싹 터왔던 아랍 민족주의는 격동기에 학자들과 선동가들이 가하는 자극으로 더욱 고취되었으며 서양의 식민지배가 시작되면서 정점에 이르게 되었다. 오스만 투르크는 무슬림이었지만 아랍 신민으로 하여금 투르크어를 배우도록 강제하고 정부에 충성 맹세를 강요했다. 카이로, 다마스쿠스, 베이루트 등 대도시의 교육 수준이 높은 기독교도와 무슬림 엘리트들의 오스만에 대한 반감은 점점 깊어졌다. 이들은 또한 서양의 철학과 민주주의, 국가 현대화 등에 대한 경험을 중동에 도입한 선각자들이었다. 아랍 민족주의와 함께 범 이슬람주의를 주창하는 목소리도 높아졌다.

범 이슬람주의를 맨 처음 주창한 사람은 이란 출생의 사상가 자말 앗 딘 알 아프가니(Jamal ad-din al-Afghani: 1838~1897년)이다. 아프가니는 사람들에게 생활 속에서 이슬람의 역할을 다시 한 번 잘 살펴보고 왜 이슬람이 점차 변방으로 밀려나는지 깊이 생각해볼 것을 주문했다. 서방의 저력을 알게 된 아프가니는 물리적인 힘으로 유럽을 이기는 것은 불가능하므로 이슬람이 살 길은 이슬람만이 가지고 있는 내적인 힘에 의존하는 것이라고 결론지었다. 알 아프가니는 서양의 세속주의가 이슬람 사회에 미친 이익에 대해 회의를 표명했다. 그는 이슬람 세계가 유럽을 모방하는데 그치지 않고 이슬람의 문화적 전통을 살려 과학을 발전시킬 것과 이슬람이 시대적 변화에 발맞추어 현대적이고 합리적인 종교로 발돋움할 것을 주창했다.

알 아프가니와 그의 동료인 모하메드 압두(Mohammed Abduh,

        위기의 중동 어디로 나아가는가

자말 앗 딘 알 아프가니
아랍 민족주의와 함께 범 이슬람주의를 처음으로 주창한 사상가. (사진.
작가 미상~ Wikimedia Commons 제공)

1849~1905년)는 모더니스트(근대사상가)들이다. 압두는 빼어난 학자로
서 근대 사상의 장점에 대해 확신을 갖고 있는 모더니스트였다. 압두
는 근대사상과 이슬람은 병행할 수 있으며 결코 근대사상이 이슬람의
종교적 진실을 손상하지 않을 것이라고 믿었다. 모더니스트들은 초기

이슬람 샤리아법의 이상에 따라 사회를 개조하는 것만이 이슬람 세계가 살 길이라고 믿었던 사람들이다. 이들은 서양의 가치를 배격했지만 서양과의 교류는 정치, 경제, 사회, 문화적으로 진보를 이룰 수 있는 좋은 기회가 된다고 생각했다. 유럽은 무슬림 사회가 직면하고 있는 가장 큰 문제를 이슬람교라고 지적한 반면 모더니스트들은 종교에 문제가 있는 것이 아니라 신도인 무슬림에게 문제가 있다고 생각했다. 모더니스트들은 이슬람교는 문제가 아니라 오히려 해결책이라고 주장했다. 변절된 이슬람을 다시 일으키기 위해서는 초기 무슬림(al-Salaf al-Salih: 경건한 조상)의 믿음으로 돌아가야 한다는 것이다. 수세기를 거치면서 이슬람 학자들이 정권을 지탱하기 위한 수단으로 전락했다고 비판하면서 이들은 신을 따르는 대신 권력자에게 충성하고 굴종하는 세력이 되었다고 비판했다.

모더니스트들은 서양의 중동 지배가 가져온 도전과 변화에 대해 이슬람이 대응해나갈 길을 제시하려고 했다. 이들은 단순히 무슬림에게 코란과 선지자의 가르침에 따라 초기의 믿음으로 돌아가라고 외치는 것에 그치지 않고 믿음과 현실 정치 간의 불가분한 관계를 인식하고 갈등을 조정하는 방법을 제시하려고 했다. 모더니스트들은 식민 통치가 초래한 정치, 경제, 사회적 변화를 충분히 인식하고 있었다. 사회 전체가 세속화의 물결 속에서 변화하고 있는 현실을 직시하고 이슬람의 현대화를 추구했다. 낡고 고루한 울라마(이슬람의 신학자와 법학자를 통틀어 이르는 말)의 이슬람 해석이 식민주의와 더불어 이슬람 사회를 갉아먹고

위기의 중동 어디로 나아가는가

있는 것으로 규정하고 초기 이슬람교의 믿음 회복을 주창했다.

이들의 뒤를 이은 라쉬드 리다Rashid Rida는 이슬람의 현대화와 정치적인 재탄생을 위해 원리주의(살라피즘)적인 접근 방식을 주창했다. 리다는 생애 내내 카이로의 모더니스트 운동을 이끌면서 이 지역에 그의 사상을 전파하기 위해 노력했다. 그는 저널 지(紙) 알 마나르(al-Manar: 등대)를 발간했고 알 아즈하르 대학과의 밀접한 관계를 통해 사상을 전파하면서 그의 스승인 알 아프가니와 압두가 시작한 개혁의 모멘텀을 유지하기 위해 노력했다. 리다는 진보적 개혁가가 아니라 보수주의자였다. 그는 종교의 서양화를 통해 이슬람을 자유화시키려는 시도를 거부했다. 그에게 종교와 국가가 서로 다른 길을 걷는 것은 이슬람 개혁이 아니었다. 이슬람은 영적, 정치적으로 강화되고 정치와 종교는 같은 길을 걸어야 했다. 이집트가 영국에 의해 현대화할수록 서양을 거부하고 이슬람의 뿌리로 돌아올 것을 주창했다.

1920~30년대 리다는 젊은 층에게 가장 영향을 크게 미친 사상가였다. 알 아프가니, 무함마드 압두, 라쉬드 리다 등이 유럽을 잘 아는 지성인으로서 지식층을 상대로 개혁을 전개했다면 교사 출신인 이집트의 하산 알 반나Hasan al-Banna는 대중을 상대로 개혁운동을 벌였다. 그가 1928년 창설한 '무슬림형제단Muslim Brotherhood'은 중동에서 대중 운동의 선봉장이 되었다. 반나도 다른 개혁파들과 마찬가지로 서양의 문물을 도입하여 이슬람국가의 정치와 사회를 개혁해야 할 필요성에 대해 동감했다. 반나는 또한 이슬람 세계가 진정으로 거

듭나기 위해서는 정신세계의 개조가 필요하다는데 적극 동의했다. 반나는 이슬람이 삶의 전 영역에서 영향을 미치는 개혁을 선호했다. 반나와 무슬림형제단은 이를 위해 코란을 현대적인 시각에서 재해석하고 이슬람 국가들 간의 단결을 고취시켰다. 반나는 국민의 생활수준 향상, 문맹과 빈곤 퇴치, 외국의 지배하에 있는 무슬림 국가 해방 등을 주창했다. 점차 세력이 커지면서 무슬림형제단은 학교, 병원, 공장 등을 지어 자신의 이념을 실천하기 위한 도구로 사용했으며 현대식 노동법을 근로자들에게 가르쳐 그들의 권익을 보호토록 했다.

한편 동남아에서 이슬람협회Jamaat-i Islami를 창설하고 정신적 지주가 되었던 마울라나 마우두디Mawlana Mawdudi도 이 당시 이슬람 부흥 운동의 한 획을 그은 저명한 인물이다.

1947년 11월 유엔의 팔레스타인 분할과 1948년 5월 이스라엘의 건국으로 야기된 첫 번째 아랍-이스라엘 전쟁에서 아랍측이 패하자 무슬림형제단의 활동은 점차 과격 성향으로 변했다. 무슬림형제단의 일부 분파가 테러에 가담함으로써 형제단은 1948년 말 이집트 정부에 의해 해산되었으며 1949년 창시자 반나가 암살되자 형제단은 지하로 숨어들어가 투쟁을 계속했다. 아랍민족주의를 표방한 나세르 정권 당시 강력한 탄압의 대상이었던 형제단은 우여곡절을 겪으며 생존해왔다. 형제단은 2011년 '아랍의 봄' 사태 후 모하메드 무르시를 대통령 후보로 내세워 역사상 최초로 이집트에서 정권을 잡는 놀라운 기회를 맞기도 했으나 미숙한 정치적 판단으로 군부 쿠데타를 불러일으켜 다

위기의 중동 어디로 나아가는가

시 정권을 빼앗기고 탄압을 받는 등 부침을 계속하고 있다. 여하튼 무슬림형제단은 지금까지도 중동에서 가장 영향력 있는 이슬람 행동주의 단체 중 하나로 남아있다.

무슬림형제단과 이집트는 서로 폭력을 휘두른 역사를 공유하고 있다. 1948년 무슬림형제단 요원이 당시 총리 마흐무드 파미 알 누크라쉬를 암살했으며 1950년에는 가말 압델 나세르 대통령을 암살하려 했으나 미수에 그쳤다. 반면 창시자 하산 알 반나는 1949년 정부 요원에 의해 암살되었으며 이후 조직의 지도자와 행동대원들은 수년간에 걸쳐 체포, 고문, 처형 등을 겪어야 했다. 1966년에는 급진적이고 실천적 사상가인 사이드 쿠틉이 나세르 암살을 꾸민 혐의로 교수형에 처해졌다. 쿠틉과 마우두디 등과 같은 사상가들은 이슬람 원리주의의 시조로 간주된다.

19세기말에 시작된 이슬람 모더니스트부터 현재의 알 카에다, IS 등에 이르는 이슬람 보수주의 및 극단주의의 계보를 잇는 인물들은 다음과 같다. 알 아프가니, 모하메드 압두, 라쉬드 리다, 하산 알 반나, 마울라나 마우두디, 사이드 쿠틉, 슈크리 무스타파, 오사마 빈 라덴, 아이만 알 자와히리, 압둘라 유수프 아잠, 아부 바크르 알 바그다디 등이다. 중간에 등장한 바스주의나 나세르주의는 범 아랍주의와 민족주의를 고취하고 아랍의 동질성을 고취시키는 데는 기여했으나 결과적으로 사담 후세인이나 하페즈 알 아사드와 같은 독재자를 배출했다.

서방은 이슬람주의자가 정권을 잡는 것을 경계한다. 그것은 이들이 형식적인 민주주의 틀을 게임으로 이용하여 정권을 잡은 후 민주적 시스템을 폐기시킬 것으로 우려하기 때문이다. 이 때문에 1991년 알제리 총선 1차 선거에서 원리주의 그룹 이슬람구국전선이 승리하자 위기를 느낀 군부가 나서 2차 선거에서 이들의 승리를 막았을 때 프랑스와 미국은 군부를 지원했다. 2006년 팔레스타인 선거에서 하마스가 승리하고 이후 가자를 장악하자 하마스와 파타 간에 유혈충돌이 일어난 것도 하마스가 민주적인 제도만 이용했을 뿐 약속을 지키지 않았기 때문이다. 2013년 이집트에서 무슬림형제단에 대해 군사쿠데타가 일어났을 때 많은 국민이 이를 지지한 것도 이러한 맥락에서 이해할 수 있다. 한편 이슬람주의자가 선거에 참가하는 것이 그들의 과격함을 완화시키고 구성원들 간의 소통을 강화시켜 합리적인 결정을 내리는데 도움을 준다는 견해도 있다.

이슬람의 현대화를 위해서는 이슬람의 역사, 문화, 과학, 경제, 예술, 문학, 사회적 풍습 및 건축 등 과거의 모든 것을 인정하고 이를 존중해야 한다. 이에 따라 이슬람의 과거를 정밀하게 세부적으로 재구성할 수 있느냐는 문제가 제기되었다. 이슬람은 종교적인 세력일 뿐 아니라 정치적 세력이므로 중동을 유럽식으로 현대화하는데서 제기된 모든 문제와 사회에 대한 충격을 감당할 수 있어야 했다. 이슬람적으로 문제를 해결한다는 것은 결국 반 식민, 반 서방이며 친 아랍, 친 이슬람을 의미하는 것이다.

위기의 중동 어디로 나아가는가

저울추는 자연스럽게 민족주의자와 범 이슬람주의자 쪽으로 기울었다. 모더니스트들은 혁명이든 지하드이든 정통성이 없는 통치에 대해서는 투쟁해야 한다고 주장했다. 국가의 지도자가 부패하고 서구화된 적과 다름없을 경우 당장 내쫓아야 한다는 것이다. 이러한 논리를 가지고 알 아프가니는 이집트 헤디브(통치자)의 통치를 종식시키려 했다.

정의롭지 못하고 부패한 오스만에 대한 투쟁은 제1차 세계대전 중 메카의 샤리프 후세인에 의해 전개되었다. 다른 아랍 수도에서는 젊은 무슬림들이 무슬림 국가의 신민을 단합시켜 범 이슬람주의를 실현한다는 꿈을 가지고 비밀결사를 조직했다. 이들은 꿈이 이루어질 경우 무슬림 영토가 부패한 통치와 외국의 지배에서 해방될 것으로 믿었다. 아랍 민족주의자들과 범 이슬람주의자들에 의해 많은 단체가 결성되었다. 최초의 아랍 민족회의는 1913년 6월 파리에서 개최되었다. 위협을 느낀 오스만 당국은 이 회의를 저지시키려 했다. 이제 오스만은 자신들이 심혈을 기울인 투르크화 정책이 실패한 것을 알았다. 이에 대한 대안은 민족주의 세력을 힘으로 누르는 것이었다. 예를 들어 시리아에서는 다마스쿠스 총독 자말 파샤가 아랍 민족주의자의 투옥, 추방 및 공개 처형을 명했다.

아랍 민족주의가 아랍 독립의 불길을 당기게 된 계기는 제1차 세계대전이다. 오스만이 독일 편에 서서 영국 및 프랑스와 싸우기로 선언하자 중동은 전쟁터가 되었다. 아랍 민족주의는 샤리프 후세인이 주도한 아랍 반란으로 실체를 드러냈다. 후세인의 3남 파이잘이 아라비아의 로렌스와 손을 잡고 다마스쿠스를 점령한 것이다. 아랍 세력은 이로써 독립국가 창설에 대한 적극적 의지를 드러냈다. 다마스쿠스 총독 자말 파샤가 반란을 저지하기 위해 민족주의자들을 강경 탄압한 것이 직접적인 원인이었으며, 남부 아라비아에서 독일 장군을 오스만 군 지휘관으로 임명한 것도 아랍을 자극했다. 후세인은 세 아들 알리, 압둘라, 파이잘로 하여금 연합군 편에 가담하여 아라비아 사막에서 독일군과 싸우도록 했다.

영국은 아랍의 지원을 얻기 위해 하세미트 가문을 적극 지원했다. 이집트 총독 맥마흔 경은 1915년 10월 24일자 서한에서 후세인에게 전후 모든 지역에서 아랍의 독립을 지원할 것을 약속했다. 영국의 약속에 고무된 후세인과 그의 아들들은 1916년 6월 오스만에 대한 반란을 일으켰고 독립군을 결성했다. 후세인은 곧 메카와 인근 지역에 있는 오스만 부대를 몰아냈으며 11월에는 자신을 '아라비아의 왕'으로 선포했다. 그러나 처음부터 뜻이 다른 곳에 있는 영국과 프랑스는 후세인을 오직 아라비아 서부지역인 '히자즈의 왕'으로만 인정했다. 비밀리에 체결한 사이크스-피코 협정에서 영국과 프랑스 및 러시아는 전후 아랍 영토를 분할키로 합의했다. 1917년 11월 혁명을 일으킨 볼셰비키가 밀약의 내용을 공개하지 않았더라면 이 협정은 오랫동안 비밀로 남았을 수도 있다. 이 밀약은 물론 아랍 민족주의자의 염원을 정면으로 무시하는 내용이었다.

그러나 후세인과 그의 아들들은 1917~1918년에 아라비아반도와 트란스요르단 및 시리아를 통합하여 아랍 독립 국가를 창설하기 위한 노력을 계속했다. 아라비아에서 오스만군의 패퇴 후 자말 파샤는 다마스쿠스와 베이루트에서 번창하는 민족주의자 그룹에 대한 소탕 작전을 펼쳐 많은 사람들을 처형했다. 반면, 후세인 반란군은 아라비아 반도에서 오스만 군을 몰아내고 아카바 전투에서 승리했으며, 아버지로부터 북부지역을 해방시키라는 명령을 받은 파이잘은 영국의 무기 및 재정 지원과 로렌스의 동참에 힘입어 1918년 10월 다마스쿠스를 점령할 수 있었다. 1920년 3월 파이잘은 스스로를 시리아 왕으로 선포했다.

그러나 1917년 11월 알렌비 장군의 예루살렘 점령과 이후 공개된 사이크스-피코 밀약으로 서방국가들 간에 거래가 있었음이 밝혀지면서 아랍은 영국의 이중 플레이에 큰 의구심을 갖게 되었다. 또한 밸푸어 선언으로 영국이 팔레스타인에 유대 독립국가 창설을 지지한다는 사실이 알려지면서 아랍의 영국에 대한 불신은 극에 달했다. 예측했던 대로 파이잘의 시리아 통치는 단명에 끝났다. 영국이 프랑스의 시리아 통치권을 인정하면서 파이잘이 쫓겨난 것이다. 영국은 파이잘을 무마하기 위해 신생 이라크의 통치권을 주었고 그의 형 압둘라는 신생 트란스요르단의 통치자가 되었다. 아랍은 영국에게 최대한의 권리를 주장했으나 최소한의 양보에 만족해야 했다. 물론 아랍 민족주의자들은 전후 확립된 영국과 프랑스의 위임통치를 기초로 한 아랍의 자치에 만족하지 않았다. 팔레스타인은 전후 자신들도 독립할 수 있을 것으로 생각했다. 그러나 여의치 않자 주요 종교단체 등으로 구성된 대표단이 영국 정부를 방문하여 시오니즘에 결사반대한다는 뜻을 명백히 하고 독립이 허용되지 않을 경우 대안으로 시리아의 일부로 편입되는 것을 선호한다는 입장을 전달했다. 반면 시오니스트들은 영국이 유대인의 트란스요르단으로의 이민과 정착을 금지한 것에 분노했다. 이들의 영토적 야심은 요르단 강 동쪽까지 포함하는 것이었다.

나세르와 통일아랍공화국

아랍은 점점 더 호전적이고 선동적으로 되어 갔다. 이들은 위임통치의 종식과 아랍의 독립을 강력히 주창했다. 유럽은 이에 대해 아랍 민족주의자들의 분열과 민족주의 운동을 약화시키는데 주안점을 두었으나 성공을 거두지는 못했다. 1920년대 말~1930년대 초에 이르면 팔레스타인, 트란스요르단, 시리아 및 레바논에서 반란, 시위, 파업 및 소요 등이 줄을 잇는다. 사티 알 후스리Sati al-Husri, 살라 앗딘 알 비타르Salah ad-din al-Bitar 및 바스당 창건자 미셸 아플라크 Michel Aflaq 등과 같은 사상가들이 나타나 반 식민주의와 범 아랍주의를 부추기고 유럽 세력에 대한 투쟁을 외쳤다. 그 결과 1952~1970년 사이 아랍에서는 쿠데타, 반란 및 혁명이 우후죽순처럼 일어났고 많은 정권이 무너졌다.

1952년 이집트에서 자유장교단이 일으킨 쿠데타로 영국이 후원하는 왕정이 붕괴하고 가말 압델 나세르가 정권을 잡았으며, 1953년 CIA와 영국 정보부가 지원한 쿠데타로 이란의 모하메드 모사데크 총리가 물러났고 1956년 모로코가 프랑스와 스페인으로부터 독립했다. 1958년 이라크에서 자유장교단이 일으킨 쿠데타로 하세미트 왕정이 무너지고 공화국이 수립되었다. 어린 파이잘 2세, 섭정인 압달라 왕자 그리고 누리 알 사이드 총리가 모두 살해되었다. 1960년 터키에서는 쿠데타로 민주적으로 선출된 정부가 무너졌으며 17개월 후인 1961년 10월에야 문민정부로 복귀했다. 1962년 북예멘에서의 반란으로 예멘 아랍공화국이 수립되었으며 같은 해 알제리가 독립했다. 1963년 시리아에서의 쿠데타로 바스당이 집권했으며, 이라크에서의 쿠데타로 압둘 카림 카셈의 군사정권이 붕괴하고 아흐메드 하산 알바크르와 압둘 살람 아리프 대령이 공동으로 정권을 잡았다.

1965년 알제리에서의 쿠데타로 벤 벨라 대통령이 축출되었으며 1966년 신(新) 바스당이 이끄는 쿠데타로 바스당 정권이 붕괴했다. 1968년 이라크에서 다시 쿠데타가 일어나 아리프 정권이 무너지고 바스당의 제2인자인 사담 후세인이 주역으로 등장했다. 1969년 리비아에서 쿠데타로 무아마르 카다피가 집권했으며 1970년 8월 오만에서는 가족 간의 정변으로 카부스 빈 사이드Qaboos bin Said가 아버지 사이드 빈 타이무르를 축출하고 술탄이 되었다. 1970년 11월 시리아에서는 하페즈 알 아사드가 쿠데타를 일으켜 정권을 잡았다.

나세르가 아랍 세계의 맹주로 떠오른 것은 아랍 민족주의적인 바스 이념의 발흥과 보조를 맞춘 덕이다. 시리아 내에서 이집트와의 통합을 주창한 그룹은 처음에는 공산주의자였고 나중에는 바스주의자였다. 범 아랍주의 주창자인 나세르는 처음에는 바스주의자의 제의에 대해 조심스러운 태도를 보였는데 그것은 이집트의 군사독재 체제와 시리아의 정당-의회-자유 언론을 세 축으로 하는 시스템이 너무 달랐기 때문이다. 이 때문에 나세르는 양국 국민 간 내적인 연합과 시리아에서 당을 해체하는 것을 조건으로 내세웠던 것이다. 시리아의 바스주의자들은 이 조건을 받아들였는데 그것은 당을 해체하더라도 정권을 유지할 자신이 있었기 때문이다.

이로써 1958년 2월 1일 통일아랍공화국(UAR : United Arab Republic)이 창설되었다. 그러나 처음부터 통일아랍공화국은 정치적, 경제적으로 실패할 운명에 놓여있었다. 첫째, 나세르는 시리아와 권력을 공유할 생각이 전혀 없었다. 그에게 있어서 통일아랍공화국은 이집트 제국주의 확대를 위한 실험실에 불과했다. 둘째, 통일아랍공화국은 시리아를 약화시킴으로써만 이집트를 강화시킬 수 있었다. 따라서 양국은 정치적으로 동등한 관계를 유지할 수 없었다. 셋째, 나세르는 사회적, 경제적으로 급진적인 변화를 추구했는데 이에 따른 적합한 정치적 구조를 창출하는데 실패했다. 실험으로 끝난 통일아랍공화국 사례에서 보듯이 이집트는 이 지역에서 맹주가 되길 원했고 다른 국가들과의 동등한 관계를 원치 않았다. 나세르에게 환멸을 느낀 시리아인은 다시 독립 국가를 찾기 원했다. 1961년 9월 마침내 시리아군 장교

위기의 중동 어디로 나아가는가

들이 쿠데타를 일으켜 시리아 내에서 모든 이집트인을 축출하자 시리아는 다시 독립국으로 돌아왔다.

1958~1970년 이집트가 역내에서 중심적인 위치를 차지했는데 그것은 이집트의 전략적인 위치, 국가로서의 정체성, 우월한 군사 및 사회적 인프라 그리고 비교적 현대화된 경제 등에 기인했다. 그러나 이집트 지도자들은 강대국의 위협을 상쇄할 만큼 강력한 '초강대국 Superstate'을 구축하는 데에는 실패했다. 결국 통일아랍공화국의 붕괴와 1967년 이스라엘과의 6일 전쟁에서의 패전으로 범 아랍주의는 문을 닫게 되었다. 6일 전쟁의 패전과 팔레스타인에서의 영토 상실로 이집트의 나세르주의와 시리아의 바스주의는 가장 혹독한 패배를 맛보아야 했고 범 아랍주의와 아랍 민족주의는 빈사상태에 빠졌다. 이 전쟁으로 이스라엘의 영토는 2만 평방km에서 8만 8천 평방km로 4배 이상 늘어났다. 시나이 반도, 가자 지구, 웨스트뱅크, 동 예루살렘, 골란고원 등 전략적 요충지를 모두 차지한 것이다. 팔레스타인 문제를 둘러싼 아랍의 단결은 1973년 이스라엘과의 전쟁으로 반짝 다시 표면에 떠올랐으나 과거로 돌아가는데 실패했고 오일 달러의 위력만이 지역 국가 간 단합의 표상으로 대두되었다. 이때부터 석유가 게임을 주도하는 새로운 요소로 등장했다.

걸프 국가들로부터 돈이 흘러나오고 이집트, 시리아, 요르단 등으로부터 노동력이 걸프로 흘러들어감에 따라 관계도 변했다. 이라크, 시리아, 리비아 등과 같은 강성국가들은 여전히 범 아랍주의적인 수

6일 전쟁(1967년) 당시 이스라엘 전차부대의 위용
(사진 출처. IDF(이스라엘 방위군) 대변인실 소장~ Wikimedia Commons 제공, 1967년 6월 5일)

사를 늘어놓았으나 이제 먹혀들어가지 않았다. 아랍민족주의의 마스
크 뒤에 아랍 지도자들의 개인적 야심이 숨어있다는 사실은 이제 공
공연한 비밀이 되었다. 1967년 6일 전쟁 패전 후 등장한 '새로운 아
랍 질서'를 주도한 세력은 지금까지와는 다른 정치적 이슬람주의와
이슬람 운동이었다. 이제 민족주의는 지고 이슬람주의가 떠오르기 시
작한 것이다.

위기의 중동 어디로 나아가는가

무슬림형제단

이슬람의 정치 세력 중에서 가장 큰 단체는 이집트의 무슬림형제단이다. 현재 이 단체의 지도자는 모하메드 바디Mohammed Badie이다. 이 단체는 1920년대 말 이슬람 설교자였던 하산 알 반나가 만들었다. 서방 문물이 들어와 여성의 복장이나 극장 출입 등 이슬람의 전통 가치와 도덕을 손상시키는 것에 위기를 느껴 창설한 것이다. 하산은 교육, 설교, 개종 등을 통해 칼리프 제도를 복구하려 했는데 이러한 과정을 다와Dawa라고 부른다. 또 하나의 운동은 살라피 운동이다. 살라피스트들은 예언자 무함마드 시대의 이슬람 율법으로 돌아가는 것만이 이슬람을 부흥시킬 수 있는 유일한 방도라고 주장했다. 살라피 운동과 무슬림형제단은 많은 공통점을 가지고 있다. 그러나 무슬림형제단이 이슬람 율법의 해석과 이행에서 융통성을 발휘하는데 반해 살라피스트들은 신축성이 적고 초보수적인 입장을 취한다. 이들은 이슬람법의 적용에 있어서 특히 엄격하다.

정치적 이슬람주의자들은 많은 정당을 창설했다. 튀니지의 알 나흐다(Al-Nahdah:아랍의 르네상스), 이집트의 자유정의당, 쿠웨이트의 이슬람헌정운동Hadas, 요르단의 이슬람행동전선 등이다. 살라피 운동이 직접 창설한 정당으로는 이집트의 알 누르(Al-Nour: 빛) 등이 있다. 이슬람주의자들은 힘이 커질수록 무리한 요구를 했다. 2012년 11월 이집트의 살라피 지도자는 피라미드와 스핑크스가 이교의 상징이므로

하산 알 반나
무슬림형제단을 창설한 이집트 출신의 사회 정치 개혁가. (사진. 작가 미상–
Wikimedia Commons 제공)

이들을 파괴해야 한다고 주장했다. 2013년 3월 무슬림형제단은 여성
에 대한 폭력을 금지하고 동성애자 등의 권리를 보호하는 내용의 유
엔 헌장을 거부했다. 이 헌장이 무슬림 세계의 사회구조와 도덕적 가
치를 위협한다는 이유에서였다.

이집트의 무슬림형제단은 수천 개의 모스크를 가지고 있는데 이곳

위기의 중동 어디로 나아가는가

에서는 예배와 설교 등 종교 활동 외에 사회적인 집회도 많이 열린다. 형제단의 슬로건 "이슬람이 해법이다."는 아랍 세계에 잘 알려져 있다. 이집트에서 그들의 성공은 짧은 기간에 그쳤고 곧 실패를 맛보아야 했다. "이슬람이 해법이다."를 앞세워 선거에서 승리했으나 경제적, 사회적 문제를 완화시킬 구체적 해법을 내놓지 못하자 대중은 실망하여 멀어져 갔다. 젊은 간부들은 보다 구체적인 슬로건으로 바꾸기 원했으나 지도층은 이를 받아들이지 않았다. 그러다가 2011년 아랍의 봄이 오고 2012년 초 총선이 실시되었으며 6월에는 대통령 선거가 실시된 것이다. 그때서야 지도층은 낡은 슬로건이 더 이상 먹혀들지 않는다는 사실을 깨달았다.

대중은 실질적이고 확실하며 구체적인 공약을 원했다. 그래서 무슬림형제단의 슬로건은 "우리는 이집트의 복지를 위해 일한다." 등으로 바뀌었고 개발, 정의, 복지 등과 같이 대중의 감성에 먹혀들 수 있는 단어들이 주를 이루게 되었다. 마침내 무슬림형제단의 지도자 모하메드 무르시가 대통령으로 당선되어 축배를 들었으나 1년 후인 2013년 7월 축출됨으로써 한 여름 밤의 꿈과 같이 짧은 집권을 마치게 된 것이다.

그가 축출된 첫 번째 이유는 국민과의 약속을 지키지 않았기 때문이다. 원활한 빵 공급, 교통 체증 완화, 치안 강화, 개인의 안전, 공공질서, 에너지 등과 같은 실생활에서 필요한 요구사항을 충족시키지 못했다. 민중은 더 이상 참지 않는다는 사실이 드러났다. 무슬림형제단의 수난은 무르시의 축출로 끝나지 않았다. 2013년 12월 신군부는 무슬림형제단을 테러단체로 선언했다. 그러나 형제단이 창설한 정당은 손대지 않았다. 2015년 5월 형제단의 최고 지도자 모하메드 바디를 비롯한 여러 명의 지도자들에게 사형이 선고되었다. 이들 중 몇몇은 나중에 무기형으로 감형되었으며 아직 사형이 집행되지는 않았다.

두 번째, 무르시는 국민의 마음을 얻지 못했을 뿐 아니라 전략적으로 미숙했다. 그는 비슷한 이념을 가진 살라피 세력과 연합하지 않았다. 이로 인해 살라피는 오히려 정적이 되었다. 이 때문에 무르시가 축출되었을 때 살라피는 즉각 이를 환영했다. 무르시는 또한 군부와 적대관계를 형성했다. 무르시의 롤 모델은 터키의 레제프 에르도안 대통령이다. 에르도안은 2003년 총리로 정권을 잡았을 때 터키군의 전면 개편을 주도했다. 이때 반기를 들었던 많은 장교들이 체포되거나 추방되었다. 에르도안은 무르시가 당선되었을 때 맨 처음 축하를 보냈던 인물이다. 이집트 군부는 자신들도 터키 군부와 같은 신세가 될 것으로 우려했는데 무르시는 이들의 우려를 누그러뜨릴 어떠한 조치도 취하지 않았다.

세 번째, 무르시는 대다수의 민중이 이슬람주의를 원하지 않는다는 사실을 알고도 무리하게 이슬람주의를 실현하려 했다. 이로 인해 콥틱교도, 여성, 젊은 세대의 반감을 샀다. 무르시는 이슬람주의를 강제하기 위해 신헌법을 무리하게 밀어붙였으나 국민의 반대에 부딪쳤다. 결국 무르시는 행동력 부족, 자연스런 파트너가 될 수 있는 살라피를

위기의 중동 어디로 나아가는가

소외시킨 점, 군부와의 불화, 대중들로부터의 유리 등 계속적인 악수(惡手)로 인해 실각한 것이다. 이집트 국민은 민주적으로 선출되었음에도 불구하고 그의 통치를 독재적이며 불법적인 것으로 받아들였고 군부는 이를 대통령 제거 신호로 받아들였다.

아랍의 봄 때 천재일우의 기회를 놓친 무슬림형제단은 지금은 고통의 세월을 보내고 있다. 무슬림형제단은 사우디, 아랍에미리트 및 이집트에서는 테러단체로 규정되어 있다. 요르단과 걸프 국가 그리고 심지어 주요 후원자였던 카타르에서도 그들의 활동은 규제를 받고 있다. 그러나 무슬림형제단을 비롯한 정치적 이슬람 단체들이 어려움에 처해있다고 해도 소멸되지는 않을 것이다. 이들은 많은 탄압과 규제 속에서 성장해왔고 끈기가 강한 마라톤 주자들이다. 이들이 생존하기 위해서는 이념과 현실을 어떻게 조화시키느냐가 관건이다. 강경일변도나 지나치게 고전적인 이슬람 해석으로는 난관을 헤쳐 나가기 어려울 수 있다.

아랍의 저항

아랍 세계에서 정치적으로 가장 강력한 슬로건 중 하나는 '저항'을 의미하는 '알 무카와마al-Muqawamah'이다. 저항이라는 개념이 처음 발생한 곳은 알제리이다. 1954년 알제리 시민은 프랑스 식민당국에 저항해 봉기했고 치열한 투쟁 끝에 1962년 프랑스 통치 125년 만에 독립했다. 이후 저항은 아랍 세계에서 정치적인 목표를 이루기 위한 용어로 널리 사용되었다. 저항은 사람들에게 존엄, 희망, 자신감 그리고 국가와 개인에 대한 자존감을 심어주었다. 그러다가 1967년 6일 전쟁에서 이집트, 시리아, 요르단 연합군은 이스라엘을 공격했다가 참패하고 만다. 아랍은 가자 지구, 시나이반도, 웨스트뱅크, 동 예루살렘 및 골란고원을 이스라엘에게 뺏겼다. 실망에 빠진 아랍에게 다시 희망을 불어넣은 단어는 바로 저항이다. 그러나 팔레스타인은 이 단어의 개념을 재해석하여 생존의 수단으로서 무력 사용을 강조하는 의미로 변색시켰다. 이들에게 저항이란 이스라엘이 소멸할 때까지 타협하지 않고 투쟁을 계속하는 것이다.

불과 몇 년 전까지 저항의 상징적인 인물은 바샤르 알 아사드와 현재 레바논의 정치인이자 헤즈볼라 최고 지도자인 하산 나스랄라 Hassan Nasrallah였다. 많은 아랍인에게 이들은 이스라엘과 서방에 대한 저항과 승리의 상징이었다. 18년 동안 레바논에 주둔했던 이스라엘군이 2000년 철수한 것은 헤즈볼라의 승리로 받아들여졌다. 그러나 2005년 2월 라피크 알 하리리 총리의 암살에 연루되었다는 비난에 처한 시리아군도 2015년 레바논에서 철수해야 했다. 시리아 내전이 발생하자 바샤르와 나스랄라에 대한 아랍 세계의 맹목적인 존경심이 의문에 처했다. 이들은 헤즈볼라의 지원을 얻은 바샤르 정권이 시민을 무참히 학살하고 여성을 성폭행하는 등 잔인한 행동을 저지르는 모습을 목격했기 때문이다. 이스라엘에 저항해 싸우는 헤즈볼라의 이미지는 이제 시리아 반군과 싸우는 이미지로 변질되었다. 나스랄라는 '알라의 승리'라는 뜻인데 사람들은 이제 그를 '사탄의 시종' 또는 '선동자' 등으로 부른다. 한마디로 사람들은 이제 헤즈볼라를 증오하고 있다. 사실 이란의 프락치 선봉장으로서 나스랄라의 이미지 추락은 이미 예견되었다고 보아야 할 것이다.

7장
석유
〜

석유의 지배

중동의 정치·경제에서 핵심적인 요소는 석유·가스이다. 세계 석유의 65%는 중동에 있고 중동은 석유를 생산하여 막대한 부를 축적했다. 그러나 점차 쇠퇴하고 있는 추세이다. 매장량이 감소하고 있으며 미국 등에서 셰일 가스를 개발한 것도 주요 원인이다. 시리아와 같이 전쟁 중에 있는 나라의 석유 생산은 큰 폭으로 감소했다. 시리아의 원유 생산은 한때 일일생산량 45만 배럴에서 2만 7천 배럴로 급감했다. 21세기 들어 석유·가스 생산이 정점에 달함으로써 가격 하락이 일어나고 있다.

중동은 지나치게 석유·가스에 의존하는 구조를 가지고 있다. 1980년대 후반과 1990년대 초 가격 하락으로 중동 경제는 위기에 처한 적

위기의 중동 어디로 나아가는가

도 있다. 중동에서는 석유를 차지하는 자가 힘을 갖는다. 리비아의 위기를 틈타 석유시설경비대PFG(Petroleum Facilities Guard)가 재빠르게 유전을 장악하고 세력을 구축함으로써 유엔이 후원하는 정부를 좌지우지하고 있다. 2014년에는 IS가 시리아와 이라크의 유전을 차지함으로써 이들이 칼리프 국가를 운영하는데 결정적으로 공헌했다. IS는 보다 세력을 넓히기 위해 리비아에서도 발판을 마련했다. 중동 석유의 역사는 20세기로부터 시작된다.

1901년 페르시아가 최초로 영국에게 석유개발 양허권을 부여했다. 영국의 개발자 윌리엄 녹스 다르시William Knox D'Arcy는 채굴, 개발, 운송 및 판매 등 포괄적인 권한을 얻었다. 당시 그는 카자르 왕조에게 4만 파운드를 지급했으며 이와 별도로 수입의 16%를 추가 지급키로 약조했다. 영국 정부가 녹스 다르시로부터 양허권을 얻은 후 앵글로이란 석유회사(AIOC)를 창립했으며 이 회사는 나중에 브리티시 페트롤륨BP(British Petroleum영국석유회사)이 되었다. 1923년에 BP는 연간 4천만 파운드의 수입을 올렸고 이란 정부는 대가로 5백만 파운드를 받았다.

1973년 석유 위기는 국영화, 아랍 진영 내 급진적 세력과 보수 세력의 충돌, 외세의 개입 및 아랍-이스라엘 전쟁 등 복합적인 원인에 의해 일어났다. 전쟁으로 산유국들이 생산을 감축하자 원유가 폭등으로 이어졌다. 이라크를 제외한 아랍 산유국들은 사우디를 중심으로 석유를 무기로 하여 미국과 네덜란드 및 유럽 국가들을 공격했다. 미국은 이들의 초강력 무기인 석유에 의해 심각한 타격을 입었다. 미국은 그때까지 아랍의 석유 공급이 안정적이라고 믿었다. 미국 기업이 경영하는 사우디의 아람코는 수십 년 동안 거대한 유전을 발견하고 이를 개발하여 사우디에게 엄청난 부를 안겨주었으므로 미국은 사우디 왕실이 자신의 편에 설 것으로 굳게 믿었다. 미국의 경제는 사우디 유전에 지나치게 의존했다. 사우디의 변함없는 우정을 의심치 않았기 때문이다.

석유 위기 당시 아랍 보이콧으로 유가는 엄청나게 상승했다. 10월에 배럴당 1.4달러이던 유가는 5.9달러로 상승했으며 12월에는 11.6달러로 폭등했다. 중동 산유국들은 유가 상승으로 엄청난 수입을 올렸다. 당시 사우디에서 배럴 당 생산 단가는 1센트에 불과했으니 11.6달러에 달하는 유가로 얼마나 큰 소득을 올렸는지 짐작할 수 있다. 반면 영국은 석유 배급체제로 전환해야 했으며 일반 국민들은 전기 공급 중단으로 심한 고통을 겪어야 했다. 1971년경 석유는 이미 석탄을 추월하여 가장 중요한 에너지 공급원으로 부상했기 때문이다. 1973년 석유 위기로 영국은 중동에 대한 의존도를 줄이기 위해 북해 유전 개발에 박차를 가하게 된다. 돈 벼락을 맞은 사우디, 쿠웨이트 등은 하룻밤 사이에 세계 경제에서 주요한 위치를 차지하게 되었다. 정치인들은 마음 놓고 초 보수적이고 반민주적인 정책을 펼칠 수 있었다. 중동 경제의 특징인 불로소득형 경제Rentier Economy는 이때부터 호시절을 맞았다.

위기의 중동 어디로 나아가는가

5년 후 이란의 이슬람 혁명과 호메이니의 집권으로 석유 산업은 다시 소용돌이에 빠졌다. 샤 팔레비와 그의 아버지 시대에 형성되었던 경제 구조는 영국과 미국이 지배하는 석유 체제에 의존해왔고 샤의 권력은 미국 CIA의 지원으로 유지되어왔는데 지각변동이 일어난 것이다. 이슬람 혁명은 외국 세력을 배척했고 특히 미국을 적으로 돌렸다. 이로 인해 하루 2백만 배럴의 원유가 국제 석유시장에서 사라져 버린 것이다. 이렇게 해서 상승하게 된 유가는 1980년에 발발한 이란-이라크 전쟁으로 또 한 차례 요동을 치게 된다. 두 국가는 걸프지역의 중요한 산유국들이고 원유 수송의 중심지에 있는 지정학적인 위치를 갖고 있기 때문에 세계 석유시장에 비상벨이 울렸다. 그러나 다행히 원유가는 생각만큼 크게 요동치지는 않았다. 비록 유가는 올랐으나 1973년 석유파동 당시 경험을 축적한 모든 국가들이 석유 소비를 줄이는 등 실용적인 입장을 취했기 때문이다.

산유국의 영향력은 1980년대 초까지 지속되었으나 80년대 말에 들어 세계경제 침체로 감소했다. 특히 석유 수출에만 전적으로 의존하는 걸프 국가들이 서방에 투자한 자산에서 이윤이 감소하면서 산유국의 정치적, 경제적 상황이 불안해졌다. 사우디에서는 정부의 재정정책과 부패에 저항하여 근로자들이 시위를 벌였다. 사우디 정부는 군을 파견하여 시위를 무자비하게 진압했다. 국제 인권단체들과 망명한 반체제 그룹 등이 걸프 국가들의 인권 침해에 대해 국제사회의 주목을 끌어내려 했으나 미국을 위시한 서방국가들은 석유를 더 중시하여 인권 문제에 대해서는 눈을 감았다. 유가 안정을 위해서는 권위주의 국가들과 타협할 수 있다는 서방의 이러한 태도는 나중에 그 대가를 치르게 된다.

1990~1991년 이라크가 쿠웨이트를 침공함으로써 걸프 위기가 현실로 나타났기 때문이다. 중동이 전형적인 불로소득형 경제 구조를 가지고 있지만 땅이나 자원을 이용해서 떼돈을 벌어가는 사람은 손꼽을 정도이다. 즉 극소수에게 부가 집중되어 있다는 이야기다. 나머지 민중은 이들이 벌어들인 돈을 분배하고 사용하는 과정에서 얻는 떡고물로 살아간다. 불로소득형 경제에서는 국가가 지대Rent에 대한 독점권을 갖고 지대 수입에 기초하여 지출 계획을 세우며 이윤의 일부만 국민에게 나눠준다. 국민들은 자신을 먹여 살리는 국가에게 충성을 바쳐 자발적으로 경제 활동의 주체가 된다. 산유국들의 주변에 있는 국가들은 준(準) 불로소득형 국가이다. 요르단, 시리아, 이집트, 예멘 등이 그 예이다. 자원이 부족한 이들은 지대 수입 국가들이 주는 보조금에 의존하여 경제를 운용하고 있다.

그러나 석유로 풍족함을 느끼고 있는 걸프 왕국들의 앞날이 그다지 밝은 것은 아니다. 지나친 석유 의존으로 다른 산업이 발달하지 못하고 있기 때문이다. 걸프 국가들은 경제를 다변화시키기 위한 노력을 벌이고 있다. 그중 대표적인 것이 사우디 왕세자 무함마드 빈 살만의 비전 2030 계획이다. 이는 야심적인 경제의 다변화와 민영화 전략을 통해 사우디 경제를 환골탈태시키겠다는 계획이다. 혹자는 이 계획을 높이 평가하며 미래를 내다보는 전략이라고 찬양하는 한편 혹자는 이 계획의 현실성에 의문을 표시한다. 또한 국가를 강압적으로 통치하며 언론인 카슈끄지 살해 사건에 개입되었다는 점을 지적하면서 이러한 사람이 개혁을 제대로 추진해나갈 수 있을지 회의를 표명하기도 한다. 하여튼 사우디로서는 안정을 유지하면서 개혁을 이행해나가는 것이 정권 유지와 국가발전을 위한 관건으로 보인다.

중동 석유의 대부, 굴벤키안

칼루스트 굴벤키안Calouste Gulbenkian은 중동의 석유개발을 위해 미국, 영국, 프랑스, 네덜란드 등이 경계를 획정하던 시절 탁월한 협상력과 석유에 관한 지식을 바탕으로 적선협정Red Line Agreement으로 불리는 석유개발 및 이권에 관한 협정을 이끌어낸 인물이다. 이 협정에서 지분 5%를 확보함으로써 그는 미스터 5%Mr. Five Percent라는 별명을 얻었다. 이후 제1~2차 세계대전을 거치면서 숱한 어려움에도 불구하고 굴벤키안은 끝내 자신의 지분을 포기하지 않고 이를 지켜냈으며 지금까지도 중동 일부 지역에 그의 지분이 남아 있다. 석유개발이 본격화하면서 들어오는 막대한 수입으로 말미암아 그는 한때 세계 최고의 부호가 되었고 전설적인 인물로 남았다. 여기에서는 중동 석유개발의 산파 역할을 한 그의 일생을 잠시 훑어본다.

1869년 부유한 아르메니아 상인의 장남으로 이스탄불에서 태어난

칼루스트 굴벤키안Calouste Gulbenkian
(사진. 작가 미상~ Wikimedia Commons 제공)

굴벤키안은 오스만 제국에서 성장했으나 오스만이 몰락하고 제국이 붕괴하는 것을 목격한 사람이다. 오스만의 붕괴라는 시대적 상황과 그의 외골수적인 성격이 성공의 비결이다. 어떤 국가나 기업에도 충성하지 않는 비밀스러운 인물로 굴벤키안은 정직한 중재자 역할을 해

위기의 중동 어디로 나아가는가

낼 수 있었다. 그는 서구인에게는 신뢰할만한 중동 전문가이자 동양에게는 서구와 막강한 석유회사들이 어떤 꿍꿍이속을 갖고 있는지 알려줄 수 있는 믿을만한 사람이었다. 1900년대 초 오스만 술탄 압둘하미드 2세와 이란의 레자 샤 팔레비 그리고 사우디 왕 이븐 사우드가 모두 그에게 의지했다. 굴벤키안은 오스만과 페르시아 제국 양쪽 모두에게 필요한 협상가였다. 스탈린도 그의 조언을 구했으며 그 대가로 상트페테르부르크의 에르미타주 박물관에 소장된 렘브란트 그림을 선물로 주거나 광적인 미술품 수집가인 그에게 추가로 구매가 가능한 목록을 전달했다.

아르메니아인들은 11세기부터 이스탄불에서 살았으니 오스만 제국 창건보다 몇 세기 앞선다. 굴벤키안 가문은 1850년경에 중앙 아나톨리아의 탈라스Talas로부터 이스탄불로 옮겨왔다. 굴벤키안 가문은 탈라스에서 가장 부유한 집안이었다. 가장 큰 집과 멋진 가게를 갖고 있었다. 2개의 아르메니아 학교와 체육관 그리고 교회 등을 지었으니 사회적 봉사에도 적극적인 집안이었다. 이들은 번 돈의 일부를 가난한 사람들에게 주기적으로 나누어주었다.

1839~1876년 유럽식 근대화를 표방한 술탄 압둘마지드에 의해 탄지마트 개혁이 일어났을 때 무슬림은 소극적이었다. 그들은 자녀에게 신식 교육을 시키고 새로운 사상을 받아들이려 하지 않았다. 교육을 통해 무슬림 부르주아를 양성하려는 정부의 목표는 실패했다. 반면 아르메니아인과 그리스인은 서양 문물을 습득하고 새로운 것을 받

아들이는데 적극적이었다. 많은 여행경험, 신식교육, 다양한 문화와 무역에 길들여진 굴벤키안 가문은 유럽의 문물과 기술을 오스만제국으로 전파하는 통로로 적격이었다.

러시아인은 아르메니아인이 코카서스를 거쳐 카펫, 석유 및 기타 상품을 러시아에 들여오는 것을 장려했다. 러시아 코사크는 또한 무역로의 중간에서 아르메니아 카라반을 수백 년 간 괴롭혀왔던 코카서스 산적들을 퇴치해주었다. 러시아를 은인으로 여긴 동부 아르메니아인들은 자녀를 러시아로 유학 보냈다. 그러나 서부 아르메니아인은 러시아의 경쟁자인 영국에게 더 우호적이었다. 글래드스톤 영국 총리는 오스만의 부당한 통치를 비난하며 아르메니아인을 옹호했다. 그러나 오스만이 러시아-터키 전쟁에서 패전한 후 1878년 베를린회의에서 발칸의 지도를 다시 그릴 때 아르메니아는 다른 민족과는 달리 독립을 원하지 않았다. 이들의 관심은 독립보다 안정에 있었고 평화로운 삶을 원했다. 안정이 보장되는 한 무리해서 독립이나 자치와 같은 정치적 목표를 이루려 하지 않았다. 일부 아르메니아인은 사회주의 혁명을 통해 아르메니아를 해방시키려 했다.

1887년 힌차크Hnchakian혁명당(사회민주당)이 창설되었고 3년 후에는 다쉬나크(Dashnak: 아르메니아 혁명연맹)가 창립되었다. 이들은 오랫동안 침체 상태에 빠져 있는 아르메니아 민족의 손에 총을 쥐어주려 했다. 그러나 상업에만 몰두하는 굴벤키안 가족은 오스만과 아르메니아라는 두 개의 정체성에 모순이 있다고 생각하지 않았다. 이들

위기의 중동 어디로 나아가는가

은 오스만에 충실했고 술탄에게 충성을 바쳤다. 이들은 제1차 세계대전 당시 악명 높은 아르메니아인 학살에 대해서도 오스만을 비난하지 않았다. 굴벤키안은 어려서부터 세계 시민으로 자라났다. 그는 영국식 의복을 입고 영국과 프랑스 하인이 시중을 드는 집에서 자랐다. 무역에 종사하는 친척들은 수시로 그의 집에 들러 넓은 세계에 대한 동경심을 심어주었다.

1883년 10월 굴벤키안은 마르세유로 유학을 떠난다. 그는 기숙사에 머무르지 않고 아버지가 딸려 보낸 집사와 함께 별도의 집에서 살았다. 프랑스 유학을 마친 1884년 여름 굴벤키안은 런던으로 가서 킹스 칼리지King's College School에 입학했다. 이번에는 집사가 동행하지 않았고 그는 기숙사에서 지냈다. 아버지의 사업체가 있는 마르세유와 런던에서 일찌감치 넓은 세상을 구경한 것이다. 아버지 사르키스Sarkis는 아들이 영어와 불어를 습득하고 돌아와 비즈니스맨으로 자신의 사업을 이어받기 원했다. 굴벤키안은 엔지니어링과 지질학에 관심이 많았으나 아버지는 사업을 물려주기 위해 오직 영어와 불어를 익힌 뒤 빨리 돌아오기만을 원했다. 그는 2주 동안 아버지를 설득한 후 겨우 지질학 공부에 대한 허락을 받아냈다. 당시는 석유가 막 태동하는 시기였다. 그는 수학, 엔지니어링, 지질학, 물리학 등 일반적인 과학 지식을 익히면서 석유에 관심이 있는 것처럼 보였으나 가장 큰 관심사는 돈이었다. 석유의 개발과 정유 및 판매는 과학이 아니라 재력이 모든 것을 좌우하는 '돈의 예술'이었기 때문이다.

1888년 굴벤키안은 아제르바이잔의 수도인 바쿠Baku로 여행을 떠났다. 선박으로 바투미Batumi에 도착한 후 기차를 타고 트빌리시로 가서 2주 동안 머무른 후 바쿠로 갔다. 총 4주간의 여행이었고 이 여행에서 석유에 매력을 느낀 굴벤키안은 본격적으로 사업에 뛰어들게 된다. 바쿠에는 많은 석유회사들이 있었으나 노벨 형제가 1879년 세운 브라노벨Bronobel이 판을 휘어잡고 있었다. 브라노벨은 최초의 석유운반선 조로아스터를 1877년 출범시켰다. 1888년까지 브라노벨은 2만 5천 명을 고용하고 바쿠-바투미 운반차량의 절반을 소유했으며 숙소 및 봉급 등 직원들에 대한 처우에 있어서도 다른 회사와 비교가 되지 않는 일류회사였다. 그러던 중 경쟁자가 나타났다. 로스차일드이다. 로스차일드는 금융을 손에 쥐고 서유럽, 인도 및 극동 등 수출시장을 장악했다. 브라노벨은 주로 러시아 시장에 집중했다. 당시 노벨, 로스차일드, 스탠다드 오일이 유럽시장을 삼분하여 장악했다.

1889년 여름 굴벤키안은 오하네스와 비르지니의 딸 네바르테Nevarte와 사랑에 빠졌다. 굴벤키안은 20세, 네바르테는 14세였다. 네바르테의 집안인 에싸이얀Essayans 가족은 굴벤키안 가문에 못지않게 큰 사업을 하는 아르메니아 명문으로 서로 잘 아는 처지였다. 굴벤키안의 가정교사가 네바르테에게 아르메니아어를 가르칠 정도로 이미 두 가문 간에는 교류가 있었다. 먼저 굴벤키안 가문에서 청혼을 하자 에싸이얀 가문도 원칙적으로 동의했으나 오하네스는 딸이 18세가 되도록 기다려야 한다는 입장이었다. 당시 풍습에 따라 네바르테

위기의 중동 어디로 나아가는가

는 대학에는 가지 않았으나 가정교사를 통해 천문학 등 과학과 아르메니아어, 프랑스어 등을 공부했다. 두 사람은 비밀리에 편지를 주고받으며 사랑을 키워갔다. 네바르테에게 많은 젊은이들이 호감을 가지고 있었으나 그녀가 원하는 남자는 굴벤키안이었다. 둘의 결혼식은 굴벤키안이 1891년부터 거주하고 있던 런던의 메트로폴 호텔에서 1892년 6월 거행되었다.

결혼 후 8년 사이에 많은 변화가 일어났다. 그는 런던에 자신의 사업체를 열었고 아버지가 사망했으며 아들 누바르Nubar와 딸 리타Rita가 태어났다. 아버지 사르키스는 막대한 유산을 남기고 세상을 떠났다. 개인재산만 해도 7만 5천 터키 리라(770만 파운드)에 달했고 대부분 재산은 회사가 보유하고 있었다. 1895년 70만 터키 리라(8천만 파운드) 이상의 현금이 이 회사의 구좌에서 인출된 것을 보면 회사의 규모를 짐작할 수 있다. 이 막대한 돈은 남아프리카공화국 광산 투자를 위한 것이었다. 굴벤키안이 앞장서 동생들에게 광산에 투자할 것을 권유했는데 첫 투자에서 큰 손해를 봤다. 이로 인해 동생들과의 사이가 나빠졌다.

1896년 8월 28명의 다쉬나크 행동대원들이 오스만 제국 은행을 습격하는 사건이 벌어져 9명이 죽었다. 이 사건으로 인해 무슬림 학생과 알바니아 민병대원들이 아르메니아인을 공격하여 3천~4천 명이 사망했다. 곧 불똥이 부자들에게 튀었고 굴벤키안과 에싸이얀 가문은 표적이 되었다. 다쉬나크 사회주의자들에게는 오스만 술탄에게 충성한 죄인, 정부 측에게는 사회주의자들에게 자금을 제공한 죄인으로 몰려 두 가문은 양측 모두의 공격 대상이 되었다. 이들은 급히 마련한 선박으로 알렉산드리아로 피신했다.

1895년 광산 투자로 막대한 손실을 입었음에도 불구하고 굴벤키안의 기는 꺾이지 않았다. 골방에 틀어박혀 책이나 보던 그는 이제 본격적인 사업가로 나섰다. 그는 합작회사를 세운 후 자신의 재산은 물론 장인의 지원까지 얻어 호주의 광산에 다시 투자했다. 광산회사들의 가치가 상승하자 굴벤키안의 재산은 눈덩이처럼 불어났다. 1898년 4월 그가 광산 투자에서 얻은 수익이 430만 파운드에 달했다. 이제 아버지가 이룬 무역업에서 나오는 수익은 푼돈에 불과했다. 그러나 굴벤키안의 투자 사업은 파트너들과의 불화 등으로 한때 어려움에 처했다. 굴벤키안 가문은 무역업종의 일부로 바투미에서 석유를 수출했으며 루마니아 산 석유도 거래했다. 그러나 석유 채굴이나 정유와 같은 분야에는 참여하지 않았다.

그는 1898년부터 러시아 석유 투자 사업에 끼어들었다. 그의 파트너는 프레데릭 레인Frederick Lane으로 학벌은 없으나 사업에는 비상한 재주를 가진 사람이었다. 1891년 레인은 영국의 사무엘 형제들이 로스차일드의 러시아 석유를 아시아에서 독점 판매할 수 있는 권리를 얻도록 도와주었다. 이에 따라 1892년 사무엘 형제의 유조선 뮤렉스Murex호가 바쿠에서 석유를 싣고 싱가포르에 도착했던 것이다. 사무엘 형제는 나중에 셸Shell의 창립자가 된다.

굴벤키안은 레인과 함께 합작회사를 차려 시베리아에서 금을 채굴하고 트빌리시와 우랄에서 동을 채굴했다. 그러나 사할린에서 석유를 채굴하는 데는 실패했다. 이 때문에 러시아 사업에서 큰 수익을 올리지는 못했다. 1897년 그는 레인과 함께 런던에 석유회사를 차렸다. 굴벤키안보다 거의 20세나 나이가 많은 레인은 석유사업에 대해 지식과 경험이 풍부했다. 굴벤키안은 처음에는 재정만 담당했는데 점차 레인으로부터 석유 사업 전반에 관해 많은 것을 배우게 된다. 이스탄불에서의 사업이 어려워지면서 형제들은 굴벤키안이 함께 해주길 원했으나 그는 고향으로 돌아가지 않았고 오히려 그와 네바르테의 짐을 런던으로 옮겨왔다. 그리고 하이드 파크 인근에 집을 샀다. 1900년 7월 이 집에서 딸 리타가 태어났다. 이 당시 그의 재산은 1천 2백만 파운드에 달했다. 1901년 5월 굴벤키안은 이스탄불과 마르세유 및 런던에 있는 굴벤키안 가문의 회사들과 공식적으로 결별했다. 이미 그와 형제들 간의 사이는 벌어질 대로 벌어져 있었다. 런던에 오랫동안 거주한 굴벤키안은 1902년 12월 영국 시민이 되었다. 그는 이 시민권을 죽을 때까지 보유했다. 영국 시민권, 런던의 집, 굴벤키안 가문과의 결별, 이스탄불로부터 개인 이삿짐 운송 등, 칼루스트 굴벤키안의 정체성은 동쪽에서 서쪽으로 확실히 이동했다.

1903년 굴벤키안은 파리 로스차일드의 대리인 프레데릭 레인과 아르메니아 출신 석유재벌 알렉산더 만타셰프Alexander Mantashev사 이에서 중재자 역할을 담당했다. 그의 과제는 아르메니아 측에게 석유와 기타 관련 제품의 아시아 및 유럽 시장을 분할하는 신디케이트의 중요성을 설득하는 것이었다. 1880년 세계 석유시장의 10%에 불과했던 러시아 석유는 1900년에는 거의 절반을 차지하는 규모로 성장했다. 아시아 수출은 1903년 5월 런던에서 설립된 아시아석유회사 Asiatic Petroleum Company 그리고 유럽 수출은 1906년 브레멘에서 설립된 유럽석유연맹(EPU: Europäische Petroleum-Union)이 각각 담당했다. EPU는 바쿠와 루마니아에서 생산된 석유를 유럽에 공급했으며 도이체방크(Deutsche Bank: 독일 은행)가 사업을 관리했다.

두 개의 카르텔에는 로열 더치 셸과 로스차일드 및 아르메니아 재벌들이 모두 참가했다. 상호간 가격 경쟁과 시장 잠식을 막기 위한 조직이었다. 이 카르텔이 잘 움직일 경우 모든 시장에 침투해있는 막강한 미국의 스탠다드 오일과도 협정 체결이 가능했다. 굴벤키안은 레인 및 로열 더치 셸 대표 헨리 데터딩Henri Deterding과 3인방을 형성했다. 3인방의 성격은 모두 달랐다. 레인과 굴벤키안은 부드럽게 이야기하며 디테일에 집중하는 냉정한 협상가들이었다. 반면 데터딩은 격정적이고 변덕스러우며 자신의 회사를 스탠다드 오일에 버금가는 회사로 키우겠다는 야심에 불탄 사람이었다. 1907년 데터딩은 로열 더치와 셸을 '로열 더치 셸Royal Dutch Shell'로 합쳐 거대한 메이저로 키우게 된다.

1908년 7월 청년 투르크 당 혁명으로 정치 상황이 바뀌자 유럽에만 관심이 있었던 굴벤키안은 터키에 눈을 돌려 신정부와 긴밀히 협력했다. 그는 오스만 정부의 외교관이 되어 1909년 터키 국립은행 설립에 관여했고 1912년에는 터키 석유회사를 설립했다. 굴벤키안의 아이디어는 여러 나라와의 협력이었다. 이로써 한 나라가 오스만을 좌지우지하는 것을 막을 수 있다는 것이다. 굴벤키안은 런던 주재 오스만 공사관의 재무 및 상무 담당 참사관으로 임명되었으며 나중에는 파리 주재 대사관의 재무 참사관으로 임명되었다. 그는 각국의 은행들과 복잡한 협상을 하면서 어느 쪽에도 치우치지 않는 중재자의 모습을 보여주었다. 협상의 달인으로서의 면목이 나타나기 시작한 것이다.

은행에서의 경험을 바탕으로 굴벤키안은 오스만의 중동 석유 개발 협상에 나서게 되었다. 그 결과 앵글로페르시안(로열 더치 셸의 자회사)과 도이체방크가 각각 지분의 25% 그리고 터키 국립은행(NBT)이 지분의 50%를 가지게 되었는데 이중 15%는 굴벤키안 몫이었다. 그러나 굴벤키안의 지분에 관해 이의를 제기한 유럽 파트너들로 인해 재협상에 들어갔고 굴벤키안과 가까운 데터딩의 중재로 앵글로페르시안과 로열 더치 셸이 각각 자신의 지분에서 2.5%씩 굴벤키안 개인에게 떼어주기로 결정함으로써 1914년 3월 협상이 타결되었다. 이로써 유명한 '미스터 파이브 퍼센트'가 탄생하게 되는 것이다.

굴벤키안은 터키 석유회사 TPC(Turkish Petroleum Company)가 나중에 황금알을 낳는 거위가 될 것이라는 비전을 가졌으나 그의 광물 사업 파트너들은 불확실한 석유 개발에 회의적이었다. 아니나 다를까 레인이 예측했던 대로 TPC는 굴벤키안에게 많은 투자를 요청해왔고 굴벤키안은 이를 감당하느라 어려움을 겪었다. 레인은 석유 사업이 10년 내에만 수익을 가져올 수 있으면 성공이라고 생각했는데 실제로 이 사업이 수익을 올린 것은 22년 후였다. 길었던 이 시절을 견뎌오면서 굴벤키안은 형제들과 사이가 멀어졌고 아내와도 점차 소원해졌다. 그래서인지 이 당시 그의 어록에는 "나에게는 오직 세 명의 친구만이 있다. 일, 태양 그리고 수면이다."라고 적혀있다.

제1차 세계대전이 발발하자 글로벌리스트인 굴벤키안의 처지는 궁색해졌다. 그는 귀화한 영국인이자 오스만의 외교관이며 거주지는 프랑스이기 때문이다. 굴벤키안과 데터딩 간에는 매우 긴밀한 우정이 형성되었다. 두 사람은 자주 편지를 주고받으며 소통했다. 데터딩은 그에게 자신의 사적인 감정과 관계 등 은밀한 정보를 모두 쏟아놓았다. 아내와의 관계, 로열 더치 셸 내 동료들과의 관계 등 모든 것을 털어놓았다. 그러나 굴벤키안은 사적인 문제를 데터딩에게 털어놓지 않았다. 열정적인 사업파트너였던 두 사람의 관계는 해피엔딩으로 끝나지 않았다. 로열 더치 셸에서 일하던 아들 누바르가 데터딩의 지시를 거부함으로써 해고당한 일 등이 계기가 되어 점차 사이가 벌어진 두 사람은 결국 결별하게 된다.

1915~1916년에 터키에서 벌어진 아르메니아인 학살과 관련해서 굴벤키안이 아르메니아의 자치를 위해 영국과 프랑스에게 협조를 요청한 흔적은 보이지 않는다. 이 때문에 굴벤키안은 무늬만 아르메니아인이라는 비난을 받게 된다. 한편 석유 사업은 점점 더 로비가 중요

　　　　　　　　　　　위기의 중동 어디로 나아가는가

한 사업으로 자리 매김하고 있었으므로 이는 탁월한 로비스트인 굴벤키안에게는 긍정적인 흐름이었다. 굴벤키안은 석유업계에서 이미 프랑스의 풍운아 탈레랑Taleyrand으로 불리고 있었다. 1920년 5월 그는 파리 주재 페르시아(이란) 공사관의 재무 참사관으로 임명되었다. 이로써 그는 다시 외교관으로서의 지위를 누리게 되었고 이 지위를 35년 후 죽을 때까지 보유했다.

굴벤키안은 건강에 매우 집착하는 사람이었다. 그는 엄격하게 식단을 관리했다. 과일과 생야채를 많이 섭취하고 엿기름 추출물, 정제하지 않은 설탕, 응유 등을 즐겨 먹었다. 끊임없이 호텔을 옮겨 다니는 생활을 하면서도 화장품, 크림, 파우더, 소금, 오일, 알약 등을 챙겨 다녔다. 건강이 좋을 때에도 식욕 증진, 소화 증진 및 다른 질병 예방을 위해 약을 먹었다. 젊은 시절에는 하이드 파크에서 주기적으로 승마를 했으며 펜싱 수업도 받았다. 언론에 얼굴을 비치지 않는 굴벤키안은 신비한 인물로 간주되었다. "오랫동안 석유 분야에서 일해 왔으나 속을 알 수 없는 인물로서 막후에서 세계 석유시장에 막대한 영향력을 끼치고 있다." "끊임없이 새로운 각본을 만들어내고 기회를 창출하는 인물이다."라는 소문만 떠돌았다.

굴벤키안의 취미는 예술품 수집이었다. 그는 중세시대 그림, 인상파 화가 작품, 이집트 유물 등을 끊임없이 수집했다. 그가 자신의 재단에 기증한 작품 중 3분의 2는 1925년 이전에 수집한 것들이다. 그는 또한 그리스 주화 수집에도 열중했다. 예술품에 관한 그의 식견은 전문가 수준이었다. 그는 당시 유명한 예술품 딜러들의 가장 큰 고객이 되었다. 그의 지인들이 하나둘 세상을 떠나면서 점차 고립되고 외로워졌는데 그럴수록 고집은 더 세졌다. 그는 세상사람 모두로부터 미움을 받고 있다고 생각하는 염세적 고립주의자인 아들 누바르와 함께 중동 석유 지분 5%를 지키려는 열망 속에서 살았다.

미국, 영국, 프랑스 석유회사들이 끼어들어 본격적으로 중동 석유를 개발하려 하자 굴벤키안의 5%가 걸림돌로 등장했다. 이 문제가 간단한 문제가 아님을 깨달은 기업들은 처음부터 다시 교섭하는 방안을 검토했으나 이는 더 어려운 과제였다. 1914년 관련국 외무성 합의에 의해 지분 5%는 그가 살아있는 동안에만 유용한 것으로 정해졌으나 1919년에는 항구적인 것으로 바뀌었다. TPC를 청산하고 굴벤키안을 배제한 채 다시 협상하는 방안을 검토했으나 이제는 이라크 정부라는 새로운 장벽이 생겼다. 파이잘 왕은 가급적 속히 원유 개발을 원했다. 석유회사들과 굴벤키안 사이에 치열한 협상과 다툼이 벌어졌다. 굴벤키안은 기업이 아니라 개인이기 때문에 그와의 협상은 더 어려웠다. 4년간의 치열한 협상 끝에 마침내 1928년 7월 중동 석유 개발의 근간이 되는 적선협정이 타결되었다. 굴벤키안은 5% 지분을 활용하기 위해 여러 개의 회사를 만들었다. 그중 하나인 파르텍스 Partex는 굴벤키안 재단 소속으로 오늘날까지도 존속하고 있다.

협상 때마다 굴벤키안은 비상한 기억력과 세부적인 사항까지 파고드는 꼼꼼한 방식으로 상대방을 압도했다. 그는 인내심이 강한 사람으로 좀처럼 화를 내는 법이 없었다. 그의 풍모는 사람을 끌어들이는 흡인력이 있었다. 영국과 미국 및 프랑스는 모두 적선협정의 준수를 약속했다. 그러나 당시 어느 누구도 아라비아의 사막이나 걸프 만에 엄청난 원유가 묻혀 있을 것으로 생각하는 사람은 없었다. 만일 그러한 낌새라도 눈치 채는 사람이 있었다면 1928년의 적선협정은 타결될 수 없었을 것이다.

한편 소련도 굴벤키안을 매우 소중하게 생각했다. 석유 개발을 위해서는 그만큼 필요한 인물이 없었기 때문이다. "굴벤키안은 매우 중요한 사람이다. 그는 과거 데터딩의 파트너였으나 배신당한 인물로 우리가 가지고 있는 가장 소중한 카드이다." 공산당 최고위 간부의 말이다. 그러나 소련과의 석유 공조는 그렇게 오래 가지 못했다. 스탈린의 공포정치가 다가오면서 굴벤키안과 협상했던 공산당 간부들이 대부분 숙청되었기 때문이다. 이라크 석유 개발을 오래 기다려오던 굴벤키안에게 마침내 하나의 결실이 맺어졌다. 송유관 건설을 놓고 옥신각신하던 석유 개발자들은 마침내 시리아 대신 요르단과 팔레스타인을 거쳐 하이파로 가는 루트에 합의했다. 이에 따라 1934년 10월 이라크의 키르쿠크Kirkuk에서 1천km를 달려온 석유가 지중해의 하이파에 도착했다. 굴벤키안으로 봐서는 거의 40년을 기다려 온 결실이었다.

제2차 세계대전이 발발한 후 굴벤키안은 늘 해오던 대로 자신의 외교관 신분을 이용하여 개인 재산을 지켰다. 파리에 있는 그의 집은 이란 공사관의 경제 참사관 관저로 등록되었다. 1940년 2월 외골수인 아들 누바르는 아버지가 약속한 IPC(이라크 석유회사) 지분을 받기 위한 소송을 준비했다. 그러나 어머니 네바르테의 간곡한 편지로 인해 소송은 중단되었고 다행히 부자가 법정에 설 뻔한 상황은 일어나지 않았다.

제2차 세계대전이 일어나자 굴벤키안은 전쟁을 피해 포르투갈에 정착했다. 비시 정부와 사이가 좋은 굴벤키안은 영국에서 적으로 취급되었다. 프랑스를 점령한 독일은 제1차 세계대전 패전으로 잃은 도이체방크의 메소포타미아 석유 지분을 되찾으려 했다. 1941년 3월 히틀러의 오른팔 괴링Hermann Göring은 콘티넨탈이라는 석유회사를 만들어 메소포타미아와 루마니아의 석유 개발권을 회복하기 위한 조치에 착수했다. 이후 바르바로싸 작전Operation Barbarossa으로 소련 침공이 개시되자 괴링의 석유에 대한 욕심은 마이코프Maikop, 그로즈니Grozny 유전을 넘어 바쿠에까지 확대되었다. 석유 개발에 대한 경험이 없는 콘티넨탈은 굴벤키안에게 자문을 의뢰했으며 굴벤키안은 괴링의 이러한 요청에 응했다. 이라크 석유회사 파트너들은 굴벤키안이 적으로 간주되고 있음을 들어 5% 지분에 대한 수익 배분을 거부했다. 프랑스 함락 후 연합군은 지중해를 봉쇄했고 굴벤키안은 수익을 현금이나 원유 등 어느 것으로도 받을 수 없었다.

1943년 2월 미국 대통령 루스벨트는 종전 입장을 바꾸어 사우디의 방어가 미국의 핵심 이익에 부합한다는 입장을 취했다. 미국은 국왕

위기의 중동 어디로 나아가는가

인 이븐 사우드에게 보조금을 지급하기로 했다. 루스벨트와 이븐 사우드는 1945년 2월 수에즈 운하에서 만났다. 루스벨트로 하여금 중동에 대한 인식을 바꾸게 한 사람은 전시 원유 수급 책임자 해럴드 이크스Harold Ickes였다. 이크스는 영국이 중동 석유를 독점하는 것을 견제하려고 했다. 이크스는 2억 달러를 들여 1,600km에 이르는 아라비아 반도를 관통하는 송유관(Tapline : Trans-Arabian Pipeline) 건설을 기획했다. 이 송유관은 페르시아만으로부터 지중해에 이르는 것으로 영국의 야욕을 분쇄하기 위한 것이었다.

굴벤키안과 그의 동맹국 프랑스는 미국이 중동에서 상업적, 외교적, 군사적 진출을 확대하는 것에 찬성했다. 영국과 소련을 동시에 견제할 수 있기 때문이다. 전후 중동의 석유 개발에 있어서 중동국가들이 가장 걱정한 것은 소련의 진출이었다. 이 문제는 중동 지도자들에게 석유 로열티나 서방의 이스라엘 지지보다도 더 심각한 문제였다. 전후 적선협정을 재협상하는 과정에서 파트너들은 굴벤키안을 늙은 공룡으로 취급하며 그를 '역사'라고 하면서 흘러간 인물로 간주했다. 그러나 굴벤키안은 굴복하지 않았다. 그는 협상 팀에게 과거의 역사를 샅샅이 파헤치도록 주문하면서 이로부터 많은 귀한 것들을 찾아내 협상에서 활용할 수 있다고 주장했다.

1952년 6월 굴벤키안과 네바르테는 파리에서 결혼 60주년 기념식을 가졌다. 아들, 딸과 함께 기념사진도 찍었다. 그로부터 2주 후 네바르테는 사망했다. 네바르테의 갑작스런 사망에도 굴벤키안은 자신의 건강에 대해서는 의심하지 않았다. 그는 사람들에게 할아버지가 105세까지 살았으므로 자신은 그보다 더 장수할 것이라고 자랑하곤 했다. 굴벤키안의 석유 사업에서 마지막 위기는 1951년 5월 이란 총리 모하메드 모사데크가 앵글로-이란 석유회사를 국유화함으로써 발생했다. 이 위기가 해결될 때까지 수년이 걸렸다. 굴벤키안은 자신이 심혈을 기울여 수집한 예술품의 최종 거취에 대해 늘 고민했다. 그는 예술품을 '아이들'이라고 부르며 아꼈다. 영국, 프랑스, 미국 등 여러 곳이 대안으로 검토되었다. 리스본에 굴벤키안 재단을 만들어 미술품을 포함한 그의 재산을 관리하는 방안을 놓고 마지막까지 심혈을 기울였다. 그러나 재단을 세우기 전인 1955년 7월 20일 86세의 나이로 숨을 거두었다.

굴벤키안의 인생에서 전환점은 1888년 바쿠를 방문하여 석유를 채굴하는 현장을 목격한 것이다. 굴벤키안은 석유 개발업자가 아니라 석유 투자업자였다. 굴벤키안은 1914년 이전 세계적인 자유무역 경제와 금본위제 및 느슨한 국가 통제에 힘입어 급성장할 수 있었다. 이 시기는 벼락부자의 시대이자 처음 맞는 글로벌화의 시대이기도 했다. 그는 무역업으로 성장한 아버지의 뒤를 잇는 것을 거부했다. 이로써 형제들과 멀어졌고 친척들에게도 등을 돌렸다. 굴벤키안은 아르메니아 식의 집단주의 대신 개인주의를 택한 사람이다. 그는 아르메니아인이 아니라 미국인과 비슷했다.

굴벤키안이 거저 미스터 5%가 된 것은 아니다. 그는 초기에 1% 또는 2%의 커미션을 받으면서 자본을 쌓는데 주력했고 이로써 로열 더치 셸과의 거래가 점점 더 커졌으며 나중에 이를 바탕으로 이라크 석유회사의 지분 5%를 확보할 수 있었다. 1950년대 이라크 석유회사가 대형 파이프라인을 건설하고 막대한 양의 원유를 수출함으로써 굴벤키안의 재산은 눈덩이처럼 불어났다. 당시 그는 폴 게티와 1~2위를 다투는 세계 최고의 부자였다. 굴벤키안의 석유 경력에서 가장 큰 아이러니는 30년 동안 공을 들여 몇몇 서방회사들로 이루어진 카르텔이 세계 석유사업을 좌지우지하도록 만든 장본인이 자신인데 나머지 25년 동안은 이들에게 먹히지 않도록 사투를 벌였다는 사실이다.

사실 굴벤키안은 자신이 키워놓은 공룡에게 거의 잡아먹힐 뻔했다. 굴벤키안과 데터딩의 관계는 흥미롭다. 굴벤키안은 자신과 데터딩의 재능이 서로 보완관계에 있다는 사실을 알고 적극 손을 잡았으며 이로써 조그만 스타트업에 불과했던 로열 더치 셸은 세계 최대의 글로벌 기업으로 성장했다. 그러나 1925년 사이가 벌어진 후 데터딩은 그를 이라크 석유회사에서 축출시킬 뿐 아니라 아예 석유업계에서 퇴출시키기 위해 전력을 다했다. 석유 비즈니스로 재벌이 되었지만 굴벤키안은 바쿠 외에는 산유국을 직접 방문한 적이 없다. 그는 이란, 이라크는 물론 어떤 아랍 국가도 방문하지 않았고 미국도 방문하지 않았다. 굴벤키안은 모든 것을 은밀하게 추진했고 언론과는 전혀 접촉을 하지 않았기 때문에 그가 늘 음모를 꾸미고 있으며 그의 부(富)는 불법으로 이룬 것이라는 소문이 끊이지 않았다.

굴벤키안은 독특한 사람이었다. 자식처럼 아끼는 작품을 박물관에 자주 대여해 주었기 때문에 정작 소장품을 차분히 감상하지도 못했다. 파리의 아브뉴 들레나Avenue d'léna에 성처럼 큰 집을 가졌으나 그곳에서 잠을 자는 일은 없었다. 또한 도빌Deauville 부근에 큰 정원을 가졌고 공작, 꿩, 오리 등을 키웠으나 이곳에 집을 짓지는 않았다. 집과 정원을 자주 찾는 방문객이었을 뿐 주인은 아니었다. 그가 자연을 좋아하고 예술품을 수집한 것은 비즈니스로 시달린 마음을 달래고 스트레스를 풀기 위한 것이었다. 재산과 예술품을 자녀들에게 물려주지 않고 재단을 만든 후 대를 이어 자선사업을 하려고 했고 자녀들도 이를 알고 있었다. 자녀들에게는 먹고 사는데 부족하지 않을 만큼만 재산을 남겨 주었다. 굴벤키안은 죽을 때까지는 악착같이 재산을 지키려 했다. 이는 승부사인 그가 질 수 없는 게임이었기 때문이다. 굴벤키안이 남긴 재산은 현재 가치로 65억 달러 이상에 달한다. 굴벤키안은 세금을 적게 내기 위해 재단을 포르투갈에 설립하는데 동의했으나 이로 인해 재단은 사실상 포르투갈 정부의 소유로 넘어가고 말았다. 평생 동안 어느 누구도 완벽하게 신뢰하지 않았던 그의 신조는 모든 일에 있어서 "검토, 검토, 또 검토Check, Check, Check"였는데 정작 죽음을 앞두고 포르투갈 국내법을 세밀히 검토하지 못하는 실수를 저질렀던 것이다.

그의 사후 재단 이사진의 다수를 포르투갈인으로 할 것인지 여부를 놓고 그가 지명한 영국인 수석 변호사 라드클리프와 포르투갈 변호사

　　　　　　　　　　　위기의 중동 어디로 나아가는가

칼루스트 굴벤키안 미술관
포르투칼 리스본에 위치하고 있다. (사진. Carlos Cunha 作, 2013년 12월 27일)

페르디가오 사이에 치열한 공방전이 벌어졌으나 결국 포르투갈 측이 승리를 거두었고 칼루스트 굴벤키안 재단의 운영권은 포르투갈로 넘어가고 말았다. 하지만 미스터 5%의 흔적은 오늘날에도 남아 있다. 1970년대까지 오만 석유회사의 지분 2%는 판디Pandi 소유로 되어 있었는데 2014년 아부다비의 석유 양허권이 종료한 후 판디는 '파르텍스 석유회사Partex Oil and Gas'라는 조그만 회사로 변신하여 아직도 존속하고 있다. 파르텍스는 굴벤키안 재단 소속으로 재산 가치가 6억 5천만 달러에 달하며 굴벤키안 재단의 총 재산은 40억 달러에 달한다. 재단의 자산 규모로 보아 전 세계 재단 중 36위로서 록펠러 재단보다 약간 밑에 위치하고 있다.

8장
중동 분쟁

～～～

세계의 화약고

중동을 발칸과 더불어 '세계의 화약고'라고 하는데 여러 가지 이유가 있지만 가장 근본적인 것은 지정학적인 위치이다. 중동과 북아프리카는 사통팔달하는 곳으로 대양과 대양, 대륙과 대륙이 만나고 모든 문명의 교차로이며 수많은 인종과 민족이 얽히고설켜 살아가는 복잡한 곳이다. 중동은 사막종족·유목민족·해적집단 등 호전적이고 약탈적인 민족과 세력들의 본거지이고 거의 모든 일신교의 발상지로서 영적인 DNA가 다양하고 외세의 침입도 끊임없이 있었던 지역이다. 지정학적으로 가장 안정되고 평온한 지역에 자리 잡은 미국이 세계 패권 국가가 되었다면 중동은 지정학적으로 가장 복잡한 지역에 위치함으로써 늘 불안정하고 전쟁과 분쟁이 그치지 않는 지역이 되었다. 누

　　　　　　　　　　위기의 중동 어디로 나아가는가

구를 탓할 것도 없고 지리적 여건 때문에 그렇게 된 측면이 강한 것이다. 인간이 자연을 극복하지 못하고 지구가 우주를 범할 수 없는 것이 섭리라고 한다면 중동은 어쩌면 인류가 생존하는 한 늘 크고 작은 분쟁에 시달려야 할 운명으로 점찍어져 있는 지도 모른다.

중동의 분쟁은 다양하며 좀처럼 그치지 않는다. 민족, 국가, 종교 등으로 나뉘어 싸우며 국가 내에서 정변과 쿠데타도 계속된다. 외세의 개입과 침입에 의한 분쟁도 많이 일어난다. 그리고 무장 세력과 테러에 의한 분쟁도 계속되고 있다. 아랍과 이스라엘, 팔레스타인과 이스라엘, 아랍과 유럽, 아랍과 아랍, 아랍과 이란, 수니와 시아, 무슬림과 기독교도, 쿠르드와 아랍 등 분쟁의 당사자와 개체가 다양하다. 시리아, 리비아, 예멘 등은 내전 상태에 있고 이라크, 레바논 등에서도 언제든지 예기치 못한 사태가 발생할 수 있다. 이란은 핵 합의 파기 후 미국과 국지적인 무력 충돌을 일으켜 걸프 지역 전체가 불안한 상태에 놓여있으며 터키는 쿠르드의 분리 독립을 늘 경계하고 있다. 이스라엘과 가자의 하마스는 늘 준 전시상태에 놓여 있다. 안정적으로 보이는 국가들도 내부를 자세히 들여다보면 언제든지 폭발할 수 있는 악재를 많이 가지고 있다.

또한 알 카에다와 IS를 비롯한 수많은 극단 이슬람 단체들이 호시탐탐 기회를 노리고 있기도 하다. 국경 분쟁도 많다. 이집트와 리비아, 모로코와 알제리, 요르단과 시리아, 이스라엘과 레바논, 이라크와 쿠웨이트, 이란과 이라크, 이란과 바레인 등에서는 국경 분쟁이 있었고 아직 해결되지 못한 문제들이 있다. 이는 20세기 초 식민 세력이 자기들 입맛대로 국경을 정한데서 연유한다. 중동과 북아프리카 지역의 군사비 지출은 개도국 중 가장 높다. 몇몇 중동국가의 군사비는 GDP의 14%에 달한다. 2015년 사우디는 미국과 중국에 이어 세계 3위 군사비 지출국의 자리에 올랐다.

중동의 무기 시장이 엄청난 규모에 달하자 일부 국가들과 국제무기상 등 이익을 추구하는 세력이 전쟁을 부추기고 있다. 러시아가 시리아의 바샤르를 전폭 지원하는 것은 무기 거래와 관련이 있다. 레바논의 언론인 사미르 아탈라Samir Atallah는 2015년 9월 기고에서 현재의 중동 상황을 다음과 같이 기술했다. "이란은 페르시아 제국을 다시 건설하려 하고 터키는 오스만 제국을 부흥시키려하며 강경 이슬람은 칼리프 시절로 돌아가려 한다. 반면 폭력과 고통에 시달릴 대로 시달린 아랍인은 그들의 국가를 떠나려한다."

중동국가의 관계는 변화무쌍하다. 어제의 적이 오늘의 친구가 되는 경우가 흔하다. 국가들은 한 이슈를 놓고는 서로 협력하며 다른 이슈를 놓고는 싸운다. 군사 그룹들은 세력을 얻기 위해 수시로 동맹자를 바꾸며 국민들은 생존을 위해 누가 승리자가 될 것인지를 숨죽이며 지켜보고 있다. 이란과 이라크는 8년간 전쟁을 치르면서 상호 1백만 명이 넘는 사망자를 낸 불구대천의 원수지간이다. 그러나 얼마 전 이란은 이라크의 요청에 의해 IS 타도를 위해 병력을 파견했으며 이라크군과 나란히 싸웠다. 예멘의 전 대통령 살레는 1978~2012년, 약

위기의 중동 어디로 나아가는가

34년 간 군림하면서 북부 후티와 끝없는 전쟁을 벌였다. 그러나 실각 후에는 후티 편에 가담하여 정부군을 상대로 싸웠다.

ISIS는 알 카에다로부터 탄생했으나 양측은 2014년 갈라섰다. 알 카에다의 이라크 지부였던 ISIS는 자바트 알 누스라를 창설했는데 자바트는 알 카에다의 시리아 지부가 되었고 이후 ISIS와 자바트 알 누스라는 치열한 전쟁을 벌였다. 자바트 알 누스라는 2016년 자바트 파테 알 샴으로 개명했으며 2017년에는 다른 4개 그룹과 함께 하야트 타흐리르 알 샴으로 통합되었다. 하마스는 이란, 이집트, 팔레스타인 정부, 카타르, 사우디 및 터키 등과 좋은 관계와 나쁜 관계를 번갈아 가며 형성하고 있을 정도로 변덕이 심하다. 아랍의 속담 중 "나와 내 형제가 연합하여 사촌과 싸우고, 나와 내 사촌이 연합하여 이웃과 싸운다."라는 말이 있다. 친구와 적이 자주 바뀌는 중동의 특징을 나타내고 있는 것이다.

중동에서 군부의 정치 개입은 심각하다. 쿠데타, 혁명, 반혁명 등은 수십 년 간 중동의 정치를 지배해왔다. 예를 들어 2011년 중동의 봄 사태 당시 이집트의 호스니 무바라크의 운명과 그 이후인 2013년 8월 무슬림형제단의 운명을 결정한 것은 군부이다. 또한 이집트와 같은 나라에서는 군산 복합관계로 인해 광범위한 분야에 걸쳐 있는 각종 기관과 기업의 힘이 군부로부터 나온다. 이집트에서 군이 관리하는 산업 분야의 생산은 약 2천 6백억 달러 규모로 경제 전체의 25~30%를 차지한다. 군은 건설장비, 냉장고, 가구, 국수, 생수 등 생산 안 하는 것이 없고 농업 및 관련 산업에도 손을 뻗치고 있다. 시리아, 알제리, 리비아에서도 사정은 비슷하다. 군부가 절대적인 권력을 누릴 수밖에 없는 구조로 되어 있다. 무력뿐만 아니라 돈까지 장악하고 있기 때문이다.

이스라엘과 아랍국가들 간의 분쟁은 수십 년 간 중동 정치에서 가장 해결하기 어려운 골칫거리가 되어왔다. 복잡하게 얽혀 있는 이 문제는 다른 어떤 문제보다도 더 아랍, 이스라엘, 이란 및 터키 등 주요 국가들을 단합시키기도 하고 분열시키기도 했다. 1948년 5월 이스라엘 창건 후 6번의 전쟁이 있었고 모로코에서 이란에 이르는 거의 모든 국가들이 정치, 외교, 경제적인 보이콧에 동참했다. 지금까지 오직 2개의 아랍 국가만이 이스라엘과 평화 협정을 체결했다. 1978년 이집트의 안와르 사다트가 그랬고 1994년 11월에는 요르단의 후세인 국왕이 이츠하크 라빈 총리와 평화협정에 서명했다.

1948년, 1956년, 1967년, 1973년, 1982년, 2006년 전쟁에서 이스라엘과 아랍은 승전하기도 했고 패전하기도 했다. 양측은 군비경쟁을 벌였고 군부가 정치에서 우월한 지위를 누렸으며 권위주의 정부를 운영했다. 비상사태가 일상화되다시피 했고 언론이 검열되었으며 경찰과 보안기관이 세력을 누렸다. 땅을 누가 많이 차지하느냐가 이 분쟁의 핵심 이슈이다. 개별 국가 간에는 가끔 타협이 이루어지기도 했으나 지역 단위로는 아무런 타협을 이루지 못하고 있다. 예를 들어 선민사상을 가지고 대(大)이스라엘을 주장하는 시오니스트와 성지의 영원

위기의 중동 어디로 나아가는가

한 관할과 소유를 주장하는 무슬림 강경파 간에는 타협의 여지가 거의 없다.

이스라엘-팔레스타인 분쟁

원래 이스라엘과 팔레스타인 사이에는 분쟁이란 것이 없었다. 서기 70년 로마군에 의해 정복당한 유대인이 중동과 북아프리카 및 유럽으로 흩어진 후에도 일부 유대인은 팔레스타인 땅에 머물렀다. 이들과 팔레스타인인 사이에는 갈등이 일어나지 않았다. 갈등은 먼 훗날인 19세기말부터 시작된다. 성경에 의하면 유대인이 팔레스타인(가나안)에 정착한 것은 기원전 13세기로 되어 있다. 이집트를 탈출한 모세의 후계자들이 가나안으로 들어가 원주민을 물리치고 '젖과 꿀이 흐르는 땅'에 정착한 것이다. 팔레스타인을 장악한 유대인은 이곳에서 쭉 살다가 1세기에 로마군에 의해 쫓겨나게 되었다. 유대인은 이집트에서 노예 생활을 하던 자신들이 팔레스타인으로 와서 국가를 건설한 것과 이후 로마에 의해 쫓겨났으나 다시 이 땅으로 돌아오게 된 것이 모두 신의 섭리라고 믿는다. 이것이 시오니즘의 핵심이다. 전통적인 시오니즘은 신의 뜻에 복종하는 것이므로 인위적으로 자신의 운명을 개척하려 하지 않고 선민으로서 그저 조용히 신의 섭리를 기다리는 자세를 취한다.

반면 팔레스타인인은 자신이 가나안족Canaanites과 필리스틴족

Philistines의 후예로서 팔레스타인이라는 명칭은 필리스틴에서 나왔고 가나안족이 처음 이 땅에 들어온 것은 기원전 3천년 경이라고 말한다. 따라서 자신이 이 땅의 원 주인이며 한 번도 고향을 떠난 적이 없다고 주장한다. 19세기 초 팔레스타인의 인구는 25만 명 정도였고 이중 약 5천 명이 유대인이었다. 유대인의 적은 숫자와 비정치적인 자세로 인해 이들 간에는 충돌의 여지가 거의 없었고 평화롭게 공존해왔다. 7세기 이슬람의 탄생 후 5백여 년 간 팔레스타인은 우마이야, 압바스, 파티마 등 이슬람 왕조에 편입되어 변화를 맞이했으나 변방 지역으로서 주목을 받은 적은 거의 없다. 팔레스타인은 중앙정부의 무관심 속에서 지방 토후가 통치하는 구조로 유지되었다.

상황이 변화하기 시작한 것은 19세기 말~20세기 초 정치적인 시오니즘의 등장으로부터이다. 현대적이고 정치색이 강한 시오니스트들은 유대인이 더 이상 신의 섭리를 기다리지 말고 성지 회복과 유대인 국가 건설을 위해 행동에 나서야 한다고 주장했다. 유대인의 팔레스타인으로의 이민은 1882년에 최초로 일어났다. 이는 러시아의 카르코프Kharkov에서 학생 단체가 주동한 것이다. 이들은 19세기말 동유럽에서 일어난 반(反)유대주의에 영향을 받았다. 1881년 러시아에서 잔혹한 포그롬Pogrom(유대인 등에 대한 조직적인 약탈과 학살을 의미하는 러시아어)이 일어나 수십만 유대인이 피해를 입었고 유럽은 자신들이 머물 곳이 아니라는 인식이 확산되었다.

시오니즘 운동을 유럽 전체로 확산시킨 사람은 비엔나 출신의 언론

위기의 중동 어디로 나아가는가

인 테오도르 헤르츨Theodor Herzl이다. 그는 『유대인 국가』라는 책을 써서 정치적 시오니즘의 이념을 널리 전파시켰다. 헤르츨이 과격한 시오니스트가 된 데에는 당시 파리에서 일어난 알프레드 드레퓌스Alfred Dreyfus간첩 사건이 큰 영향을 미쳤다. 억울하게 간첩으로 몰린 드레퓌스 대위를 보면서 파리와 같이 개방적이고 계몽적인 도시에서도 유대인이 설 땅은 없다고 느끼게 된 것이다. 헤르츨은 1897년 바젤에서 제1차 시오니스트 총회를 개최하여 공식적으로 시오니스트 단체를 만들고 행동 계획을 채택했다. 이 후로 수십 년에 걸쳐 '알리야(aliyah: 예루살렘으로의 귀환)'로 알려진 유대인의 팔레스타인 이민이 꾸준히 진행되었는데 대부분은 러시아와 동유럽 및 중부유럽에서 온 사람들이었다.

20세기 초가 되자 유대인은 거의 5만 명으로 증가했다. 1914년 제1차 세계대전 발발 시 8만 5천 명 그리고 1931년에는 팔레스타인 인구 1백만 중 17만 5천 명이 유대인이었다. 유대인이 많이 늘어났으나 팔레스타인인도 계속 증가했기 때문에 1930년 팔레스타인인은 전체 인구의 80%가 넘었고 1940년에도 70%를 차지했다. 팔레스타인인의 3분의 2는 가난한 농민이었으나 소수의 가문은 부유한 지주들이었다. 이들은 귀족 계급을 형성했으며 팔레스타인의 정치와 경제를 좌지우지했다. 1920년 지주들이 차지한 땅은 전체의 4분의 1에 달했다. 유대인은 꾸준히 늘어 1945년에는 전체의 31%인 55만 명에 달했다.

이스라엘 독립 당시 유대인이 소유한 땅은 7% 정도였으나 이로 인해 팔레스타인 농부들이 고향을 떠나야 했으므로 유대인에 대한 악감정이 생길 수밖에 없었다. 점점 깊어지는 양측의 적대감에도 불구하고 1930년대까지는 아랍인과 유대인 모두 경조사나 큰 행사에 참석하는 등 교류가 유지되었다. 1920년, 1921년, 1929년, 1933년, 1936년 등 시오니즘에 반대하는 아랍인의 소요 사태는 지속되었다. 한편, 1948년 독립 후에는 홀로코스트에서 살아남은 유럽의 유대인이 돌아왔고 이후로는 아시아와 아프리카의 유대인이 계속 이주해옴으로써 인구가 급증했다. 예를 들어 1951년에는 매월 2만 명 정도의 유대인이 꾸준히 이주해왔다.

이스라엘이 독립을 선포한 다음날인 1948년 5월 15일 이스라엘과 아랍 간에 첫 번째 전쟁이 발발했다. 이집트, 요르단 및 시리아 군은 레바논과 사우디 및 이라크의 지원을 얻어 팔레스타인을 다시 찾으려 했다. 이론적으로는 무장도 제대로 갖추지 못한 이스라엘 국방군에 비해 아랍 연합군의 규모가 압도적이었으므로 가능한 일처럼 보였다. 그러나 현실적으로는 아랍군은 통합 지휘부가 없었고 합의된 군사 목표도 없었으며 전투력이 허약했다. 이스라엘에는 모세 다얀과 같이 뛰어난 지휘관이 있었으나 아랍 진영에는 이러한 인물이 없었다. 밀리면 끝장이라고 생각하고 죽기 살기로 싸우는 이스라엘과 대의를 위한 것이라고는 하나 남의 나라를 위해 전쟁에 끼어든 아랍 연합군 간에는 정신 자세에서 현격한 차이가 있었다. 가령 이집트 같은 나라는 뒷전으로는 일부 영토를 점령해서 이를 미끼로 자국에서 영국군의 철

위기의 중동 어디로 나아가는가

수를 도모하려는 생각을 가지고 있었다.

　1년 넘게 지속되던 전쟁이 이듬해 여름에 이르자 아랍의 패배는 명백해졌다. 아랍은 1949년 7월 마지못해 이스라엘과 정전협정에 서명해야 했다. 전쟁을 통해 이스라엘은 훨씬 강해졌다. 훨씬 넓은 영토를 지배하게 되었고 중동 각 지역에 흩어져 살던 유대인이 이주해옴으로써 인구도 대폭 늘어났다. 이 전쟁의 직접적인 결과는 팔레스타인 난민이 대량 발생한 것이다. 1949년 중 70~80만 명의 팔레스타인 아랍인이 도피하거나 아니면 강제적으로 고향을 떠나야 했다. 이로 인해 유대인이 자연스럽게 다수 민족이 되었다. 벤 구리온David Ben-Gurion(이스라엘 초대 수상 겸 국방장관 역임)과 같은 시오니스트들이 이 기회를 틈타 일부러 팔레스타인인을 축출시켰는지 여부는 아직도 논쟁의 대상이지만 여하튼 난민들은 요르단 강 서안과 가자 지구를 비롯 이집트, 레바논, 요르단, 시리아, 걸프 국가 등으로 흩어졌다.

　팔레스타인 난민이 지역 정세에 미친 영향은 엄청나다. 많은 난민을 수용한 국가의 정치는 이로 인한 영향에서 결코 벗어날 수 없었다. 예를 들어 1970년경이 되면 지나치게 늘어난 요르단의 팔레스타인인들이 하세미트 왕조의 존립을 위협하여 내전이 일어났고 결국 PLO가 축출되었다. 오늘날에도 팔레스타인인은 요르단에서 다수를 차지하는 민족이지만 미래를 기약할 수 없는 나날을 보내고 있다. 이스라엘의 생존권과 팔레스타인 난민의 귀향권이라는 두 개의 핵심 문제가 해결되지 않을 경우 이스라엘-팔레스타인 분쟁 해결은 난망이다. 가장 많이 선호되는 방안은 2국가 해결 방안이다. 이스라엘이 1967년 점령한 모든 아랍 영토에서 철수하고 이 땅에 건설한 모든 정착촌을 철거한 뒤 이곳에 팔레스타인 국가를 건설하여 평화롭게 공존하는 방안이다.

이스라엘은 아랍의 적이자 서방의 첩자로 간주되었다. 이러한 인식은 1956년 수에즈 위기로 굳혀졌다. 1967년 6일 전쟁은 나세르를 비롯한 아랍 지도자들이 정세를 오판한데서 비롯되었다. 나세르는 자신이 도발행위를 하더라도 미국과 소련이 이스라엘에 압력을 가해 전쟁은 막아줄 것으로 오판했다. 그는 또한 이스라엘도 전쟁을 피할 것으로 오판했다. 그러나 그가 시나이에서 유엔 옵서버의 철수를 요청하고 홍해의 이스라엘 항구를 봉쇄하자 이스라엘은 기다렸다는 듯 군사를 동원하여 불과 몇 시간 내에 이집트, 시리아, 요르단 공군을 무력화시켰다. 이틀 동안의 폭격으로 아랍 진영의 공군기 350대 이상이 파괴되었다. 공군의 지원이 없는 아랍연합군은 대패하고 말았다. 시나이반도, 웨스트뱅크(Judea and Samaria; 요르단 강 서안 지구), 동 예루살렘, 가자 및 골란고원이 이스라엘의 수중으로 들어갔다. 불과 6일 동안에 이스라엘은 자신의 영토를 4배나 넓혔다. 정확한 통계는 없으나 아랍 병력은 최대한 2만여 명이 사망한 것으로 추산되었다. 이스라엘 병사의 희생은 766명에 불과했다.

가자와 마찬가지로 웨스트뱅크의 획득은 영토 확장 뿐 아니라 인구 측면에서 큰 변화를 가져왔다. 이는 이스라엘의 팔레스타인 통치 영

위기의 중동 어디로 나아가는가

역을 증가시켰을 뿐 아니라 수십만 명에 달하는 아랍인이 이스라엘군 당국의 통치하에 들어온 것을 의미했다. 6일 전쟁에서 대패한 이집트, 시리아, 요르단 등 아랍 국가들은 이제 팔레스타인 문제는 뒷전으로 하고 자신과 이스라엘 간의 관계에 대해 집중하기 시작했다. 나세르, 하페즈 알 아사드, 사담 후세인 등 아랍 지도자들은 이스라엘과의 분쟁에 골머리를 앓으면서 자국 내에 있는 팔레스타인인들을 투옥, 고문, 추방 또는 처형하는 등 박해하기 시작했다.

6일 전쟁의 쓰라린 추억을 지우기나 하려는 듯 사다트는 시리아의 지원을 얻어 1973년 10월 다시 전쟁(욤 키푸르 전쟁)을 일으켰으며 초기에 작은 승리를 거두었다. 그러나 그 정도 승리로는 구겨진 아랍의 자존심을 회복할 수 없었다. 양측은 평화를 추구하기는커녕 보다 더 호전적으로 되어 갔다. 사다트는 군사적 모험을 원치 않았다. 그가 원하는 것은 이스라엘에게 그들의 군대가 천하무적이 아니라는 사실을 보여주는 것이었다. 이렇게 함으로써 이스라엘의 안보는 군사력이 아니라 이웃국가와의 강력한 유대 관계에 달려 있다는 사실을 깨닫게 하려는 것이다. 사다트는 미국과 좋은 관계를 유지하면서 이스라엘의 시나이 반도로부터의 철수를 유도하려고 했다. 소련과의 대립 및 석유 봉쇄를 피하려는 미국의 중재 노력으로 이스라엘과 이집트는 마침내 1978년 평화조약을 맺을 수 있었다. 당시 미국의 국무장관 키신저는 예루살렘, 카이로, 다마스쿠스 등을 수없이 오가며 왕복외교를 펼친 결과 이스라엘에 대한 이집트와 시리아의 적개심을 완화시키는 대신 시나이 반도와 골란고원에서 이스라엘군의 제한적인 철수를 이끌어낼 수 있었다.

그러나 이스라엘의 호전적 자세는 계속되었다. 이스라엘은 1978년 남 레바논을 침공했으며 1982년 6월 '갈릴리를 위한 평화'라는 작전명으로 레바논에 본부가 있는 팔레스타인해방기구PLO를 공격했다. 원래 요르단에 본부가 있었던 PLO는 요르단과의 내전에서 패배한 끝에 본부를 레바논으로 옮긴 상태에 있었다. 이스라엘은 웨스트뱅크와 가자의 분규를 선동하는 주체로 PLO를 지목했으며 캠프 데이비드에서 어렵게 서명한 평화가 이루어질 수 없도록 방해하는 세력의 중심에 PLO가 서 있다고 주장했다. 이스라엘은 8만 명의 병력과 1,240대의 탱크라는 압도적인 군사력을 동원했다. 전쟁은 48시간이 지나지 않아 이스라엘 우세로 기울었다. 팔레스타인 난민과 레바논 시민 및 레바논 주재 시리아 군이 이 전쟁에 가담했으며, 처음에는 이스라엘의 침공을 환영했던 남부의 시아파 주민들도 민간인 사상자가 늘어나자 이스라엘에 등을 돌렸다. 이스라엘은 비록 PLO를 레바논에서 내쫓는 데는 성공했으나 계속된 레바논 침공과 영토 점령은 남부 시아파의 분노를 일으켜 국내 여론이 악화되고 어려운 입장으로 내몰렸다. 이스라엘 국민은 병력의 사상자 수가 증가하면서 이 전쟁의 당위성에 심각한 의문을 제기했다. 눈에 가시 같은 PLO는 사라졌지만 아랍과의 싸움은 계속되었기 때문이다.

8월 말 PLO의 지도자 아라파트Yasser Arafat는 8천 명의 게릴라들과 함께 선박 편으로 레바논을 떠나 튀니스로 향했다. 추가로 시리아 병사를 포함한 6천 명의 게릴라는 육로로 튀니스에 도착하여 이곳에 PLO 본부를 설립했다. 적대 관계가 계속되던 이스라엘과 레바논 양측은 2006년 다시 전쟁에 빠져들게 된다. 팔레스타인 문제로 시작된 이스라엘-아랍 분쟁은 팔레스타인 이슈를 넘어 중동 전체의 역학 관계에서 바로미터가 되었다. 국가 지도자들의 개인적 야심, 정치인들이 국내 정책을 성공으로 이끌고자 하는 욕망, 강대국들 간의 경쟁, 제3세계 국가들의 단골 이슈화, 국제 유가, 무기거래, 핵 개발과 전략 무기 배치, 자국에게 유리한 방향으로 유엔이나 세계은행의 결정을 이끌어내려는 외교관의 역량 등이 모두 이스라엘-아랍 분쟁과 밀접한 관계를 맺음으로써 이 문제는 그야말로 글로벌 아젠다가 되었다.

아랍-이스라엘 분쟁으로 아랍의 엘리트들은 권위주의적인 힘을 더 키울 수 있었고 무기 구입과 군수 산업을 통해 부를 축적할 수 있었으며 이스라엘에 대한 어떤 종류의 승리를 통해서도 자신의 입지를 강화할 수 있었다. 반면 이스라엘은 안보 지상주의에 입각한 국가를 건설했으므로 주변 국가들과의 관계는 계속 악화되었다. 그리고 전쟁이 계속되면서 얻은 영토를 지키기 위해 보다 많은 힘을 쏟아야 했다. 이스라엘과 아랍의 관계는 여전히 긴장 상태에 놓여 있다. 평화협정을 체결하고 항구적인 평화를 유지할 수 있는 신뢰가 조성되기 어렵기 때문이다. 이스라엘과 주변 국가들의 관계 정상화는 극히 제한되어 있다.

2016년 이스라엘과 터키는 6년 만에 외교관계를 복원했다. 양국 관계는 2010년 터키가 가자에 파견한 '연대를 위한 민간구호선 Solidarity Flotilla'을 이스라엘이 공격하여 터키인 8명이 사망한 사건으로 중단되어 있었다. 2016년 협상에서 이스라엘은 손해배상금을 지급하고, 양국의 무역을 증진시키며, 봉쇄중인 가자에 거주하는 팔레스타인인에게 터키가 인도적 원조를 제공하는 것을 허용한다는 내용으로 합의했다. 외교관계를 단절했던 2010년 전까지만 하더라도 터키는 아랍 국가보다 이스라엘과 더 가까웠다. 2016년 관계가 다시 정상화되었지만 완벽하게 과거로 되돌아갈 수는 없었다. 케미스트리(궁합)가 잘 맞지 않는 에르도안과 네타냐후는 서로 독재자 또는 폭군이라고 비난을 주고받았으며 터키는 절대 예루살렘을 이스라엘의 수도로 인정할 수 없다는 입장을 취하고 있다. 네타냐후가 이스라엘을 유대인만의 민족국가로 규정하는 '유대민족국가법'을 제정하고 미국이 예루살렘을 이스라엘의 수도로 인정하자 에르도안이 발끈한 것이다.

이스라엘은 경제적으로도 중동에서 독보적인 나라이다. 2018년 기준으로 1인당 국민소득이 4만 2천 달러, 실업률은 3.9%에 불과하다. 한편 이웃국가들과의 교역과 투자가 막혀있고 지하자원이 전무하며 국방에 막대한 예산을 쏟아야하는 반면 외국의 원조에도 상당히 의존하는 경제구조를 가지고 있다. 미국으로부터 받는 원조가 연간 30억 달러에 달하고 전 세계 유대인 사회로부터 5억 달러 정도가 유입된다. 이스라엘은 미국 및 EU와 자유무역협정을 체결하고 있으

위기의 중동 어디로 나아가는가

며 자체 방위를 위해 군수산업을 개발한 결과 세계 굴지의 무기 수출국 중 하나가 되었다. 21세기 첨단 지식기반 산업 구조를 갖고 있으며 연 4~5%씩 성장하는 잠재력을 보유하고 있다. 초 정통파 유대교 신자들인 하레디Haredis와 아랍인이 인구의 30%를 차지하고 있는데 2059년경이 되면 이들 인구가 50%에 달할 것으로 예상되어 이들을 어떻게 정상적인 노동력으로 활용하느냐에 경제의 장래가 달려 있다.

팔레스타인 문제의 본질은 하나의 땅을 놓고 두 민족이 서로 자기 것이라고 주장한데서 시작한다. 처음에는 이렇게까지 심각하게 전개될 것으로 생각지 않았던 이 문제는 1920~1948년 영국의 위임통치 시절 점점 더 충돌을 부추기는 방향으로 전개되더니 1948~1967년 전쟁을 거치면서 정치적 해결이 거의 불가능하게 되어 버렸다. 이스라엘은 그 사이에 유대인 국가를 성공적으로 건설하고 아랍인은 2등 시민으로 전락했으며 팔레스타인은 민족저항운동을 조직하고 무력으로 투쟁하면서 자치와 독립을 추구했으나 실패를 거듭했다. 1967년 이후 팔레스타인은 더 이상 아랍 형제국가들을 믿을 수 없으며 자신의 문제는 자신이 해결할 수밖에 없다는 사실을 깨달았다. 이스라엘은 1967년 전쟁에서 얻은 골란고원과 동 예루살렘을 돌려주지 않았다. 현재 골란고원에 2만 2천 명, 동 예루살렘에는 약 20만 명의 유대인이 거주하고 있다. 1970년대 내내 이스라엘의 점령이 지속되면서 웨스트뱅크, 동 예루살렘 및 가자 지구 내에 이스라엘의 불법거주지는 계속 늘어났다.

오슬로 평화협정과 영토 문제

1993년 오슬로 평화협정(아라파트 PLO 의장과 라빈 이스라엘 총리 사이에 체결된 '잠정 자치정부 구성에 관한 원칙 선언')에 의해 가자 지구와 함께 웨스트뱅크의 예리코(여리고)시 등에 팔레스타인의 자치권이 부여되었으며 팔레스타인 자치정부PNA가 라말라 시에 들어섰다. 한편 이스라엘은 2002년부터 유대인을 보호한다는 명목으로 높이 8미터의 분리 장벽을 설치하며 웨스트뱅크 내 유대인 정착촌을 늘려나갔다. 이스라엘이 팔레스타인 영토를 점령한 지 50년 되는 2017년 현재 50만 명이 넘는 이스라엘인이 웨스트뱅크 내 125개 정착지, 예루살렘의 12개 인접지 및 팔레스타인 땅에 있는 100개 정착촌Settlement Outposts에 거주하고 있다. 이 좁은 지역에서 이스라엘 정착민들과 팔레스타인인이 어깨를 맞대고 살고 있는 것이다. 이스라엘 정착촌은 국제사회에서 불법으로 간주되고 있다. 그러나 미국은 2019년 11월 이스라엘의 정착촌 건설을 더 이상 불법으로 여기지 않는다고 발표함으로써 팔레스타인의 강력한 반발을 사고 있다. 미국이 예루살렘을 이스라엘의 수도로 인정하고 골란고원 병합을 승인한데 이어 웨스트뱅크의 병합까지 인정함으로써 이 지역의 정세가 더 악화될 가능성이 높아지고 있다.

이스라엘인이 베들레헴과 같은 팔레스타인 도시에서 쇼핑하고 팔레스타인 근로자들이 텔아비브에서 일하고 있으나 융합은 결코 일어

오슬로 평화 협정 체결
왼쪽부터 이츠하크 라빈 전 이스라엘 총리, 빌 클린턴 전 미 대통령, 야세르 아라파트 전 PLO 의장. (사진 출처. IDF(이스라엘 방위군)Flickr 제공, 1993년 9월 13일)

나지 않았다. 양측의 통혼은 거의 없으며 상호 불신과 적대감만 증가하고 있다. 양 국민은 종교뿐 아니라 사회적, 문화적 생활방식에서 점점 더 차이가 커지고 있어 겉모습만 봐도 서로 다른 존재임을 금방 알아차릴 정도로 이질화가 심해지고 있다. 팔레스타인-이스라엘 분쟁은 점령지에만 국한된 것이 아니다. 이들의 적개심은 세계 곳곳에 미치고 있다. 이스라엘인과 팔레스타인인이 거주하는 곳에서는 어디나 분쟁이 그치지 않는다.

1960년대, 70년대 그리고 80년대 초 웨스트뱅크와 가자 지구 및 이스라엘에서는 영토 병합과 정치적 폭력이 그치지 않았고 해외에서는 폭탄 투척, 하이재킹 및 암살 등 테러행위가 그치지 않았다. 1982년 이스라엘이 레바논에서 PLO를 축출하자 팔레스타인의 민족자결운동이 약화되었고 PLO 내에서 레바논 사태에 관한 책임을 놓고 상호 비난하는 가운데 팔레스타인은 분열되었으며 PLO는 튀니스로 본거지를 옮겼다. 게다가 웨스트뱅크와 가자 지구에서는 무슬림 형제단, 이슬람 지하드, 무자마Mujama등 새로운 정치 세력이 팔레스타인 대학과 전문기관 등을 무대로 민족주의자들에 대항하여 캠페인을 벌였다.

1980년대 중엽이 되면 점령지 내 팔레스타인인의 불만이 극에 달한다. 이스라엘 당국은 모든 정치활동을 불법화했고 PLO를 불법단체로 규정했으며 집회의 자유를 억압했다. 이스라엘 내에서는 좌파인 노동당과 우파 정당인 리쿠드가 교대로 정권을 잡았는데 좌파는 평화운동을 펼치며 팔레스타인 문제 해결을 위한 모멘텀을 유지하려고 했다. 그러나 이츠하크 샤미르Yitzhak Shamir가 이끄는 우파 정부는 팔레스타인과의 어떠한 평화 제의에도 반대하면서 현상 유지에만 전력을 기울였다. 리쿠드를 지지하는 이스라엘인은 계속해서 정착촌을 확대하면서 국제 제재는 무시했다. 이스라엘은 가자 지구에서 철수했으나 웨스트뱅크에서는 정착촌이 확대되었다. 오슬로협정은 '한 걸음 전진, 두 걸음 후퇴'국면으로 악화되었다. 1993년 9월 오슬로 I 협정, 1995년 오슬로 II 협정 체결과 2000년 캠프 데이비드 회담이 있었지만 결과적으로는 모두 실패했다. 현재 이스라엘은 다른 방법이 없다고 보고 물리적으로 양측을 분리하기 위해 웨스트뱅크의 유대인 정착지 주변에 장벽을 설치했다.

대부분 팔레스타인인은 이스라엘이 2국가 해결 방안을 지지하지 않는다고 믿는다. 이러한 믿음에 절망한 팔레스타인인은 하마스와 이슬람 지하드 등의 강경 단체에 의지하는 성향을 나타내는 것이다. 팔레스타인 문제는 처음에는 시오니즘 반대, 유대인 이민 반대, 유대국가 창건 반대로부터 시작하더니 이스라엘 독립 전후 무력충돌에서 아랍 국가들이 영토를 뺏기고 많은 팔레스타인인이 난민이 되자 기존 영토 회복과 난민 문제 해결이 현실적인 과제가 되었다. 팔레스타인 국가 수립을 허용한다고 해도 영토를 어떻게 획정할지가 가장 큰 문제이다. 이제는 이스라엘을 국가로 인정하지 않을 수 없다는 사실을 잘 알고 있고 팔레스타인도 어떻게든 독립 국가를 가지려 하나 땅이 문제인 것이다.

이스라엘은 늘 웨스트뱅크, 가자 지구 및 기타 영토를 얻은 것은 적개심에 불타는 아랍이 일으킨 전쟁을 통해서이며 자신은 영토를 확장하기 위한 계획을 세워본 적이 없다고 주장한다. 그러나 이스라엘이 영토를 점령하자마자 현상을 변경시키기 위한 조치들을 취한 것을 보면 이러한 주장을 액면 그대로 받아들이기는 어렵다. 대표적인 것이 동 예루살렘이다. 동 예루살렘은 1967년 이전까지는 예루살렘의 일부로서 요르단에 속해 있었으나 이스라엘은 이를 점령한 후 웨스트뱅크에서 별도 행정구역으로 분리시킨 후 북, 동, 남쪽으로 면적을 확장시켰으며 이곳에 유대인 자치구역을 건설했다. 이 자치구역들은 동 예루살렘과 웨스트뱅크 사이에 방어막으로 작용하고 있다.

이스라엘은 또한 요르단 계곡에 군사적 목적을 위한 정착촌을 건설했고 웨스트뱅크를 성서에 나오는 '유대와 사마리아'로 호칭하여 역사적 연대감을 높인 후 민간 정착촌을 짓고 있다. 이런 식으로 정착촌이 늘어나면 언젠가는 '유대, 사마리아, 가자'에 대한 영유권을 일괄적으로 주장하게 될 것으로 보인다. 이스라엘 정부의 점령지에 대한 공식 입장은 "유엔 결의는 이스라엘의 점령지 관할권에 국제적 정당성을 부여했는데 이는 아랍이 평화를 거부했기 때문"이라는 것이다. 따라서 이스라엘은 유엔안보리 결의 242호에 따라 '정당하고 항구적인 평화Just and Lasting Peace'가 도래할 때까지 점령지를 관할하겠다는 입장이다. 이것이 노동당 정부의 기존 입장이었는데 리쿠드가 들어서면서 보다 강경해졌다. 즉, 웨스트뱅크와 가자는 역사적, 종교적으로 원래부터 이스라엘의 땅이므로 이제는 아랍이 평화에 응한다고 할지라도 돌려줄 수 없다는 것이다.

1977년 5월 리쿠드가 선거에 승리하여 메나헴 베긴Menachem Wolfovitch Begin이 최초로 우파정권을 수립했다. 이 당시 웨스트뱅크에는 4천 명의 유대인이 있었으나 1977년 말에 5천 명으로 늘어난 뒤 계속 늘어나 3년이 채 안되어 1만 2천 5백 명으로 증가했다. 물론 많은 다른 지도자들과 노동당 지지 세력은 리쿠드의 입장에 반대한다. 웨스트뱅크와 가자의 항구적인 지배가 이스라엘의 이익과 일치하지 않는다는 것이다. 이럴수록 아랍과의 평화는 멀어져가고 결국에는 이스라엘에 해악을 끼친다는 견해이다. 만일 이스라엘이 웨스트뱅크와 가자를 항구적으로 지배할 경우 팔레스타인 주민에게 시민권을 부여해야 한다. 이렇게 되면 이스라엘 인구 중 팔레스타인인의 비율이 늘어나는데 팔레스타인인의 출산율이 유대인보다 높기 때문에 나중에는 아랍인이 다수가 될 가능성이 높아진다. 이렇게 되면 아랍인은 이스라엘의 근본적 가치를 뒤흔드는 법을 제정할 수도 있다. 웨스트뱅크와 가자의 정착민은 점점 더 늘어나 1986년 가을에는 동 예루살렘을 제외하고도 6만 명이 되었다. 이스라엘 정부는 정착민을 지원하기 위해 인프라 건설 예산으로 3억 달러를 배정했다.

팔레스타인의 인티파다

1987년 12월의 인티파다는 이러한 분위기에서 일어난 것이다. 이스라엘 군용 차량과의 충돌로 팔레스타인 근로자 4명이 사망한 사건으로부터 시작된 이 운동은 17세 소년이 사망한 후 걷잡을 수 없이 확대되었다. 물이나 전기 공급과 같은 기초 서비스도 제공되지 않는 상황이 지속되면서 주민들의 분노가 점점 커지고 있었는데 불에 기름을 부은 듯 활활 타오른 것이다. 인티파다는 아랍어로 '각성'이라는 뜻이다. 가자, 웨스트뱅크, 예루살렘은 물론 난민촌, 도시, 마을 등 모든 곳에서 점령에 반대하는 시위가 물밀듯이 일어났다. 이렇게 규모가 크고 자발적인 시위는 팔레스타인 역사상 처음이었다. 시위대는 슬로 건을 외치고 팔레스타인 국기를 흔들며 이스라엘 군인들에게 돌을 던 졌다. 젊은이들은 이스라엘 차량에도 돌을 던졌다. 마을 입구에는 이 스라엘군의 침입을 막기 위해 돌이나 낡은 타이어를 쌓아 장벽을 만 들었다.

인티파다의 장기적 목표는 웨스트뱅크와 가자에서 이스라엘의 점 령을 종식시키고 팔레스타인 독립 국가를 건설하는 것이며, 단기 목 표는 이스라엘의 점령을 뒷받침하는 모든 구조를 망가뜨려 높은 단 계의 팔레스타인 자치를 확보하는 것이다. 이를 위해서 이스라엘 측 의 고용을 거부하는 것, 이스라엘이 생산한 물품의 구매를 거부하는 것, 팔레스타인 국기를 게양하는 것, 시위와 데모를 주동하는 것, 인 권단체 주도로 인권에 관한 시위를 벌이는 것, 이스라엘 식 교과 과정 대신 팔레스타인 교과 과정을 도입하기 위한 교육위원회를 구성하는 것, 어떠한 형태로든 팔레스타인 독립 국가를 지지하는 문화 활동을 장려하는 것 등의 캠페인을 벌였다.

팔레스타인인은 인티파다를 통해 이스라엘의 통치나 지배를 상징 하는 모든 것을 거부하려고 했다. 이들은 대표권 없는 과세를 거부했 고 점령지의 군사 활동을 재정적으로 지원하는 어떠한 행위도 거부했 다. 이스라엘은 통행금지, 휴학, 전기와 통신 차단, 시위 주동자 체포 와 거주지 철거, 고무 탄환 및 실탄 발포 등 모든 수단을 동원했고 시 위대가 숨을 장소를 없애기 위해 가로수나 과수원 등을 파괴하기까지

했으나 들불과도 같은 시위를 막을 수 없었다. 1993년까지 지속된 시위로 인해 1천여 명의 팔레스타인인과 56명의 이스라엘인이 사망했으며 수만 명이 부상당하거나 체포되었다. 인티파다가 시작되고 상당한 세월이 흐른 1993년 이스라엘과 PLO간에 최초의 평화협정인 오슬로 협정이 체결되었다.

인티파다는 이스라엘 시민의 의식에도 큰 영향을 미쳤다. 리쿠드는 그동안 팔레스타인 주민들이 점령지 개발에 크게 반대하지 않고 순응하는 편이므로 개발에 별 문제가 없다고 선전해왔는데, 팔레스타인 시위대는 이를 정면으로 부인하면서 이러한 주장은 이스라엘 당국이 국민을 오도하는 것이며 강제로 개발하려 할 경우 큰 대가를 치를 것이라는 점을 명백히 했다. 이스라엘이 오랫동안 웨스트뱅크와 가자를 지배하면서 이스라엘의 젊은 세대는 이 땅이 원래 자신들의 것이라는 착각에 빠졌는데 시위로 인해 이곳은 적의 영토라는 확실한 인식을 갖게 되었다.

인티파다로 인해 1967년 이스라엘과 팔레스타인의 경계를 정한 녹색선Green Line이 부활했다. 이제 이스라엘 측에서도 점령지를 계속 유지하는 것에 대한 득실을 따져보고 점령이 이스라엘의 이익에 부합하지 않는다는 쪽으로 기우는 사람들이 늘어났으며 이들은 정부에 팔레스타인 측과의 협상을 촉구하게 되었다. 점령지를 유지하는 것이 안보 측면에서 자산보다 오히려 부채가 된다는 의견이 점점 더 강해졌다. 인티파다는 매일 미국 TV를 통해 방영되면서 미 국내 여론에도 큰 영향을 미쳤다. 1989년 1월 여론조사 결과 미국인의 64%가 PLO와의 협상을 선호했으며 이스라엘이 진정 평화를 원하고 있다고 답한 사람은 28%인데 반해 52%는 이스라엘이 타협에 관심을 갖고 있지 않다고 답했다.

인티파다 이후 개최된 마드리드, 오슬로, 카이로 및 와이Wye 회담들은 평화를 보장하지 않았으며 이루어진 합의는 정식 평화조약도 아니었다. 하지만 이들은 이스라엘-팔레스타인 간 전쟁과 평화의 흐름에 막대한 영향을 끼쳤다. 인티파다는 1992년 6월 선거에서 이스라엘 노동당의 승리를 불러왔고 이츠하크 라빈이 총리가 되었다. 1992년 선거는 '인티파다 선거'로 불렸다. 특히 1993년 여름 오슬로에서는 이스라엘과 PLO 간에 비밀협상이 개최되어 팔레스타인 자치정부 구성에 합의했다. 9월 백악관에서 열린 서명식에서 라빈과 아라파트는 서로 굳게 손을 잡았다. 오슬로 협정 후 아랍과 이스라엘 간에 평화무드는 뚜렷했다. 양측은 서로 비즈니스를 논했고 정부 관리들은 VIP 대접을 받았다. 심리적으로 안정된 양측은 적대감을 불식시키고 평화를 증진하기 위해 노력했다. 그러나 이스라엘의 정착촌 확장은 지속되었고 팔레스타인 강경파의 폭력도 그치지 않았으며 그때마다 이스라엘의 가차 없는 보복이 행해졌다. 양측 간에는 다시 불신이 깊어졌으며 대립의 사이클이 형성되었다.

1995년 11월 라빈 총리가 오슬로 협정에 반대하는 유대인 극단주의자에 의해 암살되었다. 이후 개최된 선거에서 베냐민 네타냐후가 간발의 차이로 시몬 페레스를 누르고 총리에 당선되었다. 리쿠드가 다시 정권을 잡은 것이다. 네타냐후는 정착촌 확대 정책을 계속해나 갔다. 팔레스타인인은 이스라엘의 행동에 분노했고 아라파트에 대해서는 실망감을 감추지 않았다. 아라파트는 독재적인데다 무능한 행정가였고 부패했다. 아랍인은 이스라엘과의 평화는 불가능하며 오직 무력투쟁만이 자신의 권리를 지키는 유일한 방법이라고 믿게 되었다. 1999년 5월에 실시된 선거에서는 다시 노동당이 승리하여 에후드 바락이 총리가 되었다.

2000년경이 되면서 이스라엘의 강경한 행동과 이에 대응한 팔레스타인의 제2차 인티파다(알 악사 인티파다)로 인해 평화의 모멘텀이 다시 깨졌다. 알 악사 인티파다라는 이름이 붙은 것은 리쿠드 당의 아리엘 샤론 총리가 2000년 9월 성전산Temple Mount과 알 악사 사원Haram al-Sharif을 방문한 직후 폭력 사태가 일어났기 때문이다. 알 악사 인티파다는 1차에 비해 훨씬 폭력적이었다. 이스라엘 군인과 정착민에 대한 무력 공격이 있었고 자살 폭탄 테러도 빈번했다. 게릴라 전쟁과 흡사한 상황이었다. 2004년 말까지 이스라엘 측 사망자는 905명에 달했고 팔레스타인 측 사망자는 2,910명이었다. 시간이 지날수록 감정이 더 악화되어가는 가운데 양측 국민은 보다 극우적이고 평화협상에 반대하는 정당을 지지했다.

2006년 팔레스타인에서는 하마스가 다수 정당이 되었으며 이스라엘에서는 우파가 득세하는 연정이 지속되었다. 2007년 6월 하마스는 유혈 쿠데타를 일으켜 가자의 통치권을 장악했다. 하마스는 첫 번째 인티파다가 발생한 1987년 아흐메드 야신Sheikh Ahmed Yassin이 창설한 단체이다. 가자는 독립국가가 아니나 대부분 국가의 기능을 가진 유사 국가처럼 운영되고 있다. 미국과 EU는 하마스를 테러 단체로 간주한다. 하마스의 목표는 저항과 지하드를 통해 팔레스타인을 해방시키는 것이다. 사태가 장기화되면서 아랍 국가들의 태도도 바뀌었다. 이제 그들은 팔레스타인 분쟁은 팔레스타인인의 문제이므로 스스로 해결해야 한다는 자세를 취하고 있다. 또한 무력 사용에 대해서는 팔레스타인 내부에서 회의론이 일어나고 있다. 마치 이스라엘이 지난 수십 년 간 무력을 사용해왔으나 무력이 결코 문제를 해결할 수 없다는 사실을 깨달은 것과 비슷하다.

오랜 분쟁을 종식시킬 요구 중 하나는 팔레스타인인이 1948년 당시 살았던 고향으로 돌아오도록 허용해달라는 것이다. 그러나 이는 쉬운 문제가 아니다. 난민과 그의 자손의 숫자가 3백만 명에 달하기 때문이다. 실제적으로 이렇게 많은 사람의 귀환을 허용할 경우 이스라엘은 이를 감당할 수 없다. 이스라엘의 입장은 2국가 해결방안에 따라 창설될 팔레스타인 국가로 난민이 돌아와야 한다는 것이다.

양측 간에는 이밖에도 많은 문제가 산적해 있다. 영공권, 웨스트뱅크의 경계, 예루살렘의 지위, 정착촌의 장래, 물의 사용, 자원의 사용, 에너지 및 환경 문제, 무역 및 관세 등 다양하다. 2005년 아파르트헤이트Apartheid(남아프리카 공화국의 극단적인 인종차별정책과 제도)와의 투쟁에서 승리한 남아공 사례에 고무된 팔레스타인 시민단체는 보이콧·투자철회·제재(BDS : Boycotts, Divestment and Sanctions) 캠페인을 전개했다. 이들의 목표는 1967년 6월 이스라엘이 차지한 모든 아랍 영토에서 점령과 식민화를 종식시키는 것, 장벽을 허무는 것, 이스라엘 내 아랍-팔레스타인 시민의 권리를 동등하게 인정하는 것, 그리고 유엔 안보리 결의 194호에 따라 팔레스타인 난민의 귀향과 재산을 회복할 권리를 보장 및 장려하는 것 등이다. BDS 캠페인은 이스라엘 영토 내외에 있는 팔레스타인인에게 큰 희망을 안겨주고 있다.

오슬로 평화협정 이후 수많은 해결 방안이 제시되었으나 아직까지 어느 것도 성공을 거두지 못하고 있다. 아직은 가설에 불과하지만 1국 해결방안이란 것도 있다. 유대인과 팔레스타인인이 동등한 시민권을 갖는 1국 체제 내에서, 웨스트뱅크 내 유대인 정착촌을 합법화하고 팔레스타인 주민에게는 고도의 자치권을 부여하며 안보와 경제적 여건을 대폭 강화한다는 것이다. 사실상 2국가 방안의 타결 가능성이 희박하다는 측면에서 1국 해결 방안이 나왔다. 그러나 설사 팔레스타인이 이 방안을 받아들인다고 해도 문제가 있다. 첫 번째는 이스라엘이 인구 면에서 잠재적인 폭증세(暴增勢)를 가진 팔레스타인인에게 국적을 부여할 것인지 여부이며, 두 번째는 이들이 국적을 보유할 경우 이스라엘이 유대인 국가로서의 정체성을 유지할 수 있을 것인지 여부이다. 팔레스타인인은 웨스트뱅크와 가자에 470만 명이 있고 이스라엘 내에 180만 명 정도가 있으므로 합하면 이스라엘의 유대인 인구 700만 명과 별 차이가 없다. 만일 주변국가의 난민 중 일부가 팔레스타인으로 돌아오기라도 한다면 인구 역전은 시간문제이다. 더구나 팔레스타인인의 출산율은 유대인보다 훨씬 높다. 이러한 상황에서 이스라엘이 자칫하면 국가의 정체성이 소멸될 수 있는 위험을 무릅쓰고 1국 해결 방안을 추진할 것인지는 의문이다.

2020년 1월 28일 트럼프는 네타냐후 이스라엘 총리와 바레인, 오만, 아랍에미리트 대사 등이 참석한 가운데 워싱턴에서 '중동평화계획Middle East Peace Plan'을 발표했다. 50페이지가 넘는 이 방대한 제안서는 그의 사위인 제레드 쿠쉬너Jared Kushner가 주동이 되어 2년 동안 이스라엘과 팔레스타인 및 중동국가들을 오가며 협상한 결과로 알려져 있다. 이 계획은 2국가 해결방안을 기초로 하고 있다. 팔레스타인에게 웨스트뱅크의 75% 정도를 허용하는 대신 이스라엘의 정착촌을 합법화하고 요르단 계곡 지역을 이스라엘이 차지하며 이스라엘은 향후 4년간 새로운 정착촌을 짓지 않는다는 내용이다. 팔레스타인이 이 제안을 받아들일 경우 트럼프는 향후 10년간 5백억 달러를 지원키로 약속했다. 한마디로 이스라엘이 예루살렘과 웨스트뱅크 일부지역을 합병하고 정착촌을 합법화하는 대신 웨스트뱅크와 가자에 팔레스타인 국가 건설을 용인하고 미국은 팔레스타인 경제 부흥을 위해 많은 돈을 지원하겠다는 것이다.

과연 이러한 제안이 실현될 가능성이 있을까? 마흐무드 압바스Mahmoud Abbas 팔레스타인 행정 수반은 즉각적인 성명을 통해 자

베냐민 네타냐후 이스라엘 총리와 트럼프 미국 대통령이 백악관에서 기자회견을 하고 있다. (사진 출처. White House – Wikimedia Commos 제공, 2020년 1월 27일)

신은 오래전부터 미국의 제안을 거부해왔으며 특히 예루살렘이 포함되지 않는 협상은 아무 의미가 없다고 일축했다. 예루살렘 문제 외에도 미국 측 제안은 팔레스타인 난민의 귀향권을 인정하지 않고 있으며 현재 가자를 통치하고 있는 하마스가 통치권을 내놓고 무장을 해제할 것을 요구하고 있다. 그리고 신생 팔레스타인 국가의 수도는 동예루살렘에 둘 것이라고만 할뿐 구체적으로 어느 지역인지는 명시하지 않고 있다. 트럼프의 제안은 보기 드물게 상세하기는 하지만 새로운 내용은 별로 없다. 또한 이스라엘의 핵심적인 요구를 모두 수용함으로써, 누가 봐도 이스라엘에게 결정적으로 유리한 제안이다. 70년 이상을 끌고 있는 이스라엘–팔레스타인 사태가 미국의 이러한 일방적인 이니셔티브로 해결될 가능성은 희박한 것으로 보인다. 더군다나 이 제안서가 유대인인 트럼프의 사위가 주도한 것이라는 점과 당시 트럼프에 대한 미 의회의 탄핵절차가 진행 중이었던 점 및 이스라엘에서는 네타냐후 총리가 뇌물수수 혐의로 기소되었다는 점 등이 정치성 논란을 불러일으킴으로써 이 제안의 실현 가능성을 보다 어둡게 하는 요인으로 작용했다.

가자 지구 사태

2003년 12월 아리엘 샤론Ariel Sharon 총리는 가자 지구에서 7천 5백 명의 정착민과 21개 정착 지역의 철수를 제안했다. 2005년 2월 이스라엘 의회는 이 제안과 관련된 법을 통과시켰고 그의 철수 계획은 많은 반대 속에서도 8월부터 순조로이 진행되어 9월에 완료되었다. 샤론은 철수 이유로 정착촌을 방어하는 것이 어려운데다 지나치게 많은 비용이 든다는 점을 들었다. 그러나 팔레스타인 측은 샤론의 이런 정책이 인티파다로 인한 것이라고 결론을 내렸으며 이로 인해 이스라엘을 점령지에서 철수시키기 위해서는 협상보다 투쟁이 더 효과적이라고 믿게 되었다. 정착촌이 철수했다고 해서 이스라엘의 가자에 대한 지배가 끝난 것은 물론 아니다. 이스라엘은 해상과 공중을 통해 또한 필요하면 육상으로의 침투를 통해 가자를 통제할 수 있기 때문이다.

샤론의 복심은 가자에서 17개 정착촌을 철수하는 대신 웨스트뱅크의 정착촌을 더 확대하려는 것이었다. 2008년, 2012년 그리고 2014년 가자에서는 폭력 사태가 지속되었으며 마드리드 평화회담Quartet for Peace 등과 같이 평화를 중재하려는 국제사회의 노력은 별 소용이 없는 것으로 드러났다. 하마스가 지배하는 가자 지구의 사정이 점점 악화하고 있다. 가자의 강경파들은 이스라엘과 무력 충돌도 마다하지 않는다. 이 때문에 가끔 충돌이 일어나면 하마스 측에서 발사한 로켓포와 미사일이 이스라엘에 떨어지고 이에 대한 보복으로 가자는 몇 배나 더 큰 피해를 입는다.

2002~2007년에 2,887발의 로켓포가 가자로부터 발사되었고 2007년 하마스가 가자를 장악한 후 12,300발 이상의 로켓이 이스라엘로부터 발사되었다. 하마스는 이스라엘을 공격하기 위해 이스라엘 쪽으로 계속 터널을 뚫고 있다. 이스라엘이 터널을 파괴시키고 있음에도 불구하고 굴착은 계속되고 있는 것으로 보인다. 2015년 6월 하마스 지도자 칼릴 알 카예Khalil al-Khayeh는 이스라엘 땅을 가로지르는 터널이 하마스의 가장 강력한 무기이며 따라서 계속 터널을 뚫을 것이라고 말한 바 있다. 가자에는 여러 개의 살라피·지하디 그룹이 하마스의 통제 하에 활동하고 있다. 하마스는 과격 살라피·지하디 그룹의 이스라엘 공격을 통제하고 있는데 이는 보복공격으로 인한 180만 팔레스타인 주민의 안전을 감안한 것이다. 하마스는 자신의 통

제에 따르지 않는 살라피·지하디 그룹에 대해서는 일체 관용을 베풀지 않는다.

준전시 상황이 지속되면서 미래가 없다고 느낀 젊은이들이 가자를 빠져나가고 있다. 경제가 악화되면서 일자리를 구하기가 힘들어진 젊은이들이 더 버티지 못하고 걸프 국가, 터키 및 유럽으로 이주하는 것이다. 그러나 가자를 빠져나가는 것은 쉽지 않다. 이스라엘과 이집트에 의해 출입구가 봉쇄되어 있기 때문이다. 이스라엘과의 국경인 에레즈Erez를 통과하는 사람은 드물고 대부분 이집트와의 국경인 라파Rafah를 이용하는데 이집트측이 국경을 여는 날이 제한되어 있다.

2018년의 경우 이집트는 198일간 개방했고 6만 9백 명이 국경을 통과했다. 따라서 많은 사람들이 국경 통과 심사를 받기 위해 하염없이 기다려야 하는 실정이다. 가자 거주자의 48%가 이민을 원하고 있다. 팔레스타인 젊은이들은 브로커에게 돈을 주고라도 빨리 국경을 통과하려고 한다. 이로 인해 뇌물 거래가 이루어지며 가족들은 땅과 금을 팔아서라도 경비를 마련해서 자식들을 밖으로 내보내려 한다. "과거에 팔레스타인 난민의 꿈은 고향으로 돌아오는 것이었다. 이제는 망상에 불과하다. 오늘날 우리는 밖으로 나가기 위해 돈을 써야한다." 이집트는 가자로의 무기 밀반입을 막기 위해 가자와의 국경에 9미터 높이의 장벽을 쌓았다. 무르시 정부 때 출입 통제를 다소 완화했던 이집트는 알 시시 정부가 들어서면서 통제를 다시 강화하고 있다.

샤론의 가자 지구 철수 발표 이후 일부 정착촌은 이스라엘 내에 재

건설되었고 다른 정착촌들은 웨스트뱅크로 옮겨갔다. 웨스트뱅크 북부의 4개 정착촌도 철수되어 다른 곳으로 옮겼다. 2005년 11월 이스라엘의 철수 직후 가자와 이집트 국경을 통과하는 라파 국경검문소 Rafah Crossing에 관한 합의가 이루어졌다. 이후 EU는 국경 통과 업무를 지원하기 위해 라파 국경검문소 지원단EU BAM Rafah을 설립하여 국경 통과 업무를 지원했다. 그러다가 2007년 6월 하마스가 팔레스타인 자치정부PA에 저항하여 쿠데타를 일으킨 후 가자에서 PA를 축출하고 통치권을 장악했다. 하마스의 정권 전복 후 라파 국경사무소는 문을 닫았고 라파 국경검문소 지원단은 국경통과 업무 지원을 중단했다. 2007년 9월 이스라엘 정부는 하마스가 통치하는 가자 지구를 적대적 존재로 규정하고 이스라엘과의 국경을 폐쇄했다.

인구 180만 명의 가자 지구는 남부 지중해 연안에 위치하며 길이 40km, 폭 5~11km 정도의 조그만 땅이다. 2015년 세계은행 조사에 의하면 가자의 실업률은 44%, 청년실업률은 60% 이상이며 인구의 40%가 빈곤층이다. 가자는 중동에서 수단 및 예멘과 함께 가장 가난한 지역에 속한다. 이스라엘 측은 하마스와 강경 팔레스타인 그룹이 가자의 주민을 방패막이로 하여 이스라엘 민간인을 공격하고 있다고 주장한다. 2008~2009년 하마스와 이스라엘 간 전투가 벌어져 많은 사람이 희생되었다. 하마스는 이후에도 이스라엘 도시들을 로켓포와 박격포 등으로 계속 공격하고 있으며 가자 전체를 인질로 삼아 이스라엘에 저항하고 있다. 이스라엘은 로켓포 공격에 대해 아이언 돔Iron

Dome이라는 대공방어망으로 방어하고 있다. 아이언 돔은 단거리 로켓포와 155밀리 포탄 등을 저지할 수 있는 능력이 있는 것으로 알려져 있다.

　이스라엘 측은 하마스가 재정적, 정치적 위기를 타개하기 위해 이스라엘을 계속 공격하고 있다고 주장한다. 바샤르-이란 연합군에 의해 수니 반군의 희생이 늘어나자 수니국가들은 하마스에 압력을 가했고, 이에 하마스가 다마스쿠스를 떠남으로써 바샤르-이란 축으로부터 이탈했으며 이후 이란의 자금 지원이 중단되었다. 재정 압박을 받은 하마스는 2013~2014년 다시 이란 측과 접촉했으나 지원을 얻어내는 데에는 실패했다. 하마스는 카타르와 터키로부터는 계속 자금을 받았으나 재정위기를 극복할 만큼의 지원은 얻지 못했다. 또한 하마스의 가장 든든한 후원자인 이집트의 무슬림형제단이 군부 쿠데타로 무너짐으로써 큰 타격을 입게 되었다. 이집트의 알 시시 정부는 하마스에 대해 매우 적대적이다. 알 시시는 하마스의 주요 수입원인 시나이 반도와 가자를 연결하는 수천 개의 터널에 대한 파괴 명령을 내려 하마스를 고사시키고 있다. 터널 하나를 뚫는데 8만~20만 달러가 소요되는데 이 자금은 모스크 등 종교기관과 공·사립 단체 및 개인 투자자들로부터 나온다. 수천 개의 터널 공사에는 많은 사람들이 동원되며 터널을 통해 각종 물자 교환과 인적 교류 등이 이루어지기 때문에 터널은 가자의 생명줄이자 주요 수입원이 된다. 터널 굴착 기술자는 가장 봉급이 높고 선호하는 직업이며 터널을 통한 무역업에도 많

위기의 중동 어디로 나아가는가

은 젊은이들이 종사하고 있다.

2010년까지 5천여 명의 터널 소유주, 2만 5천여 명의 터널 근로자가 있었고 15만여 명에 이르는 이들의 가족까지 고려하면 가자 인구의 10%가 생존을 터널에 의존했다. 터널은 정상적인 무역과 상업 외에도 무기와 탄약 밀수, 테러자금 이동 등에도 사용된다. 하마스가 전쟁을 계속하는 것은 전쟁이라는 절박한 상황을 유지함으로써 암담한 처지에 있는 주민의 불평을 중화시키려는 것이다. 전쟁을 지속함으로써 라이벌인 팔레스타인 자치정부에 대해 정치적 우위를 지킬 수 있고 이로써 하마스가 팔레스타인의 보호자라는 인식을 높일 수 있다. 또한 전쟁을 해야 돈을 얻어낼 수 있었다. 얼마 전까지만 해도 이란과 무슬림형제단은 모두 하마스의 든든한 후원자들이었기 때문이다.

이스라엘 아랍인

1948년 이스라엘이 독립할 때 남아 있던 팔레스타인인을 '이스라엘 아랍인'이라고 부르며 이스라엘 인구의 20%를 차지한다. 이들은 비유대인이라는 정체성 때문에 조직적인 차별과 소수민족에 대한 권리 제한 등 열등한 대접을 받아왔다. 이스라엘 아랍인은 무슬림, 아랍 기독교도, 드루즈 및 베두인 등을 포함한다. 이들의 거주 지역은 다른 지역과 분리되어 있으며 유대인과 섞이지 않는다. 갈릴리 지역은 아랍 기독교도, 무슬림 및 드루즈의 분포도가 가장 밀집된 지역이다. 베두인은 전통적으로 이스라엘의 남부에 있는 베르셰바Beer Sheba 부근에 거주하고 있다.

1940년대 말부터 이스라엘에 거주하는 팔레스타인인에게 시민권이 부여되었다. 이는 선거에 참여하고 의회에 진출할 수 있으며 정당을 결성할 수 있음을 의미한다. 그러나 현실적으로 이들은 계엄법, 통금, 임의 체포 및 추방 등 제약이 심한 여건에 놓여있었다. 더 나아가 이스라엘은 1950년 부재자 재산법을 통해 아랍인이 소유한 땅을 통제하는 등 여러 가지 방법으로 유대인과 아랍인을 차별함으로써 토지 분배에 관한 불평등을 심화시켰다. 일방적인 법과 정책을 통해 아랍인의 토지소유권을 축소시킴으로써 기본권을 침해했다. 1966년 계엄법이 철폐되었으나 이후에도 차별은 계속되고 있다.

이스라엘 아랍인은 국가와 사회 전체가 자신들을 적대시하며 차별한다고 여긴다. 이스라엘 내 빈곤층의 절반 정도를 차지하는 이들은 2등 시민으로 간주되며 동등한 백성이라기보다 적대 세력으로 간주되는 경향이 있다. 2006년 저명인사로 구성된 이스라엘 아랍인 그룹은 '이스라엘 아랍인의 장래 비전'이라는 문서를 발표했다. 이들은 이 문서에서 이스라엘은 모든 분야에서 유대인을 최우선으로 대접하며 이외의 존재는 차별한다고 주장했다. "민주주의를 빙자하여 유대주의를 신봉하며 아랍을 배제한다. 이로써 우리와 국가 간에 긴장을 조성한다." 민족 차별적인 법을 통해 유대인을 보호하고 아랍인은 도외시한다는 것이다. 또한 교육에 있어서 유대인을 우대하고 아랍인을 차

위기의 중동 어디로 나아가는가

별한 결과 고용 기회가 줄어들며 아랍인은 지방 정부의 행정에서 차별을 받아 점점 열등한 민족으로 전락하고 있다는 것이다. 그러나 아랍인은 정치활동에 있어서는 적극성을 보여 1948년 건국 이래 아랍계가 의회에 진출하지 않은 경우는 없다.

아랍 드루즈인은 이스라엘군에 입대가 가능하나 다른 아랍인에게는 허용되지 않는다. 이스라엘 역사를 통해 불과 수 명의 아랍인만이 대법관으로 활동했다. 물이 반쯤 찬 컵을 놓고 보는 시각이 다르듯이 이러한 현상을 놓고, 유대인은 아랍인이 모든 분야에 차별 없이 진출하고 있다고 주장한다. 전통적으로 이스라엘 아랍인이 지지하는 정당은 하다쉬Hadash, 발라드Balad, 유나이티드 아랍 리스트United Arab List 등 셋인데 아랍 유권자들은 이들 말고도 좌익 유대인 정당을 지지하는 경우도 있었다. 이스라엘 의회Knesset는 아랍인의 의회 진출을 저지하기 위해 정당 활동을 제한하는 법을 통과시키기도 했다.

유대인 사회와 아랍인 사회는 물과 기름의 관계이다. 이들은 상대방을 신뢰하지 않는다. 아랍인은 보통 제5열로 간주되어 언제 배신할지 모르는 존재로 취급된다. 양측 사이에 혼인은 거의 이루어지지 않는다. 2014년 극우 유대인들은 양측의 혼인 행사에서 '아랍인에게 죽음을'이라고 외치며 행진하기도 했다. 반면 인구적인 측면에서 급증하는 아랍 인구로 인해 유대측은 '인구 공포'를 선전하며 분리주의 확대를 외치기도 한다. 이스라엘 정부는 반복되는 주장과 비판에도 불구하고 양측 간의 불평등 문제에 대해서는 거의 귀를 기울이지 않는다. 국제인권단체와 미국을 포함한 서방국가는 토지 정책, 주택 정책 등 아랍인에 대한 차별 문제를 수차 거론했으나 소 귀에 경 읽기이다. 아랍인이 다수인 마을은 정부의 사회경제 확대개발 정책에서 늘 배제됨으로써 유대인과의 격차가 점점 더 벌어지고 있다. 그러나 유대인의 견해는 사뭇 다르다. 이스라엘은 중동에서 모든 시민에게 동등한 권리를 부여하는 유일한 국가라는 것이다. 양측의 견해는 늘 평행선을 긋고 있다.

캠프 데이비드 평화협정

1978년 9월 17일 이스라엘과 이집트 간의 캠프 데이비드 평화협정 체결은 아랍-이스라엘 분쟁과 중동평화에 있어서 하나의 시금석이 되는 사건이었다. 그러나 40여년이 지난 지금에 와서 보면 이 협정으로 포괄적인 중동평화가 이루어진 것은 없다. 2017년까지 이집트 외에 요르단이 유일하게 이스라엘과 공식적인 평화협정을 체결했을 뿐이다. 비록 평화를 유지하지는 못했지만 이 협정으로 인해 미국의 역할에 대한 중요성이 부각되었다.

1973~76년 헨리 키신저는 단계적 외교를 통해 이스라엘과 이집트 간 적대관계를 불식시키려 했다. 미국은 이스라엘과 아랍 진영이 더 이상 전쟁에 빠지는 것을 막고 소련의 영향력을 배제하면서 안정적인 석유 수입선을 확보하는 것을 목표로 삼았다. 1970년대 미국은 자국

이 소비하는 석유 3분의 1을 중동에 의존하고 있었다. 미국은 정직한 중재자 역할을 자청했다. 이스라엘과 이집트가 팔레스타인 문제를 포함하는 '포괄적인 협정'에 도달한다는 과도한 목표를 세우지 않도록 설득했다. 팔레스타인 문제는 좀처럼 해결할 수 없는 난제임을 잘 알고 있었기 때문이다. 대통령 사다트는 1973년 전쟁에서 패배한 후 이스라엘에게 뺏긴 영토 문제 때문에 심한 스트레스를 받고 있었다. 전쟁 초기에 몇 번 승리를 거두기는 했으나 곧 잊혀졌고 국민은 이스라엘군이 카이로 외곽까지 접근했던 것에만 큰 우려를 가졌다.

사다트는 오직 미국만이 이스라엘에 영향을 미칠 수 있다는 사실을 잘 알고 있었다. 그는 미국이 중재하는 평화를 기다리고 있었는데 마침 지미 카터가 그러한 중재에 나선 것이다. 사다트의 목표는 두 가지였다. 첫째, 신속한 평화협정을 원했다. 국내 사정이 불안했고 반대 세력이 사회 각계각층에서 목소리를 높였기 때문이다. 둘째, 미국과 동맹을 맺고 전임 대통령 나세르가 추구했던 모든 정책을 뒤집는 것이었다. 이러한 목표에 따라 사다트는 아랍 정치인들의 반대에도 불구하고 1977년 11월 예루살렘을 방문하여 이스라엘 의회에서 평화를 추구하는 연설을 하게 된다. 아랍 국가들은 물론 사다트의 이러한 행동을 배신으로 간주했다.

이스라엘은 1973∼1979년에 정치적으로 성장했으며 평화협상에 있어서도 자신감을 갖게 되었다. 이스라엘의 성장은 메나헴 베긴 총리와 모세 다얀 외무장관의 정치적, 외교적 기민성에 의존한 바 크다. 이스

캠프 데이비드 협정의 주역들
미 대통령 휴양지인 캠프 데이비드에서 모인 3개국 정상. 왼쪽부터 메나헴 베긴 전 이스라엘 총리, 지미 카터
전 미 대통령, 안와르 사다트 전 이집트 대통령. (사진. Fitz-Patrick, Bill 作. 1978년 9월 17일)

라엘은 평화협정의 내용 하나하나를 독자적으로 교섭하되 포괄적인 패
키지 해결 방안은 피하려 했고 어떤 경우에도 웨스트뱅크와 가자 지구
에 팔레스타인 국가 건설은 허용하지 않았다. 평화협정은 영토, 평화의
성격 및 팔레스타인 문제 등 3개 부분으로 나뉘었다. 비록 미국의 압력
으로 이스라엘은 몇 가지 사항에서 양보를 했으나 전반적인 협상은 그
들이 원하는 대로 흘러갔다. 이스라엘은 일부 양보의 대가로 미국이 보
장하는 석유 공급, 경제적·군사적 원조 및 이집트가 평화협정을 파기
하지 않을 것이라는 보장을 얻었다. 이스라엘과 이집트 간 전쟁은 공식
적으로 중단되었고 전쟁 전 영토가 모두 회복되었으며 시나이 반도 내

이스라엘의 정착촌이 철거되었다. 외교관계가 복원되고 대사관과 영사관이 문을 열었으며 무역협정이 체결되었다.

그러나 웨스트뱅크와 가자에 정착촌 건설 재개 등으로 상황이 반전되자 1980년 5월 사다트는 일방적으로 협정을 파기했다. 마침내 사다트는 평화협정의 대가로 자신의 목숨을 내놓아야 했다. 1981년 협정에 반대하는 이슬람 과격주의자에 의해 암살된 것이다. 이집트는 오랫동안 아랍 형제국들로부터 고립되었다가 1990년대 호스니 무바라크가 아랍과의 재통합 정책을 추진하면서 겨우 아랍의 일원으로 돌아왔다. 1989년 말까지 아랍 리그의 모든 회원국들이 이집트와의 관계를 재개했고 이집트는 다시 회원국이 되었다. 1989년 5월 이집트는 카사블랑카에서 열린 아랍 리그 총회에 10년 만에 참석했으며 무바라크는 개막연설을 했다. 1991년 3월 아랍 리그는 본부를 원래 소재지였던 카이로로 다시 옮겼으며 이로써 이집트의 아랍 복귀는 완성되었다. 무바라크는 PLO를 적극 지원했으며 아라파트 의장은 수시로 카이로를 방문했다.

1990년대 내내 이집트는 평화 프로세스에서 중재자 또는 매개자로서 주도적 역할을 했으며 1993년 오슬로 협정을 이끌어내는데도 선도적 역할을 했다. 이스라엘은 평화협정이 도미노 효과를 일으켜 다른 아랍 국가들과의 관계도 개선될 것으로 기대했으나 그런 일은 일어나지 않았다. 1982년 이스라엘은 레바논과의 분쟁에 빠졌고 곧 이어 팔레스타인의 집단적 저항인 인티파다에 직면하게 되었다. 1979

년 이래 이스라엘-이집트 관계는 '차가운 평화Cold Peace'로 규정되고 있다. 예를 들어 2011년 아랍의 봄 당시 수백 명의 시민이 카이로에 있는 이스라엘 대사관을 공격하여 이스라엘 외교관들이 황급히 텔아비브로 공수되는 사건도 있었다. 양국은 안보 분야에서 간헐적으로 협력하고 있으나 전반적으로 양측 관계는 적대적이다.

수에즈 위기

20세기에 서방이 중동에 관심을 기울인 가장 큰 이유는 중동의 지리적 여건에 있다. 중동은 인도와 중국으로 가는 길목에 있고 유럽의 통상을 확대하는데 요충지였다. 지중해와 홍해를 연결하는 수에즈 운하가 1869년 개통되자 유럽은 더 이상 아프리카를 우회하여 무역을 할 이유가 없어졌다. 오스만 제국 시절 중동은 프랑스, 영국, 러시아 등 강대국들의 충돌을 견제할 수 있는 완충지역으로서도 중요성이 컸다. 이 지역은 석유와 이스라엘이라는 두 가지 요소가 추가되기 전에도 서방에게는 전략적으로 중요한 지역이었다.

64년 전 일어난 수에즈 위기는 이집트, 영국, 프랑스 및 이스라엘 간의 관계에 심각한 영향을 미쳤으며 그 영향은 지금도 계속되고 있다. 사태의 주역인 이집트의 가말 압델 나세르 대통령, 영국 수상 앤서니 이든Anthony Eden, 미국의 아이젠하워 대통령 등은 성격상 서로 맞지 않는 지도자들이었다. 당시 냉전 분위기가 직간접적으로 미국과 소련을 사태로 끌어들였다. 구 식민종주국인 영국과 프랑스에 맞서겠다는 나세르의 결정이 아랍 정치의 패턴을 바꾸어놓았으며 범 아랍주의 신장 및 이라크의 공화정 수립과 알제리의 독립을 부추겼다.

영국과 이집트의 전통적인 특수 관계는 1952년 나세르가 일으킨 자유장교단 혁명 이후 크게 손상되었다. 그전까지 영국의 눈치만 보던 이집트는 이제 중립을 지키면서 유럽에 도전적인 자세를 취했다. 이든 수상은 나세르를 '새로운 무솔리니 또는 히틀러'로 평가하면서 그가 제거되길 원했다. 반면 나세르는 이집트를 아랍의 패자로 만든 후 비동맹운동의 주도권을 잡아 세계무대에서 서방과 어깨를 나란히 하려 했다. 1955년 반둥회의에 참가한 나세르는 영국의 지배에서 벗어나기 위해 수에즈 운하의 국영화를 결심하게 된다. 수에즈 위기는 단순히 아스완 하이 댐 건설 차관 제공을 미국이 거부한데 대한 항의로 운하를 국영화함으로써 발생한 것이 아니다. 이는 국제무대에서 이집트가 새로운 스타로 부상하기 위해 나세르가 내린 결단이었다. 이에 대해 영국, 프랑스, 이스라엘 3국이 동맹으로 나서자 국제사회는 숨을 죽이고 결과를 주시했다.

3국은 세브르 협정Protocol of Sèvres을 통해 이스라엘이 육군을 투입하여 시나이 반도와 수에즈를 점령하고 영국과 프랑스는 공습을 감행한다는 밀약을 맺었다. 그러나 사전에 미국을 설득하지 못한 것이 치명적인 약점이었다. 이내 드러난 영·불 정부의 과도하고 무책임한 행동으로 인해 아이젠하워는 재선을 앞두고 큰 곤경에 빠졌다. 영국과 프랑스의 위선적 태도에 분노한 아이젠하워는 이든 앞 서신을 통해 나세르를 실제보다 훨씬 더 중요한 인물로 만들어주고 있다고 경고하고 온건한 행동으로 전환해 줄 것을 요청했다. 그러나 이든은 이러한 경고를 무시함으로써 큰 대가를 치르게 된다. 영국과 프랑스는 전투에서는 쉽게 승리했으나 아랍의 민심을 잃었고 국제여론이 크게 악화되었다. 이들은 결국 수에즈 운하를 얻지 못한 채 철수해야 했다. 나세르는 전투에서는 패배했으나 여론과 대세를 장악함으로써 최후의 승자가 되었다.

이집트의 승리는 유엔, 미국 및 소련 등 제3자의 개입 덕분이었다. 미국은 영국의 외화보유고에 압력을 가했으며 이에 놀란 영국 재무장관은 전쟁을 서둘러 끝내도록 내각에 권고했다. 미국과 소련은 합동으로 유엔안보리에서 즉각적인 휴전을 요청하는 결의를 통과시켰다. 이후 유엔은 휴전을 중재했으며 시나이에 유엔군 파견을 결정했다. 수에즈 사태로 인해 영국과 프랑스는 중동에서 영향력을 상실했으며 미국은 떠오르는 해가 되었다. 소련은 때마침 발생한 헝가리 봉기를 무력으로 진압하고도 국제적인 비난을 피할 수 있었다. 서기장 흐루쇼프는 소련군을 중동에 파견하여 영·불 연합군에 맞서겠으며 핵전쟁도 불사하겠다고 협박함으로써 아이젠하워 대통령의 양보를 받아낼 수 있었다. 아이젠하워는 이 사태로 제3차 세계대전이 발발할 수 있다는 점을 심각히 우려했고 소련은 기민한 처신으로 중동국가들의 호의적인 반응을 이끌어낼 수 있었다.

위기의 중동 어디로 나아가는가

한편 이스라엘은 점령한 시나이 반도와 가자에서 철수해야 했다. 군사적으로는 승리를 거두었으나 정치적으로는 실패였다. 시나이-수에즈 전쟁에서 패한 이집트는 군사력 강화 필요성을 절실히 느꼈고 이로 인해 소련에 접근하게 된다. 소련은 1958년 아스완 하이 댐 건설에 필요한 자금을 제공했다. 소련으로부터 막대한 군사 지원을 얻은 이집트군은 단시간 내에 대폭 강화되었고 이는 10년 후 발생할 이스라엘과의 6일 전쟁에 큰 영향을 미치게 된다.

나세르의 사상은 국내에서 최고의 인기를 누렸으며 이라크와 요르단 및 여타 지역에서는 영국의 지배에서 벗어나 나세르주의를 실현하려는 그룹이 줄을 이었다. 당시 아랍 세계에서 나세르의 인기는 절정에 달했다. 수에즈 사태 때 벌어진 전투에서 아랍군은 이스라엘의 상대가 되지 않는다는 사실이 여실히 드러났다. 그러나 나세르와 다른 아랍 지도자들은 계속 이스라엘에 도전장을 내밀었다. 이는 아랍 국가들로 하여금 팔레스타인 문제라는 대의에 동참하기 원하는 국민의 뜻을 존중하라는 압력이었다. 또한 이로써 국내 문제에 반감을 가진 국민의 불만을 다른 곳으로 돌릴 수 있었다. 이후 팔레스타인 이슈는 국내의 정치적 상황을 무마하기 위한 도구로 널리 사용되었다.

이란-이라크 전쟁

1979년 호메이니가 이슬람 혁명에 성공하여 이란을 이슬람 공화국으로 선포하고 가장 열성적이었던 우방인 미국을 적으로 돌렸다. 또한 이라크에서는 사담 후세인이 1968년 쿠데타 이후 이라크를 이끌어왔던 아흐메드 하산 알 바크르를 퇴진시키고 스스로 정권을 잡았다. 두 호전적인 지도자들은 상대방을 멸시했으며 함께 존재할 수 없는 대적으로 간주했다. 전쟁은 필연적이었다. 사담 후세인은 샤트 알 아랍 수로의 경계선을 획정한 조약을 파기하고 국경 너머 이란 땅에 눈길을 돌렸다. 바스당이 통치하는 이라크는 이슬람 공화국이 된 이란과 양립할 수 없었으며 두 나라는 정치, 경제, 종교, 문화 모든 분야에서 물과 기름과 같았다.

사담 후세인의 군대는 1980년 9월 20일 국경을 넘어 이란을 침공했다. 후세인의 의도는 크게 보아 세 가지였다. 첫째, 이 전쟁을 이념 전쟁으로 끌어올렸다. 세속적인 아랍 민족주의 군대와 시아 원리주의 군대 간의 전쟁으로 자리매김한 것이다. 둘째, 샤트 알 아랍 수로를 차지할 경우 얻게 되는 경제적 이득이 만만치 않았다. 또한 남동부 국경의 후제스탄 주를 차지할 경우 막대한 양의 석유를 얻을 수 있었다. 셋째, 후세인은 호메이니가 주도하고 있는 이슬람 원리주의 전파를 막으려는 서방 세력의 지지를 얻고 있었다. 후세인은 이를 이용하려고 했다. 그러나 만사가 그렇듯 전쟁은 그가 원하는 대로 흘러가지 않았다. 영국 가디언 지가 설파한대로 '이 전쟁은 가장 값비싼 대가를 치르고도 가장 효용성이 없는 전쟁'이 되고 말았다. 이 전쟁에서 군인과 민간인을 합쳐 1백 50만여 명이 사망했다. 바그다드의 전쟁기념관

위기의 중동 어디로 나아가는가

에는 이란-이라크 전쟁 사망자 명단을 석판에 새겨놓았다. 알리, 후세인, 아메드, 모하메드 등 아랍인에게 흔한 이름들이 즐비하게 자리를 차지하고 있다. 또한 남쪽 바스라에는 군인들이 손가락으로 같은 방향을 가리키고 있는 동상들이 여럿 서 있다. 그들이 가리키고 있는 곳은 이란이다. 많은 이라크 군인들이 이란에서 전사한 사실을 상징하는 것이다.

이란은 '파스다란'으로 불리는 혁명수비대를 창설하여 정규군으로 삼았고 혁명수비대 산하에 바시즈 민병대를 별도로 창설했다. 가난한 집안의 소년들로 이루어진 바시즈 민병대는 전쟁 시 종교적 열정에 사로잡혀 변변한 무기도 없이 수류탄을 들고 이라크 군에 돌진함으로써 많은 사상자를 냈다. 이라크에서는 18~45세 사이 남성의 65%가 이 전쟁에 참가했으며 적게는 25만 명에서 많게는 50만 명이 사망했다. 이란에서는 1백만여 명이 사망한 것으로 추정된다.

두 나라는 국가예산의 3분의 1 내지 2분의 1을 이 전쟁에 쏟아 부었다. 이들은 이 전쟁에 도합 5천억 달러 이상을 소모했다. 결국 전쟁은 1988년 8월 휴전협정이 체결됨으로써 끝났고 1990년 후세인이 태도를 표변해 전쟁 중 차지한 이란의 영토를 모두 돌려주고 샤트 알 아랍 수로에 관한 과거의 협정을 준수하겠다고 발표함으로써 모든 것이 원점으로 돌아왔다. 그렇다면 8년 동안 그 많은 사람이 죽고 그렇게 많은 돈을 쓰고 양 국민이 암흑 속에서 고통 받으며 살아왔던 것은 뭐란 말인가? 참으로 허망하고 통탄할 일이다. 이란-이라크 전쟁은

이란–이라크 전쟁
왼쪽부터 시계 방향으로 1. 이란 소년 병사. 2. 이라크군에 의한 이란 민간인 대학살 현장. 3. 이란 메르세드 체계에 의해 희생된 이란 반체제 단체인 인민무자헤딘 기구의 병사들. 4. 이란 병사들이 ZU-23-2 대공포를 작동하고 있다. 5. 이란 남서부 후제스탄주에 있는 항구도시 호람샤르에 수용된 이라크 전쟁 포로들. 6. 페르시아 만에서 이라크 공군의 공격으로 침몰 중인 미 해군 프리깃 함, 스탁USS Stark. (사진 출처, Public Domain-Wikimedia Commons 제공)

역사상 가장 얻은 것이 없었던 전쟁 중의 하나였다.

종파 분쟁

중동은 가히 종파의 천국이며 종파들 간의 분쟁도 극심하다. 종교 전시장을 연상케 하는 곳이다. 시리아의 알라위트와 수니, 이라크의 수니와 시아, 바레인의 수니와 시아, 이집트의 콥트 기독교와 수니 이슬람, 이스라엘의 유대교도와 수니 무슬림 등 종류도 다양하다. 중동이 유대교, 기독교, 이슬람교 등 3대 종교의 발상지임을 감안할 때 이러한 분쟁이 놀라운 일은 아니다.

　레바논의 경우 종파로 인해 1958년과 1975~1990년 내내 내전을 겪었다. 1920년대 프랑스 위임통치 때 한 종교를 다른 종교보다 우위에 두는 시스템Confessional State System을 채택함으로써 개인적인 종교 문제는 지역사회에 위임하고 인위적으로 기독교 정당이 다수당이 되도록 만들었다. 이후 1943년 약정에 의해 정부의 주요 직위는 종파별로 나누되 정부의 수장인 대통령은 마로나이트 파 기독교도가 차지하게 되었다. 총리는 수니 무슬림 그리고 국회의장은 시아파가 맡기로 합의했다. 이렇게 되자 각 종파는 자신의 지역에서 지배권을 확립하고 그 지역의 영주와 같은 지위를 차지하게 되었으니 필연적으로 분쟁이 일어날 수밖에 없었다. 종파 간의 라이벌 관계가 극에 달하자 1975~1990년 장장 15년에 걸친 긴 내전을 겪어야 했다.

내전은 레바논 내에서만 벌어진 것이 아니다. 이스라엘과 시리아 등은 각각 자국이 지지하는 종파를 지원했고 평화를 중재하려는 노력은 내부 및 외부의 역학관계에 따라 여러 차례 좌초되었다. 그러다가 1989년 아랍 리그가 중재한 타이프Taif 협정에서 마로나이트의 권력 독점을 약화시키고 수적으로 우세인 수니 무슬림의 대표권을 확대하는 등 정치시스템을 개조키로 합의함으로써 겨우 평화를 회복할 수 있었다. 그러나 타이프 협정은 레바논의 고질적인 문제를 완전히 해결하지는 못했다. 한 종교의 우월성을 보장하는 시스템은 여전히 정부와 정치 구조에 남아 있다. 레바논이 얼마나 종파주의적인 국가인지는 공항에 가보면 잘 알 수 있다. 수도베이루트 공항의 보안을 담당하는 주요 세력은 헤즈볼라이다. 그러나 수니 무슬림과 마로나이트도 각각 엑스레이 시스템을 가지고 승객을 통제하고 있다. 이러니 늘 보안체크가 지연되고 승객들은 긴 줄을 서야 한다.

이러한 상황은 여타 중동국가에서도 마찬가지다. 리비아의 수도 트리폴리의 미티가Mitiga 공항에서는 주로 이슬람주의 그룹 복장을 한 보안요원이 승객을 통제하고 있으나 다른 복장을 한 여타 종파 그룹들도 별도로 보안체크를 하고 있다. 이라크 공항에는 들어가는 입구에서부터 수도 없이 많은 체크포인트를 지나야 한다. 승객들의 짐은 여러 차례 엑스레이 체크와 마약견 및 보안요원들의 검사를 거쳐야 한다. 카이로 공항에서 복잡한 보안체크를 피하기 위해서는 뇌물(박시시)을 주는 것이 상책으로 알려져 있다.

　　　　　　　　　　　위기의 중동 어디로 나아가는가

이라크에서는 수니-시아의 종파적 대립에 쿠르드 문제까지 겹쳐 국가 수립부터 줄곧 대립이 지속되었다. 이라크의 정치는 30~35%에 달하는 수니가 55~60%에 달하는 다수 시아를 지배하는 구조였다. 사담 후세인이 이끄는 바스당 정부가 아랍 사회주의 정책을 펼치면서 종파적 대립은 물밑으로 가라앉았으나 대립은 여전했다. 헌법은 동등한 권리를 보장했으나 시아파는 사담 정부의 조직적인 박해 대상이었기 때문이다. 2003년 미국의 침공이 시작되자 시아 정치인들이 권력을 잡고 복수전을 펼치기 시작했다. 다수인 시아가 곧 정권을 잡았으며 지금까지 시아 정권이 지속되고 있다. 후세인 축출 후 최초로 권력을 장악한 시아 정치인은 누리 알 말리키 총리로서 8년간 통치했으며 2014년에 하이더 알 아바디 그리고 2018년에는 아딜 압둘 마흐디 총리가 정권을 승계했다. 수십 년 간 권력을 누려온 수니파는 보복과 박해의 대상으로 전락했다.

2007년경이 되면서 국가는 내전 상태에 빠졌다. 수십 만 명이 죽고 마을 전체가 종파적 청소의 대상이 되어 사라졌다. 이로 인해 사람들이 앞 다투어 고향을 떠남으로써 수백 만 명의 난민이 발생했다. 2003년 이후에 실시된 선거에서 줄곧 시아파가 정권을 잡았으며 이들은 같은 시아파인 이란과 밀접한 관계를 유지했다. 수니 지역에서는 반란과 테러가 속출했는데 이를 이끈 사람 중 하나가 IS 창시자 아부 무삽 알 자르카위이다. 2013년 분노와 좌절에 사로잡힌 수니는 서부 안바르 주에서 대규모 폭동을 일으켰으며 폭동은 곧 다른 곳으로 전파되었다. 2013년 말까지 라마디와 팔루자 등에서 전투가 계속되었으며 이라크 정부는 지방에 대한 통제권을 잃었다. 남부에는 시아 민병대가 판을 쳤고 북부에서는 쿠르드가 자치정부를 수립하고 독자적으로 통치했다. 그리고 중부와 서부에서는 수니가 시아 정부와 계속 전투를 벌였다. 이러한 분열 상황에서 2013년 4월 IS가 탄생한 것이다. IS는 1년이 채 안되어 안바르, 디얄라, 살라딘 등 수니가 우월한 3개 주를 통치했고 2014년 6월에는 모술을 점령했다. 2015년 5월 IS는 중부 시리아의 고대 도시 팔미라를 점령했다. IS 세력의 중추는 두 가지 요소로 이루어졌다. 첫째는 중부 이라크의 수니파 전사들이고 둘째는 사담 후세인 시절 이라크군의 장교와 사병들이다. 따라서 IS는 결국 미국의 이라크 침공으로 인한 소산물이라고 말할 수 있다.

미국의 이라크 침공

2003년 미국의 이라크 침공은 국제적으로 큰 논란을 야기했다. 미국과 영국 정부가 내세운 이유는 사담 후세인이 서방에 직접적 위협이 되는 대량살상무기를 보유하고 있다는 것이다(그러나 대량살상무기는 발견되지 않음). 후세인은 또한 9·11 테러를 일으킨 알 카에다와도 연관을 가지고 있는 것으로 추정되었다. 이 사건은 보기 드물게 말썽 많은 이슈로 떠올랐다. 수백 만 명이 서방의 이라크 침공에 대해 시위를 벌였으며 유럽 국가들은 미국·영국의 계획을 공개적으로 비난했다. 서방의 공격이 합법적인지 여부에 대한 논란으로 유엔을 비롯한 국제사회는 큰 혼돈에 빠졌다. 미국은 이라크를 '악의 축' 국가 중 하나로 규정하고 대량살상무기와 알 카에다와의 연계로 인해 국제사회에 큰 위협이 된다고 주장했다. 그러나 비판자들은 이라크 석유가 후세인의 손에 있으면 안 되므로 미국이 어떤 이유든지 내세워 이라크를 침공한 것이라고 주장했다. 이러한 견해는 2017년 1월 트럼프가 미국은 이라크 전쟁에서 병력을 축소한 후에도 석유는 지켜야했으며 이라크 석유가 ISIS 발흥의 원인이 되었다고 주장함으로써 다시 주목을 끌게 되었다.

　미국이 이라크를 침공한 것은 군사적 행동을 통해 잠재적 위협 세력인 이 지역의 다른 국가와 단체들에게 경고를 주려는 것이었다. 그러나 대부분 중동인들은 서방이 무력으로 사담 후세인을 전복시키려는 것을 적대적으로 받아들였으며 이 지역의 지도자들도 미국의 행동을 불신과 의구심으로 바라보았다. 전쟁 자체는 식은 죽 먹기였다. 미·영 연합군의 막강한 전력은 거의 저항도 받지 않고 순식간에 이라크를 점령했다. 그러나 이라크 국민은 팔을 벌리고 그들을 환영하지 않았다. 미국이 이끄는 연합군 임시정부의 생명은 짧았다. 미 군정 최고행정관 폴 브레머Paul Bremer는 이야드 알라위Iyad Allawi가 이끄는 과도정부에게 권력을 넘겨주고 2004년 6월 이라크를 떠났다.

　미국이 통치한 1년 동안 10만 명이나 되는 정규 병력이 주둔했음에도 불구하고 이라크의 안보 정세는 통제가 불가능한 상황으로 치달았다. 많은 지역에 안보 공백이 생겼고 미국은 이를 통제할 능력이 없었다. 사보타지, 약탈, 납치, 자살폭탄, 군과 당국에 대한 기습 등은 일상사가 되었으며 이라크의 재건을 막았다. 이라크는 세상에서 가장 불안한 지역이 되었다. 알라위 정부의 권력은 서방 병력의 항구적인 주둔을 통해서만 겨우 유지될 수 있었다. 미군에 저항하는 반란이 전국에 걸쳐 끊임없이 일어났다. 무력봉기는 수니와 시아 양측 모두에서 일어났고 점차 확대되었으며 그 형태도 매우 다양했다. 미국의 전비는 눈덩이처럼 불어나 2조 달러를 넘어섰다. 이라크의 인명 피해는 극심했고 전후 경제회복 계획은 지지부진했다.

이러한 상황에서도 이라크 국민은 자유선거를 중시했다. 2005년 1월 첫 번째 선거가 실시되었을 때 다수 이라크인이 선거에 참여했다. 안보 정세가 매우 불안하고 서방에 대한 반감이 가장 큰 수니 지역에서만 선거참여율이 저조했다. 선거에서 이긴 정당들은 신헌법을 제정하고 새로운 정부를 구성하기 위해 상당 기간 동안 협상을 진행했다. 연합군이 2003~2010년, 7년 동안 주둔하면서 철수 계획을 내놓지 않자 미국이 테러와의 전쟁을 위해 보다 큰 목적을 갖고 있다는 의구심이 팽배해졌다. 결국 미군과 영국군은 철수했지만 분쟁과 폭력은 그치지 않고 지속되었다. 이로 인해 폭력이 인근 이란, 사우디, 요르단 및 다른 걸프 국가들로 전파되는 것이 아니냐는 우려가 일었다. 이러한 와중에 2014년 이라크 알 카에다를 계승한 IS가 칼리프 국가를 선언한 것이다.

2015년 유엔 통계에 의하면 이라크에는 320만 명의 국내 난민이 발생했다. IS와 정부군 사이에 전쟁이 발발했기 때문이다. 유엔은 860만 명의 이라크 국민이 인도적 지원을 필요로 한다고 보고했다. 미국이 이라크를 침공한 2003년부터 2010년 사이에 11만여 명이 테러로 사망했으며 이중 1만 2천여 명은 1천 회 이상의 자살 폭탄 공격으로 사망했다. 2013년 한 해에만 2,501건의 테러공격으로 인해 6,387명이 사망하고 14,976명이 부상을 입었다. 2014년에는 3,370건의 테러공격으로 9,929명이 사망하고 15,137명이 부상을 입었다. 이라크에서 피해를 입은 사람 대부분은 민간인이다.

중동에서 자살폭탄이 성행하고 테러가 빈번히 발생하는 이유는 필요한 인적 자원을 충원하는 것이 용이하기 때문이다. 빈곤과 무지에 노출되고 아무 희망 없이 살아가며 늘 폭력을 목격하는 젊은이들이 쉽게 포섭된다. 이들은 스스로를 무력하다고 생각한다. 이러한 환경에 카리스마가 넘치는 설교자와 급진적 행동파들이 끼어들어 달콤한 말로 유혹하며 천국과 아름다운 여성을 미끼로 삼아 젊은이들을 끌어모은다. 이슬람과 알라의 영광을 위해 희생하는 순교자에게는 모든 보상이 주어진다고 속삭이는 것이다. 불행한 젊은이들은 이러한 유혹에서 벗어날 수 없다. IS가 젊은 대원을 포섭하여 교육시키고 자살폭탄의 현장으로 내몰기까지 3개월이면 족하다. 이러니 지하드를 빙자한 테러가 그치지 않는 것이다.

2014년 10월 IS는 아랍에미리트 출신의 10살 먹은 소년이 전투에서 아버지와 함께 사망했다고 발표했다. IS는 이 소년을 순교자라고 부르면서 소년의 별명이 '바그다디의 새끼 사자'라고 했다. IS 지도자 알 바그다디의 추종자라는 것이다. 사진을 보면 소년은 아버지의 품에 안겨 총을 든 채로 죽어있었다. 이 소년과 같은 소년병 문제는 심각하다. 2015년 4월 유니세프 발표에 의하면 예멘의 민병대 중 3분의 1이 소년이라고 한다. IS와 같은 테러단체들은 마구잡이로 소년을 대원으로 영입함으로써 1년 사이에 병력이 수만 명 늘어나기도 한다. 2015년 2월 인터폴은 IS에 가입한 외국 전사들의 숫자가 86개국으로부터 3만 명 이상이라고 발표했다.

위기의 중동 어디로 나아가는가

9장
서방 세력과 중동의 미래

～～～～～

미국과 중동의 관계

알 카에다에 의한 9·11 테러가 일어난 지 1년 후인 2002년 9월 부시 정부는 21세기 글로벌 리더십에 관한 안보전략문서를 발표했다. 미국의 글로벌 리더십은 자유를 지향하는 힘의 균형 속에서 팍스 아메리카나를 실현하는 것이다. 이를 위해 미국은 세 가지 우선순위를 정했다. 첫째, 미국은 글로벌 테러와 대량살상무기를 추구하는 정권에 대응하여 평화를 유지하기 위해 세계를 이끈다. 둘째, 외교를 통해 평화를 유지할 것을 공약한다. 셋째, 미국은 자유와 번영으로 인한 이익을 자유무역을 통해 널리 공유함으로써 평화를 확장시킨다.

그로부터 15년 후인 2017년 1월 트럼프 대통령이 취임했고, 며칠 후 그는 행정명령과 연설을 통해 대 중동정책에서 중요한 변화가 있

위기의 중동 어디로 나아가는가

을 것임을 공언했다. 그는 행정명령으로 7개 무슬림국가 국민의 미국 입국을 금지했다. 그중 이라크, 이란, 시리아, 리비아, 예멘 등 5개국이 중동과 북아프리카 국가들이다. 미국 법원은 이 행정명령이 무슬림을 종교적으로 차별하는 것이라고 판시하고 이행 중지를 명령했다. 그러나 트럼프가 이에 대해 비슷한 행정명령을 계속 내놓으며 법원의 판결에 저항함으로써 이 문제를 둘러싼 행정부와 사법부의 갈등이 지속되고 있다. 또한 이란-미국 관계가 상호 협박과 공갈로 급격하게 악화되었으며 결국 미국은 어렵사리 합의한 이란 핵관련 합의를 파기했다. 트럼프는 또한 30일 내에 IS를 분쇄하기 위한 계획을 내놓겠다고 공언했다. 현재 이란은 제한 없는 핵물질 생산을 공언하고 NPT(핵확산금지조약)에서 탈퇴하는 방안을 검토하는 등 강력히 반발하고 있으며 핵무기 개발도 검토하고 있는 것으로 보인다.

1945년 이래 미국의 대 중동 관계는 첫째, 테러와의 투쟁, 둘째, 외교를 통한 평화, 셋째, 자유무역을 통한 번영 등 세 가지 목표에 초점을 맞추었다. 1989년까지는 냉전 시대 구소련과의 경쟁관계에 맞춰 국가안보 전략이 정해졌으나 2009년 1월 버락 오바마 대통령이 취임하면서 중동에 큰 희망을 불러일으켰다. 항간에는 오바마가 부시 시절 인기 없었던 정책을 전면 수정할 것이라는 기대가 떠돌았다. 그러나 이러한 기대는 직면한 현실로 인해 완화된 형태로만 나타났다. 이란의 핵 개발, 교착상태에 빠진 팔레스타인-이스라엘 분쟁, 알 카에다와 여타 극단적 이슬람주의의 위협 등 현실적 과제들이 줄지어 출몰했기 때문이다.

　오바마는 2015년 이란과의 핵 협상 타결에도 불구하고 중동에서 불안정, 폭력, 분쟁, 인권 침해, 경제 침체, 테러 등 부정적인 요소들을 오히려 확대시킨 대통령이라는 비난을 받고 물러났다. 비판가들은 그가 미국에 대한 신뢰와 힘을 약화시켰으며 테러리즘을 다루는데 서툴렀다고 비판했다. 오바마는 또한 중동에서 병력을 철수시켜 미국의 힘을 약화시켰으며 이러한 힘의 공백을 러시아가 파고들었다는 비판을 들어야했다. 오바마는 중동에서 민주주의와 인권을 신장시키겠다는 약속을 지키지 못했다. 그는 아랍의 봄 당시 자신의 약속과 모순된 행동을 보였다. 이집트 시민이 무바라크 정권을 전복시킨 것을 찬양했으나 2013년 다시 군부 쿠데타가 일어났을 때에는 군부 편을 들었다. 또한 리비아 시민이 카다피를 전복시키도록 도우면서도 시리아 내전에는 적극 개입하지 않았다. 시리아의 바샤르 알 아사드가 화학무기를 사용함으로써 한계선Red Line을 넘었음에도 그를 응징하지 않았다.

　미국의 중동 개입에 대해서는 평가가 엇갈렸다. 한쪽에서는 미국의 개입이 편향되었고, 권위적인 정권의 수명 연장에 기여했으며 원유 및 여타 자원 확보에만 초점을 맞춘 것이라고 비난했다. 하지만 다른 한편에서는 미국의 개입으로 자유, 독립, 민주주의 등이 신장되었으며 전 세계에 위협을 주는 테러리즘을 제압할 수 있었다는 긍정적 평가도 있다. 트럼프의 대 중동 정책은 가급적 중동 문제에 개입하지 않겠다는 것이다. 트럼프는 선거 유세 중 미국은 돈이 많이 드는 중동의 복잡한 문제에 개입하지 않겠다고 공언했다. 중동 문제 불개입은 그의 선거 공약이 되었다. 과거의 공화당 정부는 중동의 국가 건설에 기여하는 정책을 펼쳤는데 트럼프는 이러한 분야에는 관심을 보이지 않았다.

미국은 이란을 응징하는 데는 적극적이나 이는 다분히 이스라엘과 사우디를 의식한 것이다. 트럼프는 사우디의 무함마드 빈 살만 왕세자가 자말 카슈끄지Jamal Khashoggi(사우디 유력 언론인)를 암살한 것이 분명함에도 그를 응징하지 않았다. 미국은 많은 정치범을 투옥하고 있는 이집트 정권도 비난한 적이 없다. 미국은 돈이 많이 드는 전쟁을 피하기 위해 시리아로부터 철군을 결정했다. 트럼프가 원하는 것은 중동국가들이 자국의 문제를 스스로 해결하는 것이다. 그러면서도 미국은 이들이 원하면 늘 무기를 팔 준비가 되어 있으며 반면에 웬만한 인권문제는 눈감아줄 태세가 되어 있는 것으로 보인다. 미국은 중동 땅에 처음 발을 디딜 때부터 국가 이익에 충실한 정책을 펼쳤다. 이러한 성향은 지금도 마찬가지다. 중동에서 미국의 이해관계는 때마다 조금씩 달랐지만 변하지 않은 것도 있다.

첫째는 원유이다. 미국은 중동의 원유가 경제와 국가안보 측면에서 매우 중요하다는 입장을 일관성 있게 유지했다. 석유는 미국에게 왜 그렇게 중요한가? 그것은 미국이 빼어난 산업 국가로서 석유 의존도가 높기 때문이다. 자국에서 석유를 생산하기는 하지만 그것으로는 부족해서 중동 석유에 크게 의존했다. 2000년대 초 전문가들은 미국의 석유 생산이 감소하는 반면 에너지 소비는 늘어나 중동에 대한 의존도가 보다 높아질 것으로 예측했다. 미국은 사우디에만 석유 수입의 20%를 의존했다. 2017년까지 미국은 여전히 사우디에게 크게 의존했으나 1990년대와 2000년대 정점을 지나면서 의존도는 점차 감소하기 시작했다. 그럼에도 불구하고 중동은 여전히 미국에게 중요한 자원공급처이다. 그동안 에너지 시장에서 큰 변화가 일어나 미국은 셰일오일 개발로 국내 석유생산이 크게 증가했으며 2018년에는 세계 최대 석유생산국의 지위에까지 올랐다. 미국은 이제 '에너지 슈퍼파워'가 될 것이라는 야심까지 드러내고 있다. 그러나 '석유 시대'를 완전히 벗어날 때까지 중동의 주요 산유국들과 좋은 관계를 유지하는 것은 미국의 국가 이익을 위해 중요한 일이며 향후에도 이러한 입장에 변화는 없을 것이다.

둘째, 중동과 자유무역을 신장하는 것은 오랫동안 미국의 핵심 이익으로 간주되어 왔다. 이 지역은 특히 무기 수입과 군사 원조에 있어서 핵심적인 지역이다. 예를 들어 2017년 트럼프가 사우디를 방문했을 때 그는 1천억 달러 이상의 무기 구매 계약을 체결했다고 발표했다. 미국은 이 지역에서 가장 중요한 무기 수출국이다. 전통적으로 사우디와 아랍에미리트 등 걸프 국가들이 미국 무기를 수입하는 가장 중요한 고객들이다. 중동은 미국의 전 세계 무기 수출 중 40%를 점유하고 있다.

위기의 중동 어디로 나아가는가

미국은 또한 일부 중동국가에게 무상원조와 융자를 통해 많은 군사적 지원을 해왔다. 2017년 미국 예산에서 외국에 대한 군사 원조는 57억 달러에 달한다. 군사 원조를 받는 상위 5개국 중 4개국이 중동국가이다. 이스라엘 31억 달러, 이집트 13억 달러, 요르단 3억 5천만 달러, 파키스탄 2억 6천 5백만 달러, 이라크 1억 5천만 달러 순이다. 미국은 이스라엘에게 지금까지 1,240억 달러 이상의 원조를 제공했는데 대부분 군사비 원조이다.

또한 미국 의회는 이스라엘에게만 특혜를 베풀었다. 예를 들어 다른 나라들은 미국의 원조를 가지고 미국 회사로부터 무기를 구매하는 데에만 사용해야 한다. 그러나 이스라엘은 이 예산으로 미국 내에서 무기개발을 하는데 사용하거나 이스라엘 회사가 제작한 무기를 구입할 수 있다. 또한 이스라엘은 국무부에서 관장하는 외국 원조와 별도로 로켓 및 미사일 프로그램 개발 예산에 대한 보조금을 추가로 받는다. 미국이 우방국에게 무기를 수출하는 것은 지역 안보를 신장시킴으로써 미국의 국익을 증진하는 일이다. 1970년대 이란에 대한 무기판매는 미국의 국익을 위해 중요한 일이었다. 잘 무장된 이란이 냉전 중 소련의 침공에 대한 안전판 역할을 할 수 있었기 때문이다. 그러나 이 무기가 국내에 배치될 경우 이란 국민을 위협하며 권위주의 정권의 국민 탄압을 조장할 수 있다는 측면은 간과되었다.

셋째, 이스라엘의 안보는 미국의 핵심 이익 중 하나이다. 여러 가지 이유로 인해 역대 미국 정권들은 이스라엘의 안보는 물론 이스라엘의 번영을 공약 중 하나로 이행해왔다. 미국이 이스라엘과 '특별한 관계'를 유지하는 것은 이스라엘을 중동에서 가장 중요한 전략적 동맹국으로 간주하기 때문이다. 안와르 알 사다트 이집트 대통령은 지미 카터가 이집트-이스라엘 평화 프로세스를 진척시켜줄 것을 기대하면서 미국의 파워를 이렇게 표현했다. "이스라엘과 팔레스타인 분쟁을 조정함에 있어서 미국이 99%의 카드를 쥐고 있다."

넷째, 미국은 항상 중동에서 외부 세력의 팽창을 경계해왔다. 냉전 중 미국의 정책은 소련의 영향력 확대를 저지하는데 집중되었다. 1990년 소련 붕괴 이후에는 미국은 이슬람주의 확대 저지를 비롯하여 원유 공급 확보와 무기 판매 촉진 및 미국의 가치를 전파하는 일에 주력하고 있다.

미국과 중동의 정책적 관계는 제1차 세계대전 직후 우드로 윌슨 대통령이 중동지역 국민의 민족자결과 독립을 지지한다는 선언을 발표함으로써 시작되었다. 윌슨의 희망은 그러나 당시 영국과 프랑스의 제국주의적 야심으로 인해 실현되지 않았다. 미국의 대 중동 정책이 빛을 발한 것은 제2차 세계대전 후이다. 미국은 중동국가들과 '특별한 관계'를 수립했고 이로써 미국의 이익이 보장되었다. 많은 점에서 미국은 1945~56년에 급격히 쇠퇴한 제국주의 영국을 대신할만한 세력으로 간주되었다. 미국 입장에서도 석유를 확보하고 소련의 영향력을 최소화한다는 점에서 중동은 전략적인 요충지로 간주되었다.

1930~40년대 미국 석유회사들은 사우디, 쿠웨이트, 바레인, 이란

등 산유국에서 영국과 경쟁관계에 있었다. 특히 사우디 왕실과 결탁한 미국 석유회사들은 사우디의 성장과 발전에 필수불가결한 존재가 되었다. 미국의 자본과 기술 및 노하우는 역내 인프라를 구축하고 중동국가들과 정치적 유대를 맺는데 결정적인 역할을 수행했다. 미국은 서방을 대표하는 세력으로 떠올랐으며 중동국가들과 다양한 관계를 맺었다. 이란, 사우디, 이스라엘 등이 역내 가장 중요한 고객이 되었다. 이들이 친서방적인 방어축이 됨으로써 소련의 침투를 막을 수 있었고 석유도 무난히 확보할 수 있었다. 중동은 양대 세력이 자신의 우위를 과시할 수 있는 냉전의 각축장이었다.

1957년 아이젠하워 독트린은 중동에서 소련의 영향력을 봉쇄하고 미국의 이익을 확보하기 위한 전략이었다. 이는 1956년 수에즈 사태 이후 이집트와 시리아에서 커지는 소련의 영향력과 서방 세력의 약화에 대응하기 위한 것이다. 그러나 아랍과 이란의 민족주의자들이 석유·가스와 같은 자원을 국유화하는 상황에서 아이젠하워 독트린의 성공은 쉽지 않았다. 1940~50년대 미국의 정책입안자들에게는 중동에서 민족주의의 발흥과 독립이라는 도전에 적절히 대처하는 것이 큰 과제로 떠올랐다.

1950년대에 들어 소련과 서방은 이집트의 나세르가 아스완 하이댐을 짓는 사업에 서로 자금을 제공하려고 경쟁을 벌였다. 그러다가 나세르가 동유럽의 무기 구매에 눈길을 돌리자 서방은 한 걸음 물러섰다. 1956년 나세르가 수에즈 운하의 국유화를 선언하자 영국, 프랑

나세르 전 이집트 대통령(가운데)과 흐루쇼프 소련 서기장(오른쪽)
아스완 하이 댐 준공 기념식에서 발파 버튼을 누르고 있다. (사진. 작가미상-Wikimedia
Commons 제공 1960년 추정)

스, 이스라엘 연합군이 이집트를 침공하는 사태가 벌어졌다. 서방의
기대와는 달리 미국은 소련과 함께 즉각적인 휴전을 요청하는 유엔
결의에 찬성했다. 당시 미국은 소련군이 헝가리에서 일어난 시민 소
요를 탱크를 동원하여 무자비하게 진압하는 사태가 벌어졌음에도 불

위기의 중동 어디로 나아가는가

구하고 안보리에서 소련과 보조를 함께 한 것이다. 수에즈 사태로 생긴 힘의 공백을 이용하는 데에는 미국보다 소련이 한 발 빨랐다. 이집트, 이라크, 시리아, 예멘 등 강경 아랍국들이 소련과 동맹을 결성하여 사우디, 요르단, 모로코 등 온건 친 서방국가들에 맞섰다.

아이젠하워 독트린에 따라 미국은 친 서방국가에 대한 원조를 강화했다. 그 결과 중동에서는 군비 경쟁이 일어났다. 미국과 소련이 서로 우방국에게 집중적으로 무기를 지원했기 때문이다. 미국은 특히 중동에 군사기지를 설치하는데 적극적이었다. 1970년대 중반까지 미국은 우방국에게 650억 달러 이상의 군사 원조를 제공했다. 미국이 사우디와 이란에게 판매하는 무기는 이들 국가들이 지역에서 맹주 노릇을 하는데 필수적인 도구였다. 석유 소득이 늘어나면서 군비 경쟁이 더 가열되었으며 미국과 다른 무기 수출국들의 지위를 높여주었다. 석유와 무기의 사이클이 형성되면서 수요국과 공급국 사이에 전에 볼 수 없던 새로운 종류의 고객 관계가 형성되었다. 1980년대 초가 되면서 전 세계 무기 수출의 절반이 중동으로 향했다.

이란의 경우 미국의 무기 공급으로 말미암아 샤 팔레비는 지역의 맹주가 되겠다는 야심을 품을 수 있게 되었다. 이란은 미국으로부터 수십 억 달러의 무기를 도입했다. 그러나 1979년 이슬람 혁명으로 호메이니가 등장하자 밀월 관계는 하루아침에 깨지고 말았다. 호메이니는 미국을 제1의 적으로 선포했다. 이란은 이제 이라크와 사우디에게 직접적인 위협으로 등장했다. 이라크와 사우디에는 내부적으로 동요하는 시아파가 상당수 있었고 이들이 이란의 새로운 정부에 동조할 가능성이 있었다. 그러나 미국의 정책 입안자들은 무엇보다 이란의 원리주의로 인해 석유 공급의 안정성이 침해될 것을 우려했다. 이러한 우려는 현실로 드러났다. 테헤란에서는 미국 대사관이 습격을 당하고 직원들이 인질로 잡혔다. 이란-이라크 전쟁 발발로 걸프 만의 정세가 불안해졌으며 석유 수급에 차질이 생겼다.

이런 가운데 카터가 물러가고 로널드 레이건의 시대가 도래했다. 레이건의 출발은 좋았다. 1981년 1월 그가 취임하자마자 444일 동안 인질로 잡혀있던 미 대사관 직원들이 풀려난 것이다. 레이건은 중동에서 새로운 우방국을 얻고자 했으며 이스라엘-아랍 적대 관계를 청산하려 했다. 그러나 얼마 지나지 않아 시련이 닥쳤다. 1983년 레바논 미군 기지에서 241명의 미군이 폭탄 투척으로 사망한 것이다. 1945년 태평양의 이오지마 전투 이래 최대의 인명 피해였다. 미국은 결국 레바논에서 병력을 철수시켜야 했다. 미국은 레바논 내전이 고조에 달했을 때 미군을 주둔시켰다. 아랍인에게는 미국의 이러한 행동이 레바논을 침공한 이스라엘의 공모자로서 기독교 세력에게 힘을 실어주려는 것으로 비쳤다. 미국은 폭탄 투척의 주범으로 헤즈볼라를 지목했다. 헤즈볼라는 이슬람 혁명 모델을 수출하기 원하는 호메이니와 연계되어 있었다. 여하튼 1983년 폭탄투척으로 레바논에서 철수함으로써 미국은 과격 이슬람 세력에게 굴복한 셈이 되었다. 1980년대 중반 레이건 정부는 세상을 떠들썩하게 한 이란-콘트라 스캔들로 또 한 차례 타격을 입었다.

1980년 이란과 이라크는 장장 8년간 지속될 전쟁에 돌입했다. 이 전쟁이 중반에 돌입했을 때 이란의 지도부는 비밀리에 미국산 무기 구입을 제의했다. 백악관 참모들은 대통령에게 이 제안을 받아들일 것을 건의했다. 무기 수출이 미국의 역내 지위를 신장시킨다는 것이다. 미국 정부가 이란에 대해 무기 금수조치를 내린 상태였음에도 불구하고 레이건은 이란과의 협상을 승인했다. 무기 판매로 인한 수익은 비밀리에 니카라과의 콘트라 반군을 지원하는데 쓰였다. 1986년 레바논의 한 신문이 이 협상을 폭로했는데 이때까지 미국은 이미 1천 개가 넘는 미사일을 이란에게 판매한 뒤였다. 자체 조사 결과 이 거래는 사실로 밝혀졌다. 레이건은 국내에서 높은 인기 덕분에 이 스캔들로 치명적인 타격을 입지는 않았으나 중동국가들은 미국의 파울 플레이를 결코 잊지 않았다. 아이젠하워부터 카터에 이르기까지 역대 미 정권은 중동에서 직접적인 개입과 속임수 정책을 계속해왔다.

1951년 이란의 총리 모하메드 모사데크가 석유 국유화를 선언하고 외국의 원조 중단을 발표하자 워싱턴에는 빨간 불이 켜졌다. 미국은 심사숙고 끝에 개입에 나섰다. CIA는 1953년 여름까지 모사데크를 축출하고 샤 팔레비(팔레비 2세)의 권위를 복원하기 위한 아약스 작전Operation Ajax을 전개했다. 영국 정보부 MI6와의 공동 작전에서 CIA는 모사데크를 축출하고 팔레비를 복원시키는데 성공함으로써 그는 미국에 평생 갚아도 다 못 갚을 큰 빚을 지게 되었다. 미국은 이란을 중동에서 가장 중요한 고객으로 생각하여 수십억 달러에 달하는 원조와 무기 지원을 아끼지 않았다. 1960년대~1970년대 초에 걸쳐 미국의 정책은 재편되었다. 소련의 영향력과 아랍 국가들의 적개심이 커짐에 따라 그동안 첨단무기를 보수적인 아랍 국가들과 이스라엘에 공급하지 않던 정책이 완화된 것이다. 1967년 6일 전쟁이 역내 군사 및 정치적 세력 균형을 바꾸어 놓았다. 그 결과 이스라엘의 대미 관계가 강화되었으며 이렇게 형성된 특수 관계는 닉슨 시절에 완전히 자리를 잡고 이후 양국 간 경제 및 군사 관계의 초석이 되었다.

1973년 전쟁과 석유 보이콧 이후 미국의 정책 우선순위는 다시 걸프 국가들로 향했다. 그러다가 1979년 호메이니가 정권을 잡고 미국을 제1의 적으로 선언함으로써 미국의 중동정책은 큰 기로에 처하게 되었다. 미국은 믿을만한 국가를 필요로 했다. 그래서 아랍-이스라엘 분쟁을 해결하여 이집트를 새로운 동맹국으로 삼고자 했다. 이렇게 해서 미국 주도로 이스라엘과 이집트는 평화협정을 체결하게 되고 막대한 원조가 이집트로 흘러가게 되었다. 캠프 데이비드 평화협정은 공식적으로는 이스라엘과 이집트의 적대관계를 종식시켰으나 그 대가로 아랍으로부터 왕따를 당하게 된 이집트는 완전히 미국 편으로 남을 수는 없었다. 미국은 이란, 이집트, 이스라엘 등과 주로 특별한 관계를 유지했으나 이로 인해 다른 국가들은 소외되었다. 소외된 국가들은 자연스럽게 소련에 접근함으로써 미국과 멀어졌다.

레이건(1981~1989년)과 부시(1989~1993년) 정부 시절 공화당은 이스라엘의 요구를 모두 충족시킬 경우 미국의 이익을 해친다는 사실을 깨달았다. 이 때문에 미국은 몇몇 아랍 국가들에게 우호적인 정책을 펼침으로써 균형을 유지하려 했다. 그러나 결과적으로 이러한 정책은 걸프 국가들에게만 우호적으로 작용했을 뿐 중동에서 미국의 정체는 지속되었다. 또한 이 시기에 미국은 이란 혁명을 계기로 태동한 이슬람 원리주의 확산을 저지하려 했다. 이를 위해 미국은 역내 국가들과 많은 협상을 진행했는데 그중 하나가 아프가니스탄이었다. 그러나 아프가니스탄은 나중에 미국에 역습을 가하게 된다. 클린턴 행정부 때에는 북아일랜드 문제와 발칸 문제 해결을 교두보로 삼아 중동문제도 해결하려 했으나 이스라엘-팔레스타인 문제에서 진전을 가져오지는 못했다.

조지 부시 대통령은 취임 첫 해에 9·11 테러를 겪었다. 테러와의 전쟁을 선언한 그는 이라크와 이란을 주요 타깃으로 삼았다. 그러나 이외에도 이스라엘-팔레스타인 문제, 리비아, 사우디, 예멘, 레바논, 시리아, 지역안보 및 무기 등 많은 문제가 그의 어깨를 짓눌렀다. 당시 워싱턴에는 "빈 라덴을 죽이는 것만으로는 충분치 않다. 새로운 빈 라덴이 언제든지 나타날 수 있다. 독사들을 모두 제거하고 그들의 소굴을 파괴해야 하며 다시 소굴이 생기지 않도록 예방해야 한다."라는 사고가 팽배했다. 미국은 이러한 현실 인식 하에서 2003년 이라크를 공격하고 2011년 리비아 사태에 개입한 것이다. 오바마 정부는 현실적인 접근 방식을 중요시했으며 가급적 직접적인 개입은 피하려 했다. 오바마는 이라크에서 철군했고 시리아 사태에는 개입하지 않았다.

미국의 대 중동 정책이 깊이가 없고 피상적이며 탁상공론에 불과하다는 비판이 있다. 현지 언어에 대한 이해가 부족하여 일반 국민의 정서를 광범위하게 파악하지 못하고 있다는 비판도 있다. 중동 전문가라는 사람이 하원청문회에서 무슬림형제단을 세속적인 이념을 추구하는 단체라고 오도하는 사건도 있었다. 하마스와 이스라엘 간 충돌이 한창이던 2014년 여름 존 케리 국무장관은 카타르 및 터키와의 협의 하에 양측의 휴전을 제의했으며 여기에는 라파 출구Rafah Crossing의 개방, 가자 지구 내 항구 건설과 운영, 이스라엘의 하마스 포로 석방 등이 포함되었다. 이러한 제안은 마치 하마스 및 후원자인 카타르와 터키에게 상을 내리는 것과 같았다. 그러나 이집트에게는 큰 충격이었다. 이집트는 하마스 및 무슬림형제단과 적대관계에 있으며 이들을 지원하는 카타르 및 터키와도 대립하고 있었기 때문이다.

이집트는 가자와 시나이 반도를 연결하는 터널들을 파괴하기 위한 노력도 벌이고 있었다. 2014년 3월까지 1,300개 이상의 터널을 파괴했다. 이러한 상황에서 미 국무장관이 이와 같은 제안을 했다는 사실은 믿기지 않을 정도였다. 마치 국무부에는 중동을 제대로 아는 전문가가 전무(全無)한 듯했다. 당연히 미국의 제안은 거부되었고 위신이 크게 손상되었다.

2013년 미국의 주요 싱크탱크들은 '기후 변화와 아랍의 봄'이라는 주제로 국제회의를 열었다. 당시 이집트의 무슬림형제단은 권력을 상실할 위기에 놓여있었고 이라크에서는 폭력으로 4천 명 이상의 민간

위기의 중동 어디로 나아가는가

인이 목숨을 잃었으며 이스라엘과 하마스는 전투를 벌이고 있었다. 한편 시리아에서는 내전이 전면전으로 확대되고 있었고 전 지역에 걸쳐 극단 이슬람 지하디스트들이 준동하고 있었다. 이러한 상황에서 기후 변화를 주제로 한 국제회의가 과연 타당한 것이었을까? 기후 변화가 아무리 중요한 이슈라고 하더라도 이러한 상황에서 이 주제가 적합하다고 말할 사람은 거의 없었을 것이다.

2011년 11월 무바라크 하야 후 이집트에서는 의회선거가 한창이었고 최종 결과는 2012년 1월에 발표될 예정이었다. 1차 투표 결과 무슬림형제단과 살라피 단체가 압승을 거두고 있었다. 1차 투표 1주일 후 당시 상원외교위원회 위원장인 존 케리가 이집트를 방문하여 현지 대사와 함께 무슬림형제단 소속 정당 본부를 방문, 미국이 무슬림형제단을 핵심 정치세력으로 인정한다는 메시지를 전했다. 이는 그 자체가 잘못된 것은 아니었으나 타이밍에 문제가 있었다. 2차 및 3차 투표가 곧 예정되어 있는 상황에서 미국의 행동이 선거에 영향을 줄 가능성이 높았기 때문이다. 반대파들은 이를 미국의 내정 간섭으로 몰아붙였으며 걸프 국가, 이스라엘, 요르단 등 미국의 우방들도 깊은 우려를 표명했다. 결과적으로 무슬림형제단에 별 도움이 되지 않고 미국의 체면만 구긴 셈이 되고 말았다.

2012년 4월 대통령 선거가 한창일 때 무슬림형제단의 정치단체인 '자유와 정의당' 대표들이 워싱턴을 방문하여 미국의 환대를 받고 언론의 집중적인 취재를 받았다. 미국은 무슬림형제단이 정권을 잡고 실용적인 정책을 펼칠 것으로 생각하여 환대했으나 이집트 내부와 아랍사회의 기류는 그 반대였다. 미국은 이집트의 내부 사정을 제대로 파악하지 못하고 있었으며 무슬림 형제단에 반대하는 세력의 힘에 대해서도 인식이 부족했다. 결국 군부가 들고 일어났으며 무슬림형제단은 권력을 잃고 말았다. 미국은 이러한 사정을 인지하지 못한 채 대비가 부족했다. 미국은 군부 쿠데타에 거부감을 표시하며 군사적 지원을 2015년 4월까지 중단해야 했다. 미국이 중동의 정세를 올바로 판단하기 위해서는 서방측 뉴스에 집중하는 성향에서 벗어나서 중동의 현지 방송과 뉴스에 귀를 기울여야 한다는 목소리도 만만치 않다.

미국과 이스라엘

홀로코스트를 딛고 팔레스타인 땅에 독립 국가를 세운 이스라엘은 미국 내 디아스포라Diaspora(세계 각지에 흩어져 살면서 유대교의 규범과 생활 관습을 유지하는 유대인을 지칭한다)의 영향력 등으로 미국과 특수한 관계를 맺게 되었다. 1977년 이스라엘이 이웃 아랍국가인 이집트와 평화의 기로에 서 있을 때 지미 카터는 이스라엘과 미국은 한 몸과 같은 존재임을 강조했다. "우리는 이스라엘과 특별한 관계에 있다. 중동에서 우리의 첫 번째 공약은 이스라엘의 존립과 평화를 보호하는 것이다." 그로부터 40년 후 트럼프는 이스라엘과의 특수한 관계를 재확인했다. 미국과 이스라엘은 동맹 이상으로 가장 밀접한 관계에 있는 것이 사실이다.

1945년 이후 역대 미국의 모든 정권은 어떠한 비난에도 불구하고 철두철미하게 이스라엘을 동맹국으로 보호해왔다. 국제사회가 팔레스타인 땅 점령과 팔레스타인인에 대한 부적절한 대우 등으로 이스라엘을 비난함에도 불구하고 미국은 외눈 하나 깜짝하지 않고 시종일관 이스라엘 편을 들었다. 팔레스타인 문제와 관련국제법에 따른 이스라엘의 의무를 촉구하는 유엔결의가 상정될 때마다 미국은 거부권을 행사했다. 미국은 이스라엘의 이익이 자신의 이익인 것처럼 이스라엘을 일방적으로 두둔한다. 오바마 정권 말기인 2016년, 유엔이 이스라엘을 비판하도록 놔둔 적이 있었는데 이것이 36년 동안 반(反) 이스라엘 결의 채택에 반대하지 않은 유일한 사례이다.

미국의 이스라엘에 대한 지지는 미국 사회 전체에 광범위하게 퍼져 있다. 친 이스라엘적인 사회분위기와 시오니즘에 동조하는 분위기가 밑바탕에 깔려 있는 것이다. 특히 백악관, 국무부, 상원 및 하원 등 정부 기관에 넓게 퍼져 있다. 미국 내 친 이스라엘 로비는 막강하고 광범위하다. 이스라엘의 로비스트 우리 아비너리Uri Avinery는 이렇게 말한다. "친 이스라엘 세력이 의회에서 모세의 십계명을 폐기하는 결의를 제출한다고 하더라도 상하 양원은 이 결의를 압도적으로 채택할 것이다." 주요 로비 그룹으로는 미국 이스라엘 공공위원회(AIPAC: American Israeli Public Affairs Committee)가 있는데 이 단체는 미 의회와 여타 정치 시스템을 상대로 직접적인 로비를 벌여 이스라엘을 지지하는 법과 정책을 만들어내도록 유도한다.

이스라엘은 제2차 세계대전 이후 미국으로부터 가장 많은 원조를 받은 나라이다. 미국은 모든 문제에 있어서 이스라엘을 먼저 생각하고 다음에 다른 나라들을 생각하기 때문에 아랍 국가들이 심한 차별을 느끼는 것은 당연하다. 총체적으로 보아 미국은 자신들이 이스라엘에 진 윤리적인 빚, 친 이스라엘 세력의 로비, 양 국가의 안보 및 경제적 이익 등을 고려하여 이스라엘과 특수한 관계를 계속 유지하고 있다. 이스라엘이 미국과 가장 사이가 나빴던 때는 오바마 시절로 오바마와 네타냐후의 개인적인 관계는 좋지 않았다. 이스라엘은 팔레스타인 땅에 불법적인 정착촌을 건설하지 말라는 미국의 말을 듣지 않았고 미국은 이스라엘의 반대에도 불구하고 이란과 핵 협정을 체결했다. 그러나 트럼프가 들어와 밀월관계는 다시 회복되었다. 트럼프는 이란과 맺은 핵 협정을 파기하겠다고 약속했으며 실제로 파기했다.

팔레스타인 문제에 대해서는 이스라엘 내 극우파의 견해를 지지했다. 예루살렘을 이스라엘의 수도로 인정하여 미 대사관을 그곳으로 옮겼으며 팔레스타인 자치정부와 유엔팔레스타인난민구호기구 UNRWA에 대한 보조금 지원을 중단했다. 2020년 벽두에는 이스라엘의 입장을 일방적으로 수용하는 '중동평화계획'을 내놓았으나 팔레스타인의 강력한 반대에 부딪쳐있다. 70년 이상 지속되고 있는 이 복잡한 분쟁이 과연 어떤 식으로 마무리 될 것인지, 미국이 그러한 외교적 역량을 갖고 있는지조차 아직은 미지수다.

위기의 중동 어디로 나아가는가

미국과 사우디아라비아

걸프 왕정국가들은 형태는 조금씩 다르지만 실제로는 모두 절대적인 권력을 가진 왕정이다. 이들은 세습 국가이고 가부장적이며 절대적인 권력을 휘두른다. 사회·정치적인 통제는 나라에 따라 다르다. 바레인은 비교적 자유로운 국가이며 쿠웨이트는 대외 개방적이고 오만은 전통적으로 보수적인 국가이며 사우디는 가장 엄격하고 보수적인 국가이다. 석유를 바탕으로 한 걸프 산유국은 바레인, 쿠웨이트, 오만, 카타르, 사우디 및 아랍에미리트 6개국을 말한다. 이 지역의 막대한 석유·가스 매장량 때문에 걸프는 미국의 핵심적인 이익과 직결되어 있는 전략적 요충지이다. 걸프 산유국 중 미국에게 가장 중요한 국가는 말할 필요도 없이 사우디이다.

미국과 사우디는 석유로 맺어진 관계이다. 메카와 메디나는 무슬림에게 가장 신성한 두 개의 도시이다. 성지의 수호자임을 자처하는 사우디는 수니 이슬람의 종주국으로 군림하며 왕정체제를 유지하고 있고 청교도적으로 강경한 교리를 가진 와하비즘을 신봉하고 있다. 미국과 사우디는 정치적 친밀감보다는 서로의 필요에 의해 관계를 맺어왔다.

1932년 이래 사우디는 알 사우드 가문이 통치하는 왕국이다. 알 사우드는 원리주의 이슬람인 와하비즘을 국가 이념으로 받아들이고 이를 국가의 통치 구조 속에 편입시켰다. 1744년 사막의 조그만 부족장 무함마드 빈 사우드와 강경 이슬람 개혁주의자 와하브 사이에 맺은 동맹을 발판으로 사우드 가문이 결국 아라비아 반도의 패자가 된 것이다. 사우드가 여기까지 오기까지 많은 우여곡절이 있었다. 치열한 전쟁을 치르고 수많은 적을 물리쳐야 했고 포로로 잡힌 왕족들이 살해되기도 했으며 수없이 많고 어려운 결정을 내려야 했다. 결국 이븐 사우드의 명철한 판단력과 뛰어난 전략으로 마지막 장애물이자 와하비즘의 맹신적 행동세력인 이크완Ikhwan을 제압하고 사우디 왕국을 창건했으며 얼마 후 석유의 발견으로 중동의 중심국가로 올라선 것이다.

사우디는 아라비아 반도에서 오랜 세월에 걸친 부족 간의 전쟁 끝에 20세기 초에 결실을 본 왕국이다. 반도의 중앙 고지대인 네지드 Nejd에 본거지를 둔 알 사우드 가문이 초기 이슬람 추종자로서 호전적인 베두인 이크완 세력과 손을 잡고 이웃 부족들을 하나씩 하나씩 굴복시켰다. 이들이 마지막으로 굴복시킨 부족이 히자즈의 주인인 샤리프 후세인의 하세미트 가문이다. 아라비아 반도를 평정한 후 1932년 압둘 아지즈 이븐 사우드 Abdul Aziz Ibn Saud는 자신을 왕으로 하는 사우디아라비아 왕국을 창건했다. 가문의 이름을 본 따 왕국의 이름을 정한 유일한 국가이기도 하다.

압둘 아지즈 이븐 사우드의 1~2세대 후손들이 권력을 독점하고 있으며 형제 상속을 원칙으로 하는데 현 살만 국왕은 아들 무함마드 빈 살만에게 권력을 물려주려 하고 있다. 이전까지는 이븐 사우드의 아들 6명이 계속해서 왕위를 승계했다. 많은 왕자들 중에서 여덟 번째 부인 수다이리가 낳은 7형제가 강한 권력 구조를 형성하고 있다. 수

이븐 사우드 국왕이 이집트 대염호수Great Bitter lake에 도착한 미 중순양함 퀸시호에서 루스벨트 전 미 대통령을 만나고 있다. (사진 출처. US Navy Photo USA-C-545 소장, 1945년 2월 14일)

다이리 7형제는 파드Fahd, 술탄Sultan, 압둘라흐만Abdulrahman, 나이프Nayif, 투르키Turki, 살만Salman, 아흐마드Ahmad이다. 수다이리의 왕권은 파드와 살만을 거쳐 무함마드로 승계되어 나갈 것으로 보인다. 사우디 왕실 권력의 특징 중 하나는 왕자들을 낳은 어머니의 사회적 지위와 출신 부족이 큰 영향을 발휘한다는 점이다. 사우디에는 약 500여개의 부족이 있다. 왕의 피를 이어받았어도 어머니가 누구냐에 따라 왕자들의 지위가 결정되는 성향이 있다.

사우디가 보유하고 있는 엄청난 석유와 걸프 지역에서 사우디의 전략적인 위치는 미국의 이익에 중요한 요소가 되었다. 1932년 독립 직후 양국은 외교관계를 수립하였으며 1945년 루스벨트 대통령과 이븐 사우드 국왕 간의 역사적 만남 후 양국관계가 돈독해졌다. 이들은 수에즈 운하로 온 미 중순양함 퀸시Quincy호에서 만났는데 이는 중동에서 영국의 영향력이 쇠퇴하고 미국의 영향력이 새롭게 시작되는 상징적인 사건이었다. 사우디는 중동에서 미국의 영향권에 들어간 첫 번째 국가가 되었다. 이후 많은 국가들이 사우디의 뒤를 따랐고 미국은 중동에서 가장 큰 영향력을 미치는 국가로 자리매김했다.

  냉전이 시작되자 아프리카·유럽·아시아 3개 대륙 사이에 위치한 사우디의 지정학적 중요성은 더욱 부각되었다. 유럽 식민주의 영향을 덜 받고 주변 강대국들보다 인구가 적으나 지정학적으로 중요한 사우디는 미국에게 매력적인 파트너였다. 사우디의 석유는 서유럽과 일본의 재건에 중요한 역할을 했고 미국 석유회사들이 세계 시장을 지배하는데 필수적인 요소였다. 루스벨트와 트루먼 대통령이 미국, 사우디, 서유럽 및 일본과의 사이에 구축한 '사우디 커넥션'은 값싸고 풍부한 원유와 공군기지를 서방세계에 제공했다. 아버지의 뒤를 이은 사우드 빈 압둘 아지즈 왕은 1957년 아이젠하워 독트린에 가담했고 사우디는 중동에서 이집트, 북예멘, 남예멘 등에 맞서 반공산주의의 선봉장이 되었다. 1979년 소련의 아프가니스탄 침공 때에도 사우디는 이슬람 네트워크를 발동하고 재정 지원을 통해 아프간이 소련을

위기의 중동 어디로 나아가는가

물리치는데 큰 도움을 주었다. 1973년 10월 이집트와 이스라엘 간의 전쟁 후 아랍 국가들이 발동한 석유금수로 사우디와 미국 관계는 잠깐 소강상태에 빠졌으나 곧 회복했고 전보다 더 많은 원유가 미국으로 수출되었다. 1979년 호메이니의 이슬람 혁명 이후 사우디는 이스라엘과 함께 중동에서 가장 중요한 미국의 양대 맹방이 되었다.

1933년 사우디는 석유개발권을 국제 컨소시엄인 아람코Arabian American Oil Company에게 주었다. 아람코는 나중에 사우디의 국영석유회사가 되었으며 세계에서 가장 많은 현금을 보유한 회사로 성장했다. 2019년 11월 기업을 공개한 아람코는 시가총액 1조 8천억 달러로 애플, 마이크로소프트 등을 제치고 세계 최대 기업으로 올라섰다. 창립 이래로 아람코는 미국과 긴밀한 관계를 맺어왔다. 아람코는 석유 개발을 위한 인프라 뿐 아니라 도로, 공항, 운송, 통신 등 석유 수출에 필요한 모든 인프라를 건설하는 사실상 '공공업무부'의 역할을 담당했다. 사우디에 많은 미국 석유회사들이 진출했으며 경제 발전에 기여했다. 양국 관계에서 핵심은 서로 상이한 원칙에 따라 통치하는 두 국가들이 어떻게 하면 상호 이익을 보전하면서도 원만한 관계를 유지할 수 있도록 하느냐이다.

미국은 주로 경제적인 관점에서 사우디를 관리해왔다. 1970년대 미국은 석유 수입의 20% 정도를 사우디에 의존했으며, 또한 미국은 사우디의 가장 중요한 무역 상대국이다. 사우디는 늘 국가안보를 가장 중요한 이슈로 삼았다. 이 지역의 정세가 유동적이고 불안했기 때문이다. 이에 미국은 1950년대부터 사우디 왕실을 설득하여 1953년 다란Dahran에 미군 기지를 건설했다. 1973년 이래 GDP의 10% 이상을 군비 확장에 지출하고 있으며 주요 무기 수입원은 미국이다.

결국 미국의 막대한 무기 판매와 함께 사우디 인프라 현대화에 미국 석유회사들이 기여한 공이 양국 관계의 전통적인 축을 형성했다. 미국의 첨단무기 공급은 가끔 논란을 일으켰다. 1980년대 초 레이건이 최신 공중경보 및 통제시스템(AWACS: Airborne Warning And Control System)과 사이드와인더Sidewinder 미사일을 사우디에 판매키로 결정하자 워싱턴에서는 사우디에게만 이런 특혜를 주는 것이 타당한지에 대해 논란이 일었다. 미국 내 친 이스라엘 그룹에서는 이런 식으로 미국이 첨단무기를 사우디에게 제공할 경우 지금까지 이스라엘이 누려온 군비경쟁에서의 우위에 차질을 빚을 것이라는 우려가 일었다. 미국과 사우디 간의 군사 및 안보 협력의 중요성은 1990년 사담 후세인이 쿠웨이트를 침공함으로써 현실로 드러났다. 이라크가 쿠웨이트를 점령하자 사우디와의 국경이 위협을 받았으며 아라비아 반도에 대한 미국의 석유 접근권이 큰 위험에 빠졌다. 50만 명의 이라크군이 쿠웨이트에 있었고 호전적인 후세인이 언제 사우디로 진격 명령을 내릴지 모르는 상황이 지속되었다. 결국 부시 대통령은 1990년 8월 사우디 왕실의 요청에 따라 20만 명의 병력을 파견했고 1991년 1월에는 20만 명을 추가로 파견했으며 다국적군을 결성하여 후세인을 물리쳤다.

2003년 미국은 사우디에서 모든 병력을 철수했다. 미군 주둔은 세

위기의 중동 어디로 나아가는가

미국의 공중 조기 경보기
최신 공중 경보 및 통제시스템을 적재하고 있다. (사진. 작가 미상— Wikipedia Commons 제공, 1995년 5월 1일)

AIM—9 사이드와인더 미사일
(사진. Sr. Airman(공군 상병) Theodore J. Koniares 作, 1982년 1월 1일)

계에서 가장 부유한 국가 중 하나인 사우디 왕국이 자신의 안보를 외국에 의존한다는 볼썽사나운 모습을 보여주고 있었다. 또한 오사마 빈 라덴과 같은 극단적 지하디스트들이 이슬람의 성지에 외국군이 주둔한다는 점을 테러 마케팅에 적절히 이용하고 있었기 때문이다. 빈 라덴은 미국을 가장 큰 적으로 선포하고 미국이 메카와 메디나를 점령하고 있다고 비난하면서 미군의 즉각적인 철수를 요구했다.

9·11 이후 사우디와 미국의 관계는 큰 시련을 겪어야 했다. 이 사태는 양국 모두의 인내심을 측정하는 시험대였다. 사건의 주모자 대다수와 총 두목인 빈 라덴이 사우디 출신이었기 때문이다. 미국 정가에서는 사우디가 이슬람 극단주의를 지원하고 있기 때문에 테러가 늘어나고 있다고 비난했다. 미국은 내국에 뿌리를 둔 테러세력을 척결하기 위해 사우디 정부가 강력한 조치를 취하도록 압력을 가했다. 미국의 압력이 거세지자 사우디는 미국이 이끄는 테러와의 전쟁에 동참해야 했다.

2015년 미국이 이란과 핵 협상을 타결하자 사우디의 정책 입안자들은 경악했다. 이란을 고립시켜 시아파를 약화시키고 수니파 종주국으로서 이슬람 세계의 패권을 확립한다는 국가전략에 차질을 빚게 되었기 때문이다. 현재 미국은 사우디에 대한 석유 의존도를 점차 줄이려하고 있으며 2018년 10월 일어난 언론인 자말 카슈끄지 살해 사건도 한때 심각한 악재로 떠올랐다. 그러나 트럼프는 여전히 걸프지역에서 사우디를 가장 중요한 국가로 간주하며 동맹국으로서의 신뢰에는 변함이 없다. 트럼프는 사실상 무함마드 빈 살만에게 면죄부를 부여했고 그를 차기 사우디 지도자로 인정한 것으로 보인다. 미국은 사우디와 특수한 협력관계를 이어가겠다는 메시지를 계속 보내고 있다.

유럽과 러시아

2015년부터 중동·북아프리카 난민들이 유럽으로 몰려들기 시작하면서 유럽은 대(對) 중동 관계를 재정비해야 할 입장에 놓여있다. 2015년 9월 세 살짜리 시리아 난민 아일란 쿠르디가 지중해에서 익사한 사진이 전 세계에 퍼지면서 난민 문제는 유럽에서 논란을 일으켰다. 난민의 대부분은 시리아, 이라크 등의 내전을 피해 안전한 유럽으로 건너온 사람들이다. 난민이 터키나 리비아 등과 같은 국가들을 통과하여 유럽으로 옴으로써 안보와 정치적인 측면에서 이들 국가와의 관계 정립도 문제이다. 유럽은 중동의 안정을 원하나 이를 실현할 힘을 가지고 있지는 않다. 유럽이 해양 운송, 난민, 테러, 국경안보 등 전반적인 안보 문제에 관심을 기울일수록 다양한 문제들이 불거지고 보다 심각해지는 경향을 보이고 있다.

EU는 2015년 이란과의 핵 협상을 성사시킨 핵심 국가 중 하나이기는 하나 EU 단독으로 중동의 복잡한 문제를 해결할 수 있는 능력은 없다. EU는 아랍-이스라엘 평화를 수립하기 위해 노력해왔으며 2002년 마드리드에서 창립된 유엔, 미국, EU 및 러시아 간 중동 4자 회담Quartet의 멤버이다. 시리아 내전에서 EU의 역할은 제한적이다.

주로 영국과 프랑스가 평화를 위해 노력은 하고 있으나 영향력에 있어서 러시아에게 크게 밀리고 있다. EU의 역할은 주로 난민 등 인도적인 문제에 국한되어 있다. 2011년 이래 EU는 시리아 난민 문제에 50억 유로 이상을 지원해왔다. EU가 당면한 시리아 난민 문제는 역사상 가장 큰 규모이다.

푸틴 대통령의 중동에 대한 관심은 2014년 발다이Valdai 국제회의에서 명백해졌다. 러시아는 중동과 북아프리카에서 서방이 이루지 못한 대안을 내놓겠다는 입장을 명백히 했다. 러시아로서는 소련 해체 후 20년 이상 침체해 있었던 중동과 북아프리카에서 새로운 기회를 잡은 셈이다. 러시아는 시리아, 이스라엘, 이란 및 터키 등과의 관계에서 오랜 역사를 가지고 있다. 아랍의 봄 때 러시아는 민중 봉기를 조심스럽게 지지하는 가운데 안정된 정권을 선호하는 태도를 보였다. 독재적이든 권위적이든 안정적으로 통치할 수 있는 정권을 지원하겠다는 것이다. 리비아에 전략적인 이해를 갖고 있는 러시아는 비행금지구역을 설정하는 유엔안보리 결의 1973호 표결 때 기권했다.

러시아는 NATO가 군사적으로 개입하는 것을 비난했으며 이후 리비아에서 군벌이 형성되자 주요 군벌인 알 하프타르Al-Haftar 장군과 손을 잡았다. 또한 러시아는 시리아의 바샤르 정권과 손을 잡고 타르투스에 전략적인 군사기지를 확보함으로써 지중해에 거점을 마련했다. 러시아는 시리아의 '소말리아 화(化)'에 반대하면서 바샤르 대통령 주도하에 시리아의 통합이 유지되는 것을 지지했고 정부군을 도

위기의 중동 어디로 나아가는가

와 반군의 공격을 저지하는데 가담했다. 시민혁명 당시 러시아는 이집트와 튀니지에서는 고전했다. 무슬림형제단이 선거에서 승리했기 때문이다. 무슬림 형제단을 지지할 경우 러시아는 자국 내 체첸 반군에게 힘을 보태주는 셈이 되는데 이는 체첸의 무슬림이 무슬림형제단과 연계되어 있기 때문이다. 러시아는 마지못해 무르시 정권을 지지하는 척 했으나 사실은 기회를 엿보고 있었고 군부 쿠데타가 일어나 알 시시 장군에게 권력이 넘어가자 즉시 새 정부를 지지했다. 중동은 푸틴 대통령의 야심을 실현하고 미국을 견제할만한 좋은 소재로 떠올랐다. 우크라이나 사태로 인해 서방으로부터 고립된 푸틴이 다시 재기하여 영향력을 회복할 수 있는 좋은 카드인 셈이다. 그러나 러시아와 일부 중동국가들의 우호 관계가 지속될 것인지 여부는 좀 더 두고 보아야 한다. 중동 전체의 정세에 따라 변화할 가능성이 있기 때문이다.

현재 러시아는 중동에서 없어서는 안 될 세력으로 부상하고 있다. 러시아는 2015년 시리아 내전에 본격 개입하여 바샤르 알 아사드 정권을 위기에서 구했으며 어떤 사태가 벌어지더라도 바샤르 편에 서겠다는 입장을 분명히 했다. 러시아는 공군기를 동원한 공습 외에도 많은 군사 장비 제공과 전투 기술 전수 등 적극적인 지원활동을 펼치고 있다. 러시아는 이스라엘, 터키, 이란을 포함 중동의 모든 주요 국가들과 우호관계를 유지하고 있는 유일한 국가이다. 소련은 신생 이스라엘을 법적으로 승인한 최초 국가였고 구(舊)체코슬로바키아를 통해 무기를 공급했다. 소련은 또한 1926년 사우디와 국교를 수립한 최초의 국가이기도 하다.

소련의 뒤를 이은 러시아는 중동국가들에게 민주주의나 인권과 같은 가치를 요구하지 않는다. 러시아는 또 의리를 지키는 국가라는 인식을 심어주었다. "오바마는 무바라크를 버렸으나 푸틴은 바샤르 알아사드를 버리지 않았다." 이스라엘과 걸프 국가들은 2015년 오바마가 이란과 핵 협정을 체결하자 모두 배신감을 느꼈다. 그러나 이들은 러시아가 민수용 원자력 기술을 이란에 판매하거나 이란이 경제 제재를 우회할 수 있도록 돕고 있는 것에 대해서는 별로 신경을 쓰지 않는다. 한편, 이스라엘과 걸프 국가들은 러시아가 이란을 중심으로 한 '시아 축Shia axis'을 견제할 수 있는 국가라는 사실도 인식하고 있다.

현재 시리아 사태 해결에 근접한 국가는 미국이 아닌 러시아로 보인다. 그만큼 러시아의 영향력이 커져 있다. 1972년 사다트 이집트 대통령이 소련의 군사고문단을 추방함으로써 미국에게 넘어간 중동의 패권이 거의 반세기가 지나 다시 러시아 손으로 넘어오는 듯한 느낌을 받기까지 한다. 사우디는 미국의 신경을 거스름에도 불구하고 원유 생산과 가격에 있어서 통상 러시아와 긴밀히 협력하고 있다. 걸프 국가들은 트럼프를 완전히 신뢰하지 않으며 그가 변덕을 부릴 경우 방패막이로 러시아를 택하고 있다. 2020년 초반기를 강타한 저유가 전쟁은 사우디와 러시아 간의 '치킨게임'으로 알려졌지만 사실 근본 원인은 미국의 '셰일혁명'으로 인한 원유시장의 공급과잉과 코로나 바이러스 여파에 따른 석유수요 감소에 있다. 이 사태로 한때 배럴

위기의 중동 어디로 나아가는가

당 20달러 이하로 내려간 유가가 어느 정도 선까지 회복할 것인지 그리고 국제원유시장이 언제 안정을 되찾을 것인지는 아직 미지수다. 한 가지 분명한 것은 앞으로도 3대 세력 간에 유가를 둘러싼 신경전이 지속될 가능성이 높다는 사실이다.

사실 러시아는 그동안 국지전에서 참담한 실패를 거듭해왔다. 1979년 아프가니스탄 침공 실패와 그 여파로 소련이 해체되는 역사적인 사건을 겪었으며 2008년 조지아와의 전쟁에서 허약한 공군력을 노출시켰고 2014년 크리미아 병합과 동부 우크라이나에서의 전쟁으로 서방의 제재와 고립을 경험해야 했다. 러시아는 이번에는 이와 같은 실패를 거듭하지 않겠다는 강한 의지를 보이고 있으며 군사력을 효율적으로 사용하고 있다. 러시아에게 시리아 사태는 새로운 전술과 무기를 검증할 수 있는 호기(好機)이며 무기 수출을 확대할 수 있는 기회이기도 하다. 러시아는 이 기회를 이용하여 영향력을 확대하려고 한다.

푸틴은 2018년 10월 아프리카 지도자들을 초청하여 정상회담을 가졌고 몇몇 독재국가의 지도자들을 지원하기 위해 고문단과 군수회사 관계자들을 파견했으며 베네수엘라의 니콜라스 마두로 정권을 지원하고 있다. 러시아는 이라크 침공 때 공군력을 핵심 축으로 하고 육상에서는 시리아군, 이란군과 헤즈볼라 등 지역 세력에게만 의존했던 미국의 경험으로부터 교훈을 얻어 직접 개입이 최선이라는 결론을 얻은 것으로 보인다. "다마스쿠스는 거리상으로 대부분 유럽 도시들보다 소치와 더 가깝다."라고 공개적으로 말할 만큼 러시아는 중동에 대해 깊은 친밀감을 드러내고 있다.

러시아와 시리아

러시아와 시리아 간의 관계는 강하고 지속적이다. 소련은 1946년 시리아가 프랑스로부터 독립할 때부터 시리아를 지지했다. 1970년 대 하페즈 알 아사드가 권력을 장악한 후 타르투스에 해군기지를 건설토록 허용했다. 양국은 장기적 효력을 지닌 조약을 체결했고 긴밀한 경제관계를 맺었으며 소련 시절부터 군사 원조를 지속했다. 소련은 시리아와 동맹관계를 맺음으로써 중동에서 미국에 대한 레버리지 (Leverage: 지렛대)를 확보할 수 있었다. 게다가 바스주의와 공산주의 이념은 서로 잘 맞았으므로 양국은 견고한 관계를 구축할 수 있었다. 1989~90년 소련의 몰락으로 관계를 재정비하는 것이 불가피해졌다. 양국은 이념적으로는 서로 기댈만한 것이 없었으나 경제적 및 전략적 가치는 상승했다.

2005년 푸틴은 하페즈의 아들 바샤르 알 아사드를 모스크바로 초청했다. 바샤르의 방문 당시 러시아는 시리아에 대한 빚 134억 달러 중 4분의 3을 탕감해주었으며 무기 공급과 군사 훈련을 약속했다. 9·11 이래 미국은 시리아를 안보 위협 국가로 간주했다. 시리아는 '악의 축'에 버금가는 불량국가로 분류되었으며 테러 및 대량파괴무기 사용이 우려되는 국가로 간주되었다. 아랍의 봄 이후 국내에서 반란과 소요가 일어나자 시리아는 우방 러시아에 지원을 요청했다. 푸틴은 두 가지 측면에서 시리아를 지원했다. 첫째, 러시아는 유엔안보리에서 시리아를 제재하거나 시리아 사태에 개입하려는 모든 결의안에 대해 거부권을 행사했다. 둘째, 러시아의 직접적인 군사 개입으로 바샤르 정권은 곤경에서 벗어나 전투에서 승리를 거둘 수 있었다.

러시아는 무기 공급에 그치지 않고 2015년 9월부터 본격적으로 군사적 개입을 시작했다. 러시아가 이렇게까지 적극적으로 시리아 사태의 선두에 나설 것으로는 누구도 예상하지 못했다. 러시아의 본격적인 참전으로 시리아 내전은 미국과 러시아 간의 대리전 양상으로 전개되었다. 러시아는 군사 활동을 통해 우크라이나 사태에 대한 국제사회의 관심을 돌릴 수 있었고 고립으로부터 벗어났다. 반면 미국은 시리아 사태를 해결하는데 러시아의 도움을 반드시 필요로 하는 상황에 처했다.

알레포에서의 승리가 러시아의 위상을 높이는데 결정적인 계기가 되었다. 시리아 제2의 도시 알레포는 정부군과 반군 사이에 밀고 당기는 격전지였다. 반군이 도시의 넓은 지역을 차지하고 정부군을 밖으로 몰아냈다. 이 도시를 잃을 경우 바샤르의 입지가 크게 약화될 수 있었다. 절체절명의 위기에 처했을 때 러시아 공군기의 폭격은 가뭄에 단비와 같았다. 2016년 말까지 반군은 완전히 알레포에서 물러나야 했다. 그 후 러시아는 2017년 초부터 시리아 주둔군을 축소시키기 시작했으며 임무 종료를 선언했다. 러시아의 알레포 개입은 내전의 흐름을 바꾼 결정적인 지원이었다. 알레포 승리는 또한 미국이 주도하는 평화가 아닌 러시아가 주도하는 평화 협상을 가능케 함으로써 바샤르의 권좌를 지키는 역할을 했다. 미국이 주도하는 제네바 평화협상 대신 2017년 러시아가 주도하는 아스타나 협상Astana Peace Talks으로 판이 바뀐 것이다. 러시아의 승리는 중동에서 러시아의 활동이 효율적이라는 사실 그리고 시리아 및 이란과 같은 중요한 전략적 동반자를 확보할 능력이 있다는 사실을 보여주었다. 또한 미국의 힘이 쇠퇴하고 러시아나 중국과 같은 대체 세력이 떠오르고 있다는 사실도 입증했다.

위기의 중동 어디로 나아가는가

| 참고문헌 |

구니에다 마사키, 이용빈 옮김, 「시리아: 아사드 정권의 40년사」, 서울: 한울아카데미, 2012.

김균량, 「단숨에 읽는 중동전쟁」, 서울: 북랩, 2019.

김종원, 「중동경제의 힘」, 서울: 다해, 2015.

데이비드 프롬킨, 이순호 역, 「현대 중동의 탄생」, 서울: 갈라파고스, 2015.

류광철, 「누가 이슬람을 지배하는가」, 파주: 말글빛냄, 2016.

류광철, 「이슬람제국: 무함마드와 살라딘」, 파주: 말글빛냄, 2018.

무함마드 아유브, 신해경 역, 「중동, 불의 여정: 중동은 붕괴할 것인가」, 서울: 아마존의나비, 2016.

박정욱, 「중동은 왜 싸우는가: 정체성의 투쟁, 중동사 21장면」, 서울: 지식프레임, 2018.

박주성, 「중동과 쿠르드 민족분쟁」, 광주: 전남대학교 출판문화원, 2017.

사이드 아부리쉬, 박수철 옮김, 「사담 후세인 평전」, 서울: 자전거, 2003.

주디스 밀러, 로리 마일로이, 신영수 역, 「사담 후세인의 대야망: 페르시아만의 위기와 그 진상」, 서울: 경향신문사출판제작국, 1991.

최창모, 「중동의 미래, 이스라엘과 팔레스타인」, 파주: 푸른사상, 2015.

황병하, 김강석, 김선하, 김화선, 최지원, 「주요 중동국가들의 정치권력 구조 연구」, 서울: 대외경제정책연구원, 2011.

Andrew J. Bacevich, 「America's War for the Greater Middle East: A Military History」, New York: Random House, 2016.

Avi Melamed, 「Inside the Middle East: Making Sense of the Most Dangerous and Complicated Region on Earth」, New York: Skyhorse Publishing, 2016.

Baqer Moin, 「Khomeini: Life of the Ayatollah」, Macmillan, 2015.

Bernard Lewis, 「The Middle East: A Brief History of the Last 2000 Years」, New York: SCRIBNER, 1995.

Beverley Milton-Edwards, 「Contemporary Politics in the Middle East」,

위기의 중동 어디로 나아가는가

Cambridge: Polity Press, 2018.

Con Coughlin, 「Saddam: King of Terror」, New York: HarperCollins Publishers, 2002.

Daniel Yergin, 「The Prize: The Epic Quest for Oil, Money and Power」, New York: Free Press, 1992.

Ellen Lust, 「The Middle East」, 15th Edition, Thousand Oaks California: SAGE Publications, 2020.

James L. Gelvin, 「The New Middle East: What Everyone Needs to Know」, New York: Oxford University Press, 2018.

Jonathan Conlin, 「Mr Five Percent: The Many Lives of Calouste Gulbenkian, The World's Richest Man」, London: Profile Books, 2019.

Kalyani Mookherji, 「Muammar Al Gaddafi」, PRABHAT BOOKS, 2008.

Nemir Kirdar, 「Saving Iraq: Rebuilding A Broken Nation」, London: Phoenix, 2010.

Peter Mansfield, 「A History of the Middle East」, New York: Penguin Books, 2013.

Philip C. Naylor, 「North Africa: A History from Antiquity to the Present」, Austin: University of Texas Press, 2015.

Philip K. Hitti, 「History of the Arabs」, New York: PALGRAVE MACMILLAN, 2002.

Seth J. Frantzman, 「After ISIS: America, Iran and the Struggle for the Middle East」, Jerusalem: Gefen Publishing House, 2019.

William L. Cleveland, 「A History of the Modern Middle East」, Boulder, Colo.: Westview Press, 2018.

기타 인터넷 자료

위기의 중동 어디로 나아가는가
- 끝없는 도전과 새로운 기회

2020년 5월 20일 초판 1쇄 인쇄
2020년 6월 1일 초판 1쇄 발행

지은이 류광철
펴낸곳 도서출판 **말글빛냄**
펴낸이 한정희
주소 경기도 파주시 회동길 445-1 경인빌딩 B동 4층
전화 02-325-5051 **팩스** 02-325-5771
등록 2004년 3월 12일 제313-2004-000062호
ISBN 979-11-86614-23-5 03900
가격 15,000원

*잘못된 책은 구입하신 서점에서 바꾸어 드립니다.

이 도서의 국립중앙도서관 출판예정도서목록(CIP)은
서지정보유통지원시스템 홈페이지(http://seoji.nl.go.kr)와
국가자료공동목록시스템(http://www.nl.go.kr/kolisnet)에서
이용하실 수 있습니다.(CIP제어번호: CIP2020019762)